Fünf Wörter für Sehnsucht

Sarah Levy

Von einer Reise
nach Israel
und zu mir selbst

Rowohlt Polaris

Originalausgabe
Veröffentlicht im Rowohlt Taschenbuch Verlag,
Hamburg, Juni 2022
Copyright © 2022 by Rowohlt Verlag GmbH, Hamburg
Die Namen aller Personen wurden zu ihrem Schutz geändert.
Hebräische/arabische Ausdrücke und Orte wurden so
geschrieben, wie sie im Deutschen ausgesprochen werden.
Covergestaltung HAUPTMANN & KOMPANIE
Werbeagentur, Zürich
Coverabbildung Corinna Kern
Satz aus der LexiconNo2
bei hanseatenSatz-bremen, Bremen
Druck und Bindung CPI books GmbH, Leck, Germany
ISBN 978-3-499-00637-1

Die Rowohlt Verlage haben sich zu einer nachhaltigen
Buchproduktion verpflichtet. Gemeinsam mit unseren
Partnern und Lieferanten setzen wir uns für eine
klimaneutrale Buchproduktion ein, die den Erwerb von
Klimazertifikaten zur Kompensation des CO_2-Ausstoßes
einschließt.
www.klimaneutralerverlag.de

Für meine Familie –
für Mama, für Papa, für Jolle.
Ihr seid immer bei mir.

Inhalt

Prolog 9

Teil 1:
Tel Aviv

Stadt am Meer 17 – Sehnsucht 26 – Herzliya 31 – Obsession 35 – Studienreise 42 – Purim 49 – Zurück 58 – Jüdisch in Deutschland 60 – Eduard Bar 70 – Journalistenreise 73 – Mach es 77 – Raketen 85 – The Jewish Agency for Israel 88 – Deutsch sein 92 – Dokumente 103 – Pro und Contra 106 – Nirgendwo sonst 111 – Botschaft 115 – Itay 118 – Letzte Schritte 123 – Abschied 128

Teil 2:
Israel

Am Strand 133 – Eine andere Form von Mut 139 – Erste Schritte 140 – Neue Familie 148 – Ministerium 154 – Sde Boker 160 – Laut 163 – Wischmopp 167 – Sprache 170 – Nachal Yagur 173 – Fäden 177 – Itay und Papa 180 – Corona 190 – Perspektiven 198 – Jerusalem 205 – The tourist friend 208 – Deutsche Frauen 211 – Hans mit dem langen Schwanz 218 – Ein Gedi 222 – Nothing compares to you 228 – Schwester 231 – Familiengeschichten 232 –

Arabische Hochzeit 236 – Israelisch werden 243 –
Heimaturlaub 250 – Klebstoff 255 – Vermieter 259 –
Wiedersehen 264 – Besuch bei Doron 269 – Heimat in sich
selbst 272

Teil 3:
Yafo
Zu Hause 280 – Sicherheit 283 – Samurai 291 –
Yom HaSikaron 296 – Naksa 299 – Ramadan 304 –
Krieg 309 – Kriegsmodus 318 – Bürger gegen Bürger 321 –
Mamad 325 – Ich, Israel 329 – Waffenstillstand 335 –
Hoffnung 343 – Tschuptschik 346 – Schüsse 348 –
Schabbat 355 – Ende und Anfang 360

Prolog

Goodbye! Bye! Have a pleasant time in Israel!» Zwei Flugbegleiter der EL AL lächeln die letzten Passagiere aus dem Flugzeug. Ich schiebe mich Richtung Ausgang, bepackt mit Rucksack, Handtasche und einem roten Vileda-Wischmopp. Am Eingang der Fluggastbrücke wartet ein dünner, junger Mann im Anzug mit einem Schild: «*Olim*» – Neueinwanderer.

«Sarah Levy?», fragt er. Ich nicke. «Follow me.» Ich laufe hinter ihm her in den Flughafen, durch Flure und Türen, die mir bei meinen Urlaubsreisen zuvor nie aufgefallen sind, durch weitere Flure, hinein in einen Aufzug, und wieder durch einen Flur. Irgendwann fragt er, ob er mir etwas abnehmen könne. Ich drücke ihm den Wischmopp in die Hand. Er nimmt ihn, ohne eine Frage zu stellen, und eilt weiter.

An einer offenen Tür reicht er mir das Gerät zurück. «Welcome to Israel.» Dreht sich um und verschwindet. Ich sehe mich um. Der Raum vor mir erinnert mich an ein deutsches Bürgerbüro. An Schreibtischen sitzen Frauen zwischen Trennwänden und klicken auf Computermäuse. Zwei sprechen Hebräisch miteinander, mit russischem Akzent. Im Nebenraum stehen Wasserspender und Instantkaffee, in einer Ecke eine israelische Flagge.

Ich schäle mich aus meiner Jacke und versuche, den Wischmopp irgendwo anzulehnen, doch er rutscht weg und fällt scheppernd auf den gefliesten Boden. Eine Frau mit Unterlagen im Arm läuft an mir vorbei und fragt auf Hebräisch: «*Mah se?*» Was ist das?

Ich nehme meinen Mut zusammen und versuche, ihr auf Hebräisch zu erklären, dass ich mit einem deutschen Qualitäts-Wischmopp nach Israel einwandere. «*Assiti aliyah im smartut germani.*» Eine Idee, die mir – laut auf Hebräisch ausgesprochen – gar nicht mehr so einleuchtet wie vor meinem Abflug in Deutschland.

Sie macht eine Geste, die ich bei Israelis noch oft sehen werde: Eine Hand wischt durch die Luft, bis sie mit der Handfläche nach oben zeigt, dazu werden die Augen aufgerissen und die Stirn gerunzelt. Das kann alles heißen von «Na und?» bis «Wie bescheuert bist du?».

«Wir haben das», sagt die Frau, «bei IKEA.»

«Ich habe so einen noch nie gesehen», widerspricht ihr eine jüngere, blonde Frau mit eckiger Brille hinter dem ersten Schreibtisch. Auch sie hat einen russischen Akzent. Ich setze mich auf einen Stuhl, der vor ihr steht.

Die junge Frau mit der eckigen Brille lässt sich meine Unterlagen zeigen: israelisches Einwanderungsvisum im deutschen Pass, eine Erklärung der Jewish Agency, meine Flugunterlagen. Sie tippt eifrig in ihre Computertasten, fragt nach meiner internationalen Geburtsurkunde und ob der Mittelname meiner Mutter wirklich Anna *Maria* lautet, dann hält sie inne. «Arrival form?», fragt sie auf Englisch.

Ich habe keine Ahnung, wovon sie spricht. Ein *arrival form* habe ich nicht.

«You need *arrival form*», sagt die eckige Brille.

Mir wird heiß. Ich wühle in meinen Unterlagen. Ein Mann taucht neben ihr auf, auch er scheint hier zu arbeiten. Er sieht, wie ich hektisch ein Blatt nach dem anderen aus meinen Klarsichtfolien ziehe und wieder zurückstopfe. Er stellt sich hinter die Frau mit der eckigen Brille, blickt prüfend auf den Computerbildschirm, dann zückt er ein schwarzes, altmodisches Handy, spricht einige Sätze mit leiser Stimme hinein und legt auf. Er hebt einen Finger und bedeutet mir zu warten.

Wenige Minuten später klingelt sein Telefon. Wer auch immer am anderen Ende ist, er scheint Informationen über mich zu haben. Und plötzlich ist alles möglich: Ich erhalte eine israelische Identitätsnummer, einen temporären Personalausweis, eine Krankenversicherung, eine israelische Sim-Karte und eine Art Einwanderer-Pass für Vergünstigungen aller Art.

In 30 Minuten werde ich zur israelischen Staatsbürgerin. Auch ohne *arrival form*. Und meine Mutter verliert den zweiten Teil ihres Mittelnamens. Ihr kompletter Name ist zu lang für das Online-Formular des Innenministeriums, so fällt das *Maria* ihres Mittelnamens unter den Tisch. «It is better», sagt die Frau mit der eckigen Brille und nickt mir verschwörerisch zu.

Sie begleitet mich zur Gepäckausgabe. Meine drei Koffer kreisen einsam auf dem Band.

Nachdem sie mir geholfen hat, meine mehr als 70 Kilo Gepäck vom Band zu hieven, zögert die Frau kurz, zeigt auf meinen Wischmopp und sagt auf Hebräisch: «Kannst du mir zeigen, wie man das benutzt?»

Es gibt Momente, die sind so absurd, dass ich sofort denke: Das wird eine gute Geschichte. Für das nächste Gespräch mit Freunden, meiner Familie, für eine Kolumne. Für das, was an diesem Vormittag geendet hatte, und das, was nach vier Stunden Flug hier in Israel neu begann. Meine Geschichte.

Als ich in Schlangenlinien mit meinem Vileda-Wischmopp durch die Gepäckhalle des Ben-Gurion-Flughafens glitt und für die Mitarbeiterin des israelischen Innenministeriums so tat, als würde ich den Boden putzen, war das so ein Moment.

Mein altes Leben in Deutschland hatte ich an diesem Tag hinter mir gelassen, meine Familie, meine Freunde, meine Wohnung in Hamburg, meine Möbel, meine Bücher. Mit drei Koffern war ich nach Israel gereist, drei Koffer, die alles enthielten, von dem ich glaubte, dass ich es brauchen würde, um mich in Israel zu Hause zu fühlen.

An jenem Tag im Dezember begann für mich ein neues Leben. Ein Leben im einzigen jüdischen Staat der Welt, gerade mal so groß wie Hessen, mit einem Völkchen von etwas mehr als neun Millionen, von dem ich glaubte, es eigentlich schon ziemlich gut zu kennen. Dieser Tag war zugleich Schlusspunkt einer Reise, die früher begonnen hatte, im Jahr 2017, als ich mich in Israel verliebte, vielleicht sogar weitere dreißig Jahre zuvor, 1987, als ich das erste Mal in das Land reiste, auf dem Arm meiner Eltern.

Ich war in meinem Leben bereits unzählige Male in Israel gewesen, ich hatte in seinen Meeren gebadet, in seinen Wüsten getanzt, war über seine Märkte gewandert und hatte gefaltete Wunschzettel in die Klagemauer gestopft. Ich hatte israelische Freunde gefunden, mich in israelische Männer verliebt, war über die israelische Politik verzweifelt. Ich konnte Kaffee auf Hebräisch bestellen und sagen: Ich bin mit einem deutschen Wischmopp nach Israel eingewandert – *Assiti aliyah im smartut germani.*

Ich hatte trotzdem auf so vielen Ebenen keine Ahnung. Der Wischmopp, das verstand ich später, war nicht nur Symbol meiner deutschen Identität, sondern auch meiner Ahnungslosigkeit. Nicht nur deshalb, weil ich monatelang das falsche Wort dafür benutzte: *smartut* bedeutet Lappen, das korrekte Wort für den Stiel mit Wischfläche und praktischen Druckknöpfen in meinem Handgepäck lautet *magav*.

Ich hatte keine Ahnung, was ich in Israel finden sollte, in diesem Land und in seinen Menschen, die mir so nah und doch so fern waren.

Vor allem aber, was ich in mir selbst finden sollte.

Vielleicht braucht es das Fremde im Bekannten, um uns tief im Innern zu berühren. Uns zu verändern und unsere Entscheidungen zu formen. Uns mutiger zu machen, unerschrockener, auf der langen Reise zu uns selbst.

Teil 1:
Tel Aviv

Stadt am Meer

Wenn es Momente gibt, die alles verändern, dann war das meine Reise nach Israel im Herbst 2017. Sie veränderte nicht nur meinen Blick auf das Land und seine Menschen auf eine Weise, die ich nicht erwartet hätte. Sie entwickelte sich zum Startpunkt einer größeren Reise, einer längeren, tiefergreifenden, deren Folgen mich veränderten und mein Bild von mir selbst. Dabei fing alles wie ein ganz normaler Urlaub an.

«Darf ich mal mit dir nach Tel Aviv?», fragt Flora per WhatsApp. Ich habe ehrlicherweise keine Lust. Das wäre das zweite Mal in einem Jahr, dass ich nach Israel fliege, und das ... fünfzehnte, zwanzigste Mal in meinem Leben? Zu oft habe ich schon die Reiseführerin gespielt. Es graut mir vor dem ewig gleichen Programm: eine weitere Freundin die Strandpromenade von Tel Aviv entlangschleifen, Hummus bis zur Überblähung essen, Fotos vom immer gleichen Aussichtspunkt über der Klagemauer knipsen und im lauwarmen Glibsch des Toten Meeres dümpeln.

Flora lässt nicht locker. Sie war noch nie in Israel und will, dass ich ihr das Land zeige. Ich: die Deutsche, die seit ihrer Kindheit nach Israel fährt; die Jüdin, die Hebräisch lesen kann, wenn auch nicht wirklich verstehen. Ich, ihre gute Freundin. Und so willige ich letztlich ein. Ich stelle drei Bedingungen: kein Totes Meer, keine Klagemauer, keine 08-15-Sehenswürdigkeiten.

Ende Oktober 2017 fliegen wir, von Hamburg nach Tel Aviv. Der Himmel ist tiefblau, im Landeanflug sehen wir die ersten

Palmen. Unser AirBnB liegt im Kerem HaTeimanim, dem jemenitischen Viertel rund um den Schuk haCarmel im Süden der Stadt, wo die feiernden Jungen leben und die ärmeren Alten, wo das Meer nah ist und die Luft nach Salz riecht. Meine Schwester, die regelmäßiger dort ist, hat mir die Gegend empfohlen: wenige hundert Meter vom Meer entfernt, in direkter Nachbarschaft zu Cafés, Restaurants und Bars.

Mit dem Taxi tuckern wir durch ein Mosaik aus hutzeligen Häusern mit Wellblechdächern, vorbei an Mauern mit Street-Art und Muschelschalen. An der Hauswand einer bröckelnden Hütte lese ich die Aufschrift *Beit Knesset* – Synagoge. Ich muss an die Synagoge in Frankfurt denken, ein prächtiger Bau mit beleuchteter Kuppel und Lüster. Im Kerem HaTeimanim ranken sich Stromkabel wie schwarze Lianen um Holzpfähle, Straßenkatzen liegen faul auf Mauervorsprüngen, in den verwinkelten Gassen blüht die Bougainvillea violett und pink. Unsere Unterkunft liegt hinter einem grau-weißen Holztor, über das lilafarbene Blüten klettern. Wir klopfen an einer weißen Tür, auf der Plastikblüten in Form eines Herzens kleben. Auch auf dem Boden hat jemand drei Herzen in den Beton gedrückt. Wir öffnen die Tür.

«Hoppaaaaa!», ruft uns eine tiefe Stimme entgegen. Auf einem Plastikstuhl in der Mitte eines blühenden Gartens sitzt unser Gastgeber Boaz, wie ein König, dem wir die Ehre erweisen. Boaz ist nicht besonders groß, über die dunkelbraune Haut seines Oberkörpers erstrecken sich Tattoos, die aussehen, als wären sie einem Tim-Burton-Film entsprungen. Durch seinen Bart ziehen sich erste graue Haare.

«Welcome, welcome, *bruchot haba'ot*», sagt er und mustert uns neugierig. Neben ihm sitzt ein Mann in Lederjacke, in der einen Hand ein Glas mit schwarzem Kaffee, in der anderen eine Zigarette. Er stellt sich als Or vor und wechselt schüchtern ein paar Worte in einfachem Englisch mit uns, bis Boaz uns eine Tour durch sein Reich gibt. Hinter dem Holztor vermietet er vier Apartments mit Blick auf einen grünen Innenhof, mit Sonnensegel, Gemeinschaftsküche, Hängematten, Surfbrett. Neben üppigen Blumensträuchern sprießen hier Minze, Zitronenverbene und Tomaten, und auf dem Sonnendach Cannabis. Er selbst wohnt auf der Dachterrasse, sein Freund Or wenige Straßen weiter.

Boaz gießt kochendes Wasser auf Kaffeepulver, reicht Flora und mir ein dampfendes Glas, das er mit zwei Fingern am oberen Glasrand festhält. Wir nippen zu früh an dem säuerlichen Gebräu und haben sofort Kaffeekrümel zwischen Lippen und Zähnen. Auf die Frage, was er beruflich macht, berichtet Boaz ausführlichst von einer Maschine, die er bald bauen will, die den Nährstoffgehalt in Blumenerde misst, oder so was Ähnliches. Bis es so weit ist, verdient er Geld mit seinen Apartments, die er selber gebaut und eingerichtet hat.

Unser Gastgeber reicht einen Joint herum, ein dünner langer Stängel in braunem Paper, darin Gras, so stark, dass Flora und ich uns Blicke zuwerfen und bald anfangen, unkontrolliert zu kichern. «Sarah Levy!», ruft Boaz, als er meinen Namen hört. Er setzt sich in seinem Plastikstuhl auf. «*At medaberet Ivrit?*» Sprichst du Hebräisch?, fragt er. Dies ist so ziemlich der einzige Satz, auf den ich immer eine Antwort habe: «*Kzat*», ein bisschen, sage ich und zeige mit Daumen und Zeigefinger, wie wenig. Selbst das ist heillos übertrieben. Außer unbrauchbaren Worten (*koss* heißt Glas, *chatull* Katze) ist aus dem Unterricht an meiner jüdischen Grundschule nichts hängen geblieben. Boaz legt direkt los, ein Schwall Hebräisch blubbert aus ihm heraus. Ich verziehe das Gesicht zu einer Grimasse. Verstanden habe ich nichts.

Dass ich jüdische Deutsche bin, finden die beiden unheimlich interessant. Mehrmals sprechen sie mich auf Hebräisch an, als wollten sie testen, ob ich mehr verstehe, als ich zugebe. Es überrascht mich, dass mein Name und meine Herkunft sie begeistert. Ich bin mir nicht sicher, was ich davon halten soll. «Witziger Typ!», sagt Flora, als wir abends zu zweit in Liegestühlen in der wenige hundert Meter entfernten Strandbar sitzen und zuschauen, wie die Sonne im Meer versinkt. «Bisschen strange, aber lustig», sage ich, «hoffentlich nervt er nicht.»

Gleich am nächsten Morgen schnippelt uns Boaz israelischen Salat aus Gurken, Tomaten und Zitronensaft und brät Rührei er. Dann führt er uns in sein Lieblingscafé. Es liegt an einer Straßenecke zwischen Carmel-Markt und Meer und ist der beste Ort, um gar nichts zu tun. Stundenlang sitzen wir dort neben schönen Menschen, die alle Zeit der Welt zu haben scheinen. Ich habe immer schon gern Menschen angeguckt. Hier sehe ich dunkle Bärte und helle Augen, Korkenzieherlocken und viel nackte Haut, sonnengebräunt. Die Leute sind schön, sie weichen meinem Blick nicht aus, sondern schauen unverwandt zurück, bis ich beschämt weggucke. Mitten im Gewimmel sitzt ein älterer Mann vor Säcken mit Nüssen auf einem Plastikstuhl und döst mit geschlossenen Augen in der Sonne.

Wie oft bin ich schon über den Carmel-Markt gelaufen, vorbei an Ständen mit bunten Kaubonbons, senffarbenem Kumin und *Za'atar* grün wie Moos, Richtung Meer. Ich kenne den Duft von gegrilltem Fleisch und frischgepressten Orangen. Doch bisher bin ich hier durchgelaufen wie eine überforderte Touristin, den Ellbogen über die Handtasche geklemmt, die Marktverkäufer mit Blicken und Winken abwimmelnd, stets in der Befürchtung, abgezockt zu werden. Es kommt mir vor, als beobachte ich dieses Mal bewusster und auch ein bisschen weniger ängstlich. Das liegt in erster Linie an Boaz. Wir folgen unserem Gastgeber in die Gassen, durch ein Gewirr aus Stimmen von Cafébesuchern und Marktverkäufern, wir bleiben stehen, probieren Früchte,

Gebäck, Shakes, wir gucken, laden uns auf mit der Energie des Ortes.

Was heißt das? Was steht da?, fragt Flora. Oft kann ich ihre Fragen nicht beantworten, doch manchmal ergeben die hebräischen Buchstaben auf den gekrakelten Preisschildern tatsächlich ein Wort, das ich kenne: *tapuz* – Orange. Für meine Freundin bin ich Expertin, doch ich bin mir nicht sicher, diesen Status zu verdienen. Boaz übersetzt bereitwillig. Er führt uns zu dem Stand im Schuk, wo der Karotten-Ingwer-Saft nur fünf Schekel kostet, umgerechnet etwas mehr als ein Euro. Am nächsten Morgen steht er beim Bäcker in der Schlange, um uns das jemenitische Fladenbrot mit den Kratern im Teig zum Frühstück zu servieren: *Lachuch*. Er lädt die alte Nachbarin zum Tee ein, die in seinem Garten Minze und Zitronenverbene pflückt, und eine andere zum Kaffee, die für eine Zigarette vorbeikommt, um sich über die steigenden Mieten im Viertel zu beschweren. Er singt israelische Radio-Schlager mit, und erklärt uns, welcher Sänger Wurzeln im Jemen hat. Er zeigt uns seine Stammkneipe in der Nachbarschaft, wir stoßen mit ihm und Or an, während vor uns Männer und Frauen auf dem Tresen zu *Misrachit* tanzen, der orientalischen Musik der Juden aus arabischsprachigen Ländern, zu israelischen Klassikern mitsingen und sich gegenseitig den israelischen Anisschnaps *Arak* aus Flaschen direkt in die Kehle schütten.

Boaz nennt Flora und mich bald *Motek*, Liebling, und *Chajim sheli*, mein Leben. Manchmal ruft er einfach laut «Sarah Levy!» durch den Garten, und ich muss lachen. Eigentlich, so erzählt er uns offen, sei er auf der Suche nach der großen Liebe, die ihm Kinder schenkt, möglichst viele, möglichst bald. Bis es so weit ist, erleben wir, wie er versucht, jede Touristin zu verführen, die in seinen Gemeinschaftsgarten gespült wird.

Wir treffen Israelis mit Wurzeln im Jemen, in den USA, in

Australien. Sie sind offen, interessiert an uns und unserem Leben, warm und herzlich. Sie erzählen von ihrem Alltag, ihren Wünschen, davon, was sie glücklich macht, was schwermütig.

Da ist der Tänzer Ovadia, der vom Tanzen nicht leben kann. Er wohnt noch bei seinen Eltern im Vorort und zeigt uns Videos seiner Großmutter auf seinem Handy, sie singt Arabisch und trägt jemenitische Tracht. Eines Morgens kommt er in Begleitung einer schönen Frau aus einer von Boaz' Wohnungen und teilt die Teigtaschen, die seine Mutter gebacken hat.

Da ist Talya, deren Englisch sich nach ihren amerikanischen Eltern anhört. Talya träumt davon, einen Catering-Dienst zu eröffnen. Bis es so weit ist, arbeitet sie für eine Werbeagentur und kocht regelmäßig große Schabbat-Dinner in Boaz' Garten, zu denen sie jeden einlädt, der durch das offene Tor in den Garten guckt.

Da ist die Australierin Samantha, aus deren knapper Kleidung ständig ein halber Hintern oder eine Brust blitzt. Sie hat gefühlt schon überall gelebt und ist nirgendwo richtig zu Hause. Sie arbeitet im Café an der Ecke, flirtet gern mit Or und spricht viel über ihre Zweifel, in Israel zu bleiben oder weiterzuziehen.

Or, der Motorradfahrer, rollt fast täglich in Boaz' Garten. Bei einem Kaffee checkt er die neu angereisten Touristinnen ab, ist aber meist zu schüchtern, um sie auf Englisch anzusprechen. Am Wochenende versackt er oft in der Stammkneipe in der Nachbarschaft, zieht in der Toilette eine Line Koks nach der anderen, um dann mit starrem Blick auf dem Tresen zu tanzen. Offen erzählt er, dass er hofft, von seiner zukünftigen Braut aus diesem Teufelskreis errettet zu werden.

Manche der Israelis, die wir treffen, sprechen Hebräisch mit starkem amerikanischen, russischen, französischen Akzent, sie leben noch nicht lange im Land. Einige sprechen sogar nur Englisch. Die meisten arbeiten in zwei oder drei Jobs, führen Hunde aus, mixen Drinks hinter einem Bartresen, kellnern oder babysitten, damit sie das Leben in der teuren Stadt finanzieren können. In Boaz' Garten kommen sie alle zusammen.

Oft sitze ich einfach nur da, höre zu und tauche ein in die Geschichten der Menschen, die mir in Boaz' Paradies begegnen. Der Garten ist die Bühne, die Besucher die Protagonisten. Israelische Antihelden voller Sehnsüchte und Laster, Abgründe und Lässigkeit. Ich habe in meinem Leben nie viel mit Israelis zu tun gehabt, lediglich mit denen in meiner Familie, die mir stets als verlängerter Arm meiner deutschen vorkam. Unsere Gespräche kreisen meist ums Essen, den nächsten Besuch und um andere Verwandte. Boaz und seine Freunde geben mir einen kleinen Einblick, wie man als Israeli in Tel Aviv leben kann. Und obwohl das Leben im Kerem HaTeimanim nichts mit meinem zu tun hat, geben sie mir das Gefühl, dass ich etwas mit ihnen gemeinsam habe. Was, das kann ich nicht genau sagen. Aber sie laden mich, die Frau aus Deutschland, dazu ein, für einen Moment an ihrem Leben in der Stadt am Meer teilzuhaben. Und ich genieße jede Sekunde.

Tag für Tag folgen Flora und ich Boaz durch die Straßen rund um den Schuk, kaufen ein, essen, trinken, erst Kaffee, dann Alkohol, wir tanzen mit den Israelis und feiern, bis auch der letzte Verkäufer seinen Stand verbarrikadiert hat, sich Obst- und Gemüsereste in der Straßenmitte türmen und nach dem Schnaufen und Piepen der Müllabfuhr die Ruhe der Nacht beginnt. Dann herrschen die Kakerlaken in den Marktgassen, sie fräsen sich durch Müllreste und die Dunkelheit der Nacht, bis die Verkäufer wieder ihre Stände öffnen und die Marktbesucher die Gassen zurückerobern. Ebbe und Flut aus Gewusel und Ruhe faszinieren mich.

Abends sitzen Flora und ich oft am Strand und schauen in die untergehende Herbstsonne, die den Himmel in dramatische

Formationen aus Orange und Rosa taucht. Wir genießen mit allen Sinnen: Im Restaurant *Basta* am Schuk essen wir gegrillte Paprika mit karamellisierten Walnüssen und Ysopsalat mit Kohlrabiwürfeln. Am Strand trinken wir mit meinen Cousins Cocktails und lassen uns dann von ihnen zu gegrillten Fleischspießen einladen. Im Vorort stopft uns meine Großtante mit klebrig-schokoladigem Gebäck voll. In einem Ashram in der Wüste tanzen wir zu Reggaemusik auf einem Hippie-Festival, neben uns wippen junge Eltern mit Kindern auf den Schultern zum Beat. In der Anna Loulou Bar in Yafo feiern wir neben Arabern und Juden bis zum Morgengrauen und drehen unsere Handgelenke und Hüften zu arabischer Elektromusik.

In diesen Tagen lache ich viel, manchmal, bis mir die Tränen in die Augen steigen und die Bauchmuskeln schmerzen. Meine Haare werden lockig vom Salz in der Luft, die Haut auf meinen Oberarmen ist leicht gebräunt. Ich trage Shorts, die ich in Deutschland nie angezogen hätte. Meine knubbeligen Knie sind mir plötzlich egal. Die sinnlichen Eindrücke, die Gesichter und deren Geschichten, die ich hier kennenlerne, setzen Energien in mir frei, sie stimulieren mich. Ich fühle mich frei und zufrieden. Ich strahle aus, dass ich da bin, wo ich sein will. Das merken auch die Männer um mich herum. Ich flirte, ich knutsche, ich fühle mich großartig. In der Hängematte in Boaz' Garten frage ich mich, wann ich das letzte Mal so entspannt und glücklich gewesen bin. Ich habe das Gefühl, seit Wochen hier zu sein, zwar als Touristin, doch auch als Teil der Gemeinschaft, die er rund um seinen Garten aufgebaut hat.

An unserem letzten Abend stehen wir mit Boaz an einem der orange-blauen Lottobüdchen, die die *Allenby*-Straße säumen. Zu dritt füllen wir einen Lottoschein aus, unbändig kichernd, fest davon überzeugt, dass wir so glücklich nie wieder sein werden. Als die Zahlen gezogen werden, sind wir drei längst eingeschlafen, jeder in einer Hängematte, über uns die Blüten der Bougainvillea und der Nachthimmel, wenige hundert Meter entfernt das Meer.

Nach nur zehn Tagen, die mir vorkommen wie vier Wochen, sitze ich zum ersten Mal mit einem dicken Kloß im Hals im Taxi zum Flughafen. In Deutschland ist es nass und kalt, der Herbst erwartet uns. Ich will nicht zurück.

Sehnsucht

Etwas hat sich verändert auf dieser Reise. Ich spüre plötzlich eine Sehnsucht in mir, als hätte ich einen Teil von mir in Tel Aviv gelassen.

In Hamburg wird es gerade Winter, der Teil des Jahres, an dem der Himmel über Monate grau ist, die Vormittage schleppend und die Nachmittage finster. In meiner Nachbarschaft St. Pauli eilen die Menschen mit verschlossenen Mienen durch die Straßen, in dunklen Regenjacken, deren Reißverschlüsse sie bis zum Kinn gezogen haben. Wir begegnen uns höchstens beim Einkaufen, auf dem Weg zum Bäcker, nicken uns zu, rufen «Moin»; viel mehr Kontakt entsteht in diesen Wintertagen draußen nicht. Nach der Arbeit sind meine Freunde oft müde, verschieben Treffen, weil sie zu fertig sind oder schon im Pyjama vorm Fernseher sitzen. Ich sitze bis abends oft allein in meiner Wohnung und weiß nach der dreißigsten Romantic Comedy auf Netflix nicht, was ich mit mir anfangen soll.

Seit mittlerweile vier Jahren wohne ich in Hamburg, die Journalistenschule hat mich hergebracht. Ich wohne in einer gemütlichen Wohnung auf knapp 40 Quadratmetern, allein. Nach vielen Jahren in WGs mit Mitbewohnern, die sich zu trashigem Reality-TV kaputtlachten oder sich am helllichten Tag in der Badewanne eine Flasche Rotwein hinter die Binde kippten und «O sole mio» sangen, genieße ich das Alleinsein, meistens zumindest.

Als freiberufliche Journalistin kann ich im Pyjama arbeiten, von meinem Küchentisch aus. Ich schätze die Freiheit, nicht jeden Tag in einem Büro erscheinen zu müssen, dieselben Nasen zu sehen und mir ihre Beschwerden über Rücken, Arbeitslast oder den inkompetenten Kollegen anzuhören. Ich hingegen kann mitten am Tag machen, was ich will: einkaufen, wenn die Supermärkte leer sind, zu Hause sein, wenn der Paketbote kommt, schwimmen gehen, wenn nur Rentner im Becken sind. Ich genieße, dass ich mit meinem Laptop auch unter der Woche nach Frankfurt fahren kann, wo meine Familie lebt, oder über ein verlängertes Wochenende zu Freunden nach Köln oder Berlin. Objektiv gesehen geht es mir in Hamburg nicht schlecht: Ich habe eine unfassbar günstige Wohnung mit Nachbarn, die klingeln, um mir Kuchen vorbeizubringen; den leckersten Vietnamesen, Italiener, Chinesen vor meiner Haustür, die schroffschöne Elbe und die behäbig-romantische Alster zehn Fahrradminuten entfernt. Mein Leben ist ausgewogen gefüllt mit genug Arbeit für diverse Zeitungen und Magazine, um gut leben zu können, und viel Freizeit, die ich mit Freunden, beim Yoga oder Schwimmen verbringe. Ich habe eine feste Freundesgruppe, mit der ich Ausflüge mache, in meiner Küche feiere und mich zu Wein oder Tee treffe. Ich habe Romanzen – mit einem Gesangslehrer, der mich zum Spargelessen ins Alte Land entführt und mir Bilderstreifen aus dem Fotoautomaten schenkt. Mit einem Clubbetreiber, der mit mir im Cabrio an die Küste fährt und mich zu Spaghetti-Eis einlädt. Mit einem Freund, der immer dann einspringt, wenn gerade kein anderer Mann in der Nähe ist, aber nie wirklich präsent ist.

Meist enden meine Romanzen nach einigen Wochen oder Monaten mit Sätzen wie: «Wenn du dich in mich verliebst, beende ich es» oder «Da ist nicht genug Kribbeln da». Der ein oder andere macht dann noch mal eine zweite, dritte oder siebte

Runde, steht um vier Uhr morgens angetrunken vor meiner Tür oder schreibt mir Nachrichten, wenn er sich einsam fühlt – Begegnungen, mal mehr, mal weniger aufregend, mal mehr, mal weniger abstoßend.

Wenn ich ehrlich bin: Es zieht sich etwas Lähmendes durch meinen Alltag.

Schon länger habe ich das Gefühl, ich wüsste ziemlich genau, wie meine Zukunft aussehen wird. Vieles scheint vorhersehbar, etliche Male durchgespielt und erlebt: Das Jahr wird sich zu Ende neigen, wir werden wieder mit klebrigen Fingern und kalten Füßen am Glühweinstand stehen. Eine weitere Silvesterparty in meiner Wohnung, Anstoßen mit Crémant, Whiskey Sour oder Skinny Bitch aus Plastikbechern, darauf mit Edding gekrakelte Namen, Feuerwerk, Tanzen in meiner Küche und Mitgrölen zu Blümchen und den Prinzen. Vielleicht noch eine von mir organisierte Motto-Party, ein Raclette-Gelage an meinem Küchentisch, ein Wintergrillen. Draußen wird der Nieselregen die Bürgersteige vereisen, alle werden sich noch mehr verkriechen, auf ihre Couch, in ihre Partnerschaften, ihre Arbeit.

Der ein oder andere neue Mann wird voraussichtlich in mein Leben treten, vielleicht auch die ein oder andere Erweiterung meines Freundeskreises. Es wird der ein oder andere neue Auftraggeber kommen, ein neues Projekt, ein bisschen mehr Geld. Ich werde neue Kollegen auf Journalistenpartys kennenlernen, auf die man geht, um zu netzwerken und zu checken, wie erfolgreich man ist, und sich dann die Kante zu geben, wenn man feststellt, dass man es irgendwie doch nicht geschafft hat.

Irgendwann kommt dann wieder der Sommer, und mit ihm Ausflüge an den See, an den Seitenarm der Elbe, wo die Sonne über den Holzstegen untergeht, vielleicht sogar ans Meer, falls einer die Muße hat, sich den Stau Richtung Ostsee anzutun.

Grillen im Park und Picknicks, vielleicht ein Kurzurlaub mit den besten Freunden oder einer Freundin, die noch Single ist.

Mein Studium, meine Zeit an der Journalistenschule, in unterbezahlten Praktika ist vorüber, ich habe fertig gelernt. Ich frage mich: War es das jetzt mit den neuen Erfahrungen, die ich für mich allein erlebe? Bin ich alle sich mir öffnenden, unbekannten Wege gegangen, die man einschlägt, weil einen ein Studium, ein Job, eine neue Aufgabe an einen neuen Platz ruft? Hamburg ist einer der Orte, in denen man leben sollte, wenn man vom Job einer freien Journalistin leben möchte, hier sitzen die Verlage, die Magazine und Wochenzeitungen, die in ganz Deutschland gelesen werden. Wenn das Leben in geregelten Bahnen verläuft, wird es zunehmend schwerer, Dinge anders zu machen, Neues zu lernen, neuen Menschen zu begegnen, neue Richtungen einzuschlagen. Vielleicht ist dieser Kreislauf aus Alltag und Ritualen Teil des Erwachsenwerdens.

Ich weiß das alles, doch es graut mir – vor der Routine der Treffen, der Arbeit, der Gespräche: Dinge, von denen ich das Gefühl habe, sie zu gut zu kennen, um sie noch aufregend, überraschend, stimulierend zu finden. Nach dieser intensiven Zeit mit neuen Gesichtern und Geschichten in Israel fällt mir plötzlich auf, wie wenig Neues, Herausforderndes, Anregendes ich in meinem Hamburger Alltag habe. Und plötzlich stört mich das.

Ich bin nicht unglücklich, aber wenn ich ehrlich bin, bin ich auch nicht wirklich glücklich. In dem endlosen Programm aus Arbeit, Hobbys, Freunde treffen verbirgt sich eine große, ziellose Leere. Etwas fehlt. Und dann ist da Tel Aviv.

Ich kann nicht aufhören, an die Stadt zu denken, an meine neuen Bekannten dort, an die Luft, das Meer. Die Lebendigkeit, die Herzlichkeit, die Wärme. Ich spüre einen Sog in mir, den ich sonst nur kenne, wenn ich eine Eingebung beim Schreiben habe, ein kreatives Kribbeln, das meine Gedanken einnimmt, eine Energie, die mich antreibt.

Es ist, als hätte ich mich verliebt, verliebt in einen Ort und die überwältigende Fülle, die ich dort gefühlt habe. Und dabei dachte ich, ich kenne Israel schon so gut.

Herzliya

Ich war 18 Monate alt, als ich das erste Mal nach Israel reiste. Auf Fotos stehe ich mit strammen Beinchen und voluminöser Windel in einem Kinderbett unter einer Dattelpalme. Aufgenommen wurde es im Frühjahr 1987 im Garten meiner Oma in Herzliya, nördlich von Tel Aviv.

Israel, das war Familienurlaub. Sand zwischen den Zehen. Das Piksen des trockenen Rasens unter den Füßen. Die Wärme auf der Haut, als würde man rundum von einem Föhn angepustet. Die kühlen Fliesen im abgedunkelten Haus meiner Oma. Die Stille, zu der sie mich und meine Schwester ermahnte, wenn sie ihre Telenovela guckte, ihre Beine auf dem Sofa ausgestreckt. Das vorwurfsvolle Zetern, wenn sie mal wieder mit meinem Vater stritt.

Zu Israel gehörten Treffen mit israelischen Cousins, deren brüchiges Deutsch nach Schwarzwald klang. Geschmäcker, Gefühle, Geräusche und Gerüche, die mir nur dort begegneten: die Graupen in der Hühnersuppe meiner Oma, zerdrückte Avocado in Pita-Brothälften, der Salat aus klitzeklein geschnittenen Tomaten und Gurken. Noch heute, wenn jemand neben mir eine Clementine schält, steigt mir der Duft des Baums in die Nase, der in Omas Garten stand.

Ihr Haus befand sich wenige Minuten Fußweg vom Strand entfernt. Viele ihrer Nachbarn sprachen Deutsch. Omas Nachbar trug eine Nummer auf dem Unterarm, die ihm in einem Konzentrationslager tätowiert worden war.

Für meine Großeltern war Israel die Rettung gewesen. In den dreißiger Jahren ließen sie ihre jeweilige Heimat – Homburg an der Saar und Wien – zurück, meine Großmutter sogar ihre Mutter. Sie fuhren mit falschen Papieren und mit der Hilfe einer britischen Untergrundorganisation, die Juden und Jüdinnen half, ein Land zu erreichen, das noch keines war: das britische Mandatsgebiet Palästina. Sie suchten Schutz vor den Nazis und fanden sich, in einem Tel Aviver Café. Mein Großvater soll meiner Großmutter ein Eis gekauft und anschließend gesagt haben: «Die heirate ich.» Sie heirateten, 1941 in Ramatayim, Hod HaSharon, nordöstlich von Tel Aviv, und bekamen zwei Töchter, meine Tanten.

Israel blieb das Zuhause meiner Großeltern, als das Land 1948 gegründet wurde, bis 1951, als mein Großvater sich entschloss, zurückzugehen nach Deutschland, in seine Heimat, die jetzt bereit war, ihm zuzugestehen, was sie ihm genommen hatte: das Geschäft der Familie, die deutschen Wälder, Reparationszahlungen – nicht für ihn selbst, sondern für seine Geschwister, die in Israel geblieben waren. Mein Vater, ihr drittes Kind, ist in Deutschland geboren und aufgewachsen. Und obwohl sich mein Großvater nach Deutschland sehnte: Israel hatte sich in sein Herz eingenistet. Sprach sich jemand in seiner Gegenwart gegen den jüdischen Staat aus, wurde er von ihm sofort als Antisemit beschimpft. In den Wohnzimmerregalen der Jugend meines Vaters reihte sich zionistische Literatur, Titel wie *Exodus* und *Oh Jerusalem*, Biografien des ersten Premierministers Ben Gurion, später Bildbände des Sechs-Tage-Kriegs, ein Buch über Golda Meir, Außenministerin und erste weibliche Premierministerin des Landes.

Israel war Stolz und Un-Ort für meinen Großvater, zu heiß und zu prekär, um dort dauerhaft zu leben, und doch der Ort, an den er sich sehnte, weil seine Familie dort war, Freunde, die Ähnliches erlebt hatten wie er, vor allem: viele andere Juden.

In den Sechzigern ließ es sich mein Großvater nicht nehmen, mit seinem nagelneuen Mercedes per Schiff nach Israel zu fahren, um den Verwandten zu zeigen, wie gut es ihm wirtschaftlich in Deutschland ging, und vielleicht auch, um für sich selbst zu rechtfertigen, dass er nicht in Israel geblieben war. Jeder Verwandte wurde fotografiert: auf dem Mercedes hockend, an dem Mercedes lehnend, hinter dem Steuer des Mercedes sitzend.

Israel, das war immer klar, war der Ort, an dem meine Großeltern alt werden wollten, in der Rente, in ihrem selbsterbauten Haus, in Herzliya. Inzwischen ist Israel der Ort, an dem mein Großvater begraben liegt, mehr als 3000 Kilometer entfernt vom Grab meiner Großmutter auf dem Jüdischen Friedhof in Frankfurt am Main.

Für mich, die dritte Generation nach dem Holocaust, war Israel in erster Linie ein Ferienort. Die Sehnsucht anderer Juden nach Israel, dem einzigen jüdischen Staat auf der Welt, hatten wir nicht. Auch keinen glühenden zionistischen Eifer. Meine Eltern, meine Schwester und ich fuhren nach Israel, meist einmal im Jahr, weil dort ein Teil unserer Familie lebte, ein Dutzend Cousins und Großtanten. Weil meine Oma dort ein Haus besaß. Weil es dort warm und schön war.

In meiner jüdischen Grundschule in Frankfurt war Israel ein Symbol. Wir fanden es auf den blau-weißen Flaggen mit dem Davidstern, die in den Fluren der Schule gespannt waren. Es war die Heimat unserer Lehrerinnen mit dem starken Akzent. Zwei Mal pro Woche brachten sie uns im Hebräisch-Unterricht Vokabeln bei, von Apfel – *tapu'ach* – bis wohnen – *lagur* –, und wie wir unseren Namen auf Hebräisch schreiben und aussprechen: *Ssssarah* mit scharfem S. Auf Schulfesten sangen wir israelische Kinderlieder, an Feiertagen die israelische Nationalhymne. In der Gemeinde sammelten wir Spenden, damit in Israel Bäume gepflanzt werden konnten.

Israel war der Ort, um den sich alles im Religionsunterricht drehte und dessen Geburtstag wir einmal im Jahr an Yom HaAtzma'ut feierten, blau-weiß gekleidet. An Pessach und Yom Kippur sagten wir im Chor: *LeSchana haba'a biJeruschalaijm* – nächstes Jahr in Jerusalem. Was genau damit gemeint war, wusste ich nicht.

Wir idealisierten diesen Ort, auch bei uns zu Hause. Fand man in meiner Familie eine Avocado oder eine Paprika aus Israel im Supermarkt, war es auf jeden Fall die beste Avocado, die allerbeste Paprika, die wir jemals gegessen hatten. Trafen meine Eltern an einem Frankfurter Falafel-Stand einen Israeli, so wurde er zu uns nach Hause zum Essen eingeladen. Bis heute ist es so, dass meine gesamte Familie vorm Fernseher sitzt, wenn ein in Israel produzierter Film läuft. Mein Vater hat gefühlt jede Netflix-Serie gesehen, in der auch nur ein Wort Hebräisch fällt. Doch er schaut sie mit deutschen Untertiteln, seine Eltern haben ihm Hebräisch nicht beigebracht; bei ihm zu Hause sprach man Deutsch.

Manchmal seufzte er tief, sagte, wir sollten doch mal nach einer Wohnung in Tel Aviv schauen. Doch die horrenden Immobilienpreise und seine begrenzten beruflichen Perspektiven dort haben diese Wünsche nie in ernsthafte Pläne verwandelt.

In Israel zu leben, stand in meiner Familie nie zur Diskussion. Unsere Heimat war Deutschland.

Obsession

Nach der Reise mit Flora wird Tel Aviv zu einem Fixpunkt in meinen Gedanken. Wie eine Insel im Kopf, auf die ich mich flüchte, wenn ich das Gefühl habe, in Hamburg ist alles zu grau, zu distanziert, zu routiniert. Das Land hat mich im Innersten berührt, da ist etwas Tiefes, das ich noch nicht greifen kann. Die Gedanken daran machen meinen Alltag in Hamburg etwas bunter, aufregender. Ich weiß nicht, was es genau ist, das dieses Kribbeln in meinem Bauch auslöst. Ich weiß nur, dass ich mehr von diesem Gefühl spüren will. Und dass ich mir nicht mehr einreden kann, dass alles so gut ist, wie es ist.

In diesem Winter wird Israel zur Droge für mich. Ich bin ein Junkie, der nach dem nächsten Schuss sucht: Auf Netflix schaue ich israelische Serien und Filme im Originalton mit Untertiteln. Über das Internet höre ich israelische Radiosender. Ich besuche israelische Imbisse und Restaurants, schimpfe über unfluffigen Hummus, koche Schakschuka für meine Hamburger Freunde, fruchtig-scharf gewürzte Tomaten mit eingebackenen Eiern. Ständig hänge ich am Handy und schreibe mit meinen neuen israelischen Freunden, überlege, wann ich wiederkommen kann. Ich buche den nächsten Flug. Abends vor dem Schlafengehen lese ich in dem Buch mit hebräischen Sätzen für Touristen, das Boaz mir zum Abschied geschenkt hat. Als Lesezeichen dient mir der Lottoschein, den wir gemeinsam am letzten Abend ausgefüllt haben. Ich blättere durch das Buch, prüfe, welche Wörter und Ausdrücke noch hängen geblieben sind von dem Hebräisch, das ich in der Grundschule gelernt habe. Doch mit «*Ani Sarah, ani gara beGermania*» – Ich bin Sarah, ich wohne in Deutschland – landet man als Touristin allerhöchstens in Boaz' Schlafzimmer.

Wenige Monate nach meiner Reise mit Flora sitze ich in einer winzigen Küche in Hamburg-Ottensen. Die Kälte kriecht durch das schlecht isolierte Fenster, vor mir auf dem Küchentisch steht eine Tasse Kräutertee und ein Buch über hebräische Grammatik. Ich habe wieder begonnen, Hebräisch zu lernen.

«Ssssarah, Krise! Krise! Krise!», ruft Noa und stützt sich mit den Händen auf den Küchentisch. Sie greift sich mit den Händen in die schwarzen Locken. Noa ist Israelin, eine junge Künstlerin mit heller Haut und dunklem, störrischem Haar. Aufgewachsen ist sie in einem Kibbuz nördlich von Tel Aviv, in Hamburg studiert sie Kunst und Musik, nebenher gibt sie mir Unterricht. Einmal die Woche sitzen wir in ihrer zugigen Küche, sie führt mich durch die sieben Verbgruppen des Hebräischen, durch eine Milliarde Untergruppen, Sonderformen, Ausnahmen, die mich in den Wahnsinn treiben.

Noa ist geduldig mit mir und meinen Fehlern, zugleich voller ungezügelter Leidenschaft für deutsche Männer, ihre Kunst, Musik. Dann wieder ist sie kindlich ahnungslos, wie sie sich im bürokratischen Deutschland zurechtfinden soll. Ich helfe Noa beim Ausfüllen von Anträgen, Steuerformularen, Bewerbungen, sie mir mit Verbtabellen, Satzstrukturen und mit dem Finden von Eselsbrücken für die seltsamsten Vokabeln («*lehitga'agea* – vermissen – ist das Gaga-Wort, das ich in meiner Erinnerung vermisse»). Wir haben mit einfachen Gesprächen über unsere Familien, die Berufe meiner Eltern begonnen und uns dann zu den Geschichten unserer Großeltern, unserer Männer vorgewagt.

«Ich muss etwas verändern», sagt Noa heute. Den Satz habe

ich schon öfter von ihr gehört. Meist folgt darauf eine dramatische Erklärung, womit sie nicht mehr leben kann: die schlecht bezahlte Arbeit als Musikerin, die mit dem Job als Sprachlehrerin ausgeglichen werden muss, die Faulheit ihrer Sprachschüler, die Unflexibilität deutscher Behörden, ihr alkoholkranker Nachbar, ihr feierwütiger Freund, die Frage, wo es hingeht, wenn ihr Studium fertig ist. Noa spricht stets mit viel Gefühl. Ihr Zweifel ist kein Zögern, sondern eine Lawine an unterschiedlichen Emotionseruptionen, an deren Ende meist eine feste Überzeugung steht. So auch heute.

«Ich habe meinem Freund gesagt, dass ich keine Kinder in Deutschland großziehen möchte», sagt Noa. «Das ist eine Katastrophe hier. Kinder werden als störendes Problem gesehen.» In Israel sei das anders, Kinder seien Lebensinhalt und Lebensfreude. Ich denke an die Kinder im Tel Aviver Alltag, wie sie in Cafés und Restaurants rumwuseln. An die Gelassenheit der Eltern, wenn die Kinder plötzlich losbrüllen, unter fremde Tische krabbeln oder durch die Beine der Kellner kriechen. An die Selbstverständlichkeit, mit der israelische Eltern ihre Kinder überallhin mitbringen, und sei es ein Elektrofestival in der Wüste.

Ich habe Noas Freund nur ein-, zweimal erlebt, kenne ihn in erster Linie durch ihre Geschichten. Laut Noa ist er durch und durch deutsch: aufgewachsen in einer Kleinstadt in Norddeutschland, mit stoischen Eltern, die nicht über Gefühle reden und es exotisch finden, dass er mit einer Israelin zusammen ist, die laut lacht und ihre Gefühle und Gedanken ungefiltert teilt. Er ist nicht begeistert von der Idee, mit ihr nach Israel zu gehen. Ich sehe die Sorge in Noas Gesicht.

Vielleicht wird es leichter, sage ich, wenn er etwas Hebräisch kann? «Es fällt ihm schwer», sagt sie und erzählt von dem gemeinsamen Urlaub in Israel, in dem er meist still rumsaß und nicht verstand, was alle durcheinanderredeten, wieso man dauernd alle besuchen musste und warum er nicht einfach nur am Strand liegen konnte.

Ich ahne, dass Noa zweifelt, an ihrem Freund, an der gemeinsamen Zukunft, an ihrer eigenen.

Seit ich Noa kenne, beobachte ich diese Hass-Liebe zu ihrem Heimatland. Zu teuer, zu fordernd, zu anstrengend, zu frustrierend, um dort als Künstlerin zu leben und zu überleben, sagt sie. Und am Ende doch der Ort, an dem sie eine Familie gründen will.

Noas Drama, ihr offenes Zweifeln, ihr Scheitern und Wiederaufstehen und diese unbeirrbare Überzeugung, dass sie die Dinge hinkriegt, die sie sich vornimmt, beeindrucken mich. Ihre Gefühlsachterbahnen machen es für mich leichter, meine eigenen Gefühle zu zeigen. Manchmal sitzen wir in ihrer Küche und weinen zwischen Grammatikübungen über die Männer, die wir versucht haben zu lieben, über Streitigkeiten in unseren Familien, die Aufgaben, denen wir uns nicht gewachsen fühlen, die Jobs, die wir verkackt haben. In ihrer Gegenwart fühle ich mich lebendig, verbunden mit dem Zustand, der mich in Tel Aviv so erfüllt hat. Vielleicht kann ich mich bei ihr auch einfach mehr spüren.

Israel ist plötzlich überall. Ich scheine die Israelis magisch anzuziehen: An der Kasse im Supermarkt, auf der Bierbank eines Open-Air-Konzerts, in einem Bus in Berlin – ständig meine ich Hebräisch zu hören. Sehe ich Menschen dazu wild gestikulieren und lauter reden als ihr Umfeld, habe ich meist Gewissheit. Mit einigen von ihnen freunde ich mich an. Ihr Job, ein Studium, die Aussicht auf ein Leben, das sie bezahlen können, hat sie nach Deutschland gelockt. Viele haben deutsche Wurzeln, eine Großmutter, einen Großvater, deren Schicksal in der Nazizeit ihren israelischen Enkeln einen deutschen Pass ermöglicht hat. Es sind so überraschend viele Israelis, die in Hamburg leben, dass ich mich frage, warum ich sie vorher nie wahrgenommen habe.

Das junge hübsche Paar, Neta und Ilan, ist wegen seiner Arbeit als Ingenieur nach Hamburg gekommen. Sie belegt Avocado-Brote in einem Hamburger Café, liebt das Nieselwetter und die günstigen Supermärkte, Ilan die norddeutschen Backsteinhäuser.

Der Musiker Yuval hat Israel den Rücken gekehrt, weil sein Land ihm Kopfschmerzen bereitet. Bei seiner Musterung für die Armee ist er im dicken Wintermantel aufgetaucht, um glaubhaft eine psychische Störung vorzuspielen. Er wollte kein Soldat sein, ist nicht bereit, für ein Land zu kämpfen, das ihn anwidert. In Deutschland spielt er Klavier und Akkordeon in einer Gypsy-Swing-Band und, wenn das nicht reicht, Online-Poker. Er habe weniger Kopfschmerzen hier, sagt er in perfektem Deutsch.

Die Lebensgeschichten der Israelis klingen oft wie die von Figuren einer abgedrehten Vorabendserie: ein Koch, der laut zu israelischen Klassikern mitsingt, während er in einer Speak-Easy-Bar gegrillten Tintenfisch auf den Tisch knallt. Ein Student, der durch Indien gereist ist, in Deutschland vor Ziellosigkeit depressiv wird und seinen Platz in der Welt noch nicht gefunden hat. Eine junge Tänzerin, die alle paar Wochen von WG-Zimmer zu WG-Zimmer zieht, weil sie den Untermietvertrag nicht verstanden hat.

Zu meiner Überraschung lieben die Israelis Deutschland, das oft kühle Wetter, die komplizierte, aber funktionierende Bürokratie, Aldi und die vielen Dinge, die man hier mit wenig Geld kaufen kann. Sie sorgen sich nicht darum, wie sie zurechtkommen werden, sie machen einfach. Mich beeindruckt ihr Mut, ihre Heimat hinter sich zu lassen, um in einem Land zu leben, dessen Sprache und Mentalität sie kaum verstehen. Die Sorglosigkeit, mit der sie Gänge zu Ämtern, Banken oder Vermietern navigieren. Die Zuversicht, mit der sie sich ausmalen, einen israelischen Imbiss, eine Muffin-Bäckerei zu eröffnen und reich zu werden. Für mich grenzen ihre Träumereien fast an Naivität. Vielleicht bin ich aber auch einfach zu schwarzseherisch und ängstlich. Die Israelis nicht. Ein junges Ehepaar aus Nordisrael erzählt mir davon, dass es regelmäßig Fremde auf der Straße anspricht, um sich von ihnen die Briefe des Jobcenters ins Englische übersetzen zu lassen. Treten Probleme auf, sagen sie: «*Jihje beseder*» – Das wird schon. Und meist haben sie recht. Sie haben eine Gelassenheit, einen Lebensmut, den ich bewundere und um den ich sie beneide. Ich komme mir spießig vor in ihrer Gegenwart, mit meinen Zukunftsängsten, Befürchtungen, meiner Meckerei über Kollegen, das Regenwetter, den lahmen Plot des letzten *Tatorts*.

Ich besuche Noas und Yuvals Konzerte in den Kneipen der Sternschanze. Ich zünde mit ihnen improvisierte Schabbat-Kerzen auf Untertellern an, esse Yuvals *Burekas* mit Pilzfüllung und bröselige *Tchina*-Kekse; an *Rosch haSchana*, dem jüdischen Neujahr, sitze ich bei Neta und Ilan bei süßem Kuchen und Granatapfelkernen am Esstisch in Altona; an Pessach singe ich mit ihnen Lieder im dröhnenden Chor, die ich schon als Kind an dem Feiertag gesungen habe: «*Echad – mi jodea? Echad! Ani jodea …*»

Wenn ich mit ihnen esse, feiere, ihre Musik höre, ihre Gespräche, dann fühle ich mich Israel ein wenig näher – selbst wenn die Israelis nach dem dritten Joint Hebräisch in Lichtgeschwindigkeit reden und ich gar nichts mehr verstehe. Was sie über mich denken, weiß ich nicht. Aber sie behandeln mich wie ein Familienmitglied.

Die Welt ist ein Dorf, vor allem die jüdische. An einem Schabbat-Abend in Altona finde ich heraus, dass die Großeltern des Ingenieurs Ilan direkte Nachbarn meiner Großmutter gewesen sind, in Herzliya. Meine Oma hat immer über Ilans Großvater geschimpft, der am Samstag, dem Ruhetag, zur Mittagszeit im Unterhemd den Rasen gemäht hat.

An den Abenden mit meinen neuen Freunden in Hamburg wird mir klar, dass ich, trotz meiner vielen Reisen in das Land, zuvor kaum Israelis außerhalb meiner Familie kennengelernt habe. Dass ich gerade erst herausfinde, was sie bewegt, worüber sie streiten, was sie glücklich macht. Was es heißt, Israeli zu sein.

Studienreise

Sarah, die Reise nach Israel wäre doch auch etwas für dich», sagte mein Dozent. Wir saßen in seinem Hebräisch-Kurs, in einem stickig-stinkigen Raum eines braunen Gebäuderiegels auf dem Campus der Mainzer Uni, der sich wenige Jahre später als asbestverseucht herausstellen sollte. Es war im zweiten Semester meines Magisterstudiums, die Zeit, in der man noch glaubt, Kurse außerhalb der Standard-Curricula besuchen zu sollen, weil man eben kann.

Im Sprachkurs saßen Politikwissenschaftler, Soziologen, Theologen. Es überraschte mich, wie viele Studenten besonderes Interesse für Israel und seine Sprache hatten. Ich erinnere mich an eine Studentin, die im Unterricht ein T-Shirt trug, auf dem stand: «Jesus lebt».

Ich dachte, Hebräisch wäre für mich ein Kinderspiel, lesen und schreiben konnte ich ja schon. Doch nach wenigen Wochen Unterricht kam ich an meine Grenzen. Ich kapierte die hebräischen Verbgruppen nicht, nahm immer sporadischer und lustloser teil. Dann erzählte unser Dozent von einer Studienreise nach Israel.

Es sollte eine politische Reise sein, mit Fokus auf Israels Gesellschaft, Wirtschaft, religiöses Leben und den Nahostkonflikt mit all seinen Facetten. Obwohl ich nicht Politik studierte, meldete ich mich an. Ich hatte Lust auf Israel – seit meine Oma ihr Haus verkauft hatte, war ich nicht mehr dort gewesen.

Mittlerweile nahm ich sehr wohl wahr, dass es um Israel ging, wenn meine Eltern abends oft mit sorgenvollen Gesichtern vor der *Tagesschau* saßen, wenn Terroristen Busse oder Diskotheken in Tel Aviv in die Luft gesprengt hatten oder Raketen auf israelische Dörfer niedergeprasselt waren.

Das Israel, das mir in den Nachrichten präsentiert wurde, war ein anderes Israel als das meiner Kindheit. Ein unruhiger, unsicherer Ort, an dem einem das Einsteigen in einen Bus, der Partyabend im Club, der Besuch eines Restaurants zur falschen Zeit zum Verhängnis werden konnte. Ich verknüpfte diese Ereignisse nicht mit Herzliya, wo es nach Pinien und Clementinen roch, und ahnte nicht, wie stark diese Bildungsreise meinen Blick auf das Land verändern würde.

Von Haifa bis Be'er Scheva, von Ramallah bis Hebron und zurück nach Jerusalem – 13 Tage tourten wir Studenten durch das Land, das Juden und Palästinenser ihre Heimat nennen. Juden, weil sie vor mehr als 2000 Jahren in der Region lebten, erst in der Mehrheit, und dann – als Assyrer, Babylonier, Perser und schließlich Römer die Region eroberten und seine Bewohner in alle Himmelsrichtungen vertrieben – in kleinster Minderheit. Später eroberten muslimische Araber Jerusalem, der Felsendom wurde zu einem Glaubensmittelpunkt für Muslime aus der ganzen Region. Ihnen folgten die Kreuzritter, die osmanischen Türken, die Briten – unterschiedlichste Mächte, die jahrhundertelang um die Vormacht in der Region kämpften.

Mehr und mehr Juden kehrten seit Ende des 19. Jahrhunderts aus aller Welt an den Ort zurück, an dem ihr Volk seine Wurzeln hatte. Auf der Flucht vor Diskriminierung und Verfolgung, aber auch aus zionistischer Überzeugung: Für viele war das biblische Israel der einzige Ort, der für Juden als Heimat in Frage kam. Doch die frühen Siedler waren nicht allein im Land. Es lebten bereits Araber dort, die sich Palästinenser nannten. Je mehr Juden kamen, je mehr Land sie den Arabern abkauften, desto größer und gewalttätiger wurden die Auseinandersetzungen zwischen Palästinensern, alteingesessenen und neueingewanderten Juden und Briten, die versuchten, das Gebiet zu verwalten.

Nach dem Schock des Holocaust überließen die Briten die Entscheidung, was mit der Gegend geschehen sollte, den Vereinten Nationen. Die stimmten darüber ab, das Land zu teilen – in zwei Staaten mit Grenzen, die die Palästinenser ablehnten, die Juden annahmen. Am 14. Mai 1948 wurde der Staat Israel ausgerufen, aber kein Staat Palästina. Einen Tag später erklärten die arabischen Nachbarländer Israel den Krieg.

Die Israelis siegten, Hunderttausende Palästinenser verließen ihre Häuser und Dörfer, teils wurden sie gewaltsam vertrieben, teils wurden sie von ihren Anführern dazu aufgefordert. Einige behielten ihre Wohnungsschlüssel, dachten, sie könnten bald zurückkommen.

Die wenigen Palästinenser, die blieben und letztlich Bürger des Staates Israel wurden, bilden heute die Bevölkerungsgruppe der «arabischen Israelis» – oder «Palästinenser mit israelischem Pass», wie sich viele selbst lieber nennen. Ihre Identität schwankt zwischen der Verbundenheit mit ihren palästinensischen Wurzeln und dem Leben in der israelischen Realität – einem Staat, dessen Gründung 1948 die Israelis Jahr für Jahr mit einem «Unabhängigkeitstag» feiern, Yom HaAtzma'ut, und die Palästinenser als *Nakba* – Katastrophe – betrauern. Solidarität erhalten sie von den inzwischen mehreren Millionen Nachkommen der Palästinenser auf der ganzen Welt, die damals aus ihrer Heimat flohen. Viele leben bis heute in den arabischen Nachbarländern, oft als Flüchtlinge ohne Status in Camps, die über die Jahrzehnte zu Dörfer geworden sind. Andere haben neue Leben begonnen in Europa und den USA. Viele vereint der Wunsch, irgendwann zurückzukehren, in eine Heimat, die es so nicht mehr gibt.

Die restlichen Palästinenser, die 1948 in der Region blieben, und ihre Nachkommen leben bis heute in den Gebieten des Gazastreifens und des Westjordanlands, teils in wirtschaftlicher Abhängigkeit, teils in offener Feindschaft zu ihren israelischen Nachbarn, die Teile des Westjordanlands und die Grenzen zu Gaza kontrollieren.

Dutzende kriegerische Auseinandersetzungen, Terrorattentate, Armeemanöver und rund 60 Jahre gescheiterte Verhandlungen später fuhren wir deutschen Studenten durch das Land, oft entlang meterhoher Sperranlagen, die erbaut wurden, um Israel unüberwindbar von den palästinensischen Gebieten zu trennen. Riesen aus Beton, die teilen, was sich schwer aufteilen lässt. Mauern, die für die einen Schutz bedeuten, für die anderen Gefängnis. Die es Israelis und Palästinensern unmöglich machen, im Alltag aneinander vorbeizulaufen, über den Preis von Erdbeeren zu verhandeln oder sich zumindest gegenseitig anzusehen als das, was sie sind: Menschen zweier Völker, die den gleichen Flecken Erde ihre Heimat nennen, eine nationale Heimat, eine religiöse.

Und alles lag so nah beieinander.

In Jerusalems Altstadt fotografierten wir die Klagemauer, hinter der die goldene Kuppel des Felsendoms schimmerte. Vom Dach des Österreichischen Hospizes, einer christlichen Jugendherberge, blickten wir über die hellen Mauern der Stadt, die so besonders ist für Juden, Muslime und Christen. Wir sahen Asiaten in weißen Gewändern, die Hallelujah sangen, und Frauen mit Kopftüchern, die in der Grabeskirche in Tränen ausbrachen, wo Jesus gekreuzigt wurde. Wir wichen Pilgern aus, die Holzkreuze auf ihrem Rücken durch die Altstadt schleppten, und orthodoxen Juden, die zur Klagemauer hasteten, uns anrempelten, ohne uns anzusehen.

Wenige Autominuten entfernt in Ost-Jerusalem ließen wir

uns von palästinensischen Akademikern erklären, warum sie alle bisherigen Friedensangebote inakzeptabel fanden.

Ein ehemaliger Botschafter Israels erzählte uns wiederum von der Notwendigkeit, wehrhaft zu sein, von dem Sicherheitsbedürfnis eines Staates, umringt von größtenteils feindlichen Nachbarländern, Heimat von Holocaustüberlebenden und jüdischen Flüchtlingen aus Ländern, die diesen Juden kein Zuhause mehr sein wollten. Ein Volk, das militärische Stärke zeigt, um nie wieder schwach zu erscheinen.

Wir hörten von der Perspektivlosigkeit der Palästinenser, ihren korrupten Führern, ihrem Festhalten an Grenzen, die schon lange nicht mehr zur Debatte standen. Wir lauschten unterschiedlichen Geschichten über Gewalt, Unterdrückung, Angst und Sicherheit. Unvereinbare Narrative, festgefahren und verkrustet, geprägt vom jeweils erlittenen Leid. Beide Seiten sahen sich als Opfer, so viel verstand ich jetzt, die eine von palästinensischem Terror und Gewalt, die andere von der israelischen Armee und Politik. Was blieb, war Misstrauen, tief und spaltend.

Wir fuhren durch Ramallah im Westjordanland, an dessen Straßenrändern sich der Müll türmte, und hörten deutschen Stiftungsvertretern mit dunklen Augenringen zu, die von Missionen sprachen, an deren Erfolg sie selbst nicht mehr zu glauben schienen.

Wir sahen verblichene Poster von Yassir Arafat, Bananenplantagen und Hightech-Parks, die Stadt Hebron, bizarr aufgeteilt zwischen Palästinensern und jüdischen Siedlern. In Akko fotografierten wir arabische Teenager, die furchtlos von der Stadtmauer in die Meeresbrandung sprangen.

Auf unserer Reise trafen wir Juden, Muslime, Christen, Beduinen und Drusen. Bewohner eines winzigen Fleckens Erde, mit wenigen Gemeinsamkeiten. Oft nicht mal mit einer gemeinsamen Sprache.

Gegen Ende der Reise rief ich meine Eltern an. «Dieser Konflikt kann niemals gelöst werden», erklärte ich ihnen niedergeschlagen. Israel war zu einem aussichtslosen Ort für mich geworden. Anstrengend, komplex, voll verhärteten Misstrauens.

Während ich – den Kopf voller Eindrücke – an meine Uni in Deutschland zurückkehrte, zog es viele meiner früheren Mitschüler von der jüdischen Schule nach Israel. Sie schrieben sich an einer Privatuni in Herzliya ein, eben jenem Ort, in dem einst das Haus meiner Oma gestanden hatte. Ihre Eltern zahlten das teure Studium und die Miete, stolz, ihre Kinder nach Israel ziehen zu sehen, hoffend, dass ihnen dort ein zukünftiger – jüdischer – Partner begegnen würde.

Viele blieben im Land, ächzten unter niedrigen Löhnen und hohen Lebenshaltungskosten. Israel ist teuer, wenige Großunternehmen beherrschen einen kleinen Markt, fast unkontrolliert. Die meisten Einkommen sind niedrig, die Steuern hoch, das Budget für die Armee und die Verteidigung des Landes noch höher. Die ausgewanderten Frankfurter Juden seufzten über teure Kindergärten und zu wenige Monate bezahlter Elternzeit. Wenn ich sie traf, meist zufällig in Cafés in Tel Aviv oder an einem Strandabschnitt, an dem sich viele deutsche Einwanderer sonnen, erzählten sie oft, dass sie sich ein sorgenfreies Leben in Israel ohne die Unterstützung ihrer Eltern nicht leisten könnten. Ich verstand sie nicht.

Meiner Familie verkündete ich: Niemals könnte ich in Israel leben! Die Politik! Der Konflikt! Die Preise! An meinem eigenen Geburtstag ruinierte ich die Stimmung, weil ich beim Abendessen im Restaurant heftig mit meinem Vater stritt. Ich fand es irrsinnig, Israel als «Ersatzheimat» für alle Juden zu sehen, wenn ein unbeschwertes, sicheres Leben dort meiner Meinung nach nicht möglich war. Mein Vater, der seit einigen Jahren wieder eine Kette mit einem Davidstern um den Hals trug, war enttäuscht über meine Worte. Er widersprach, dass Israel der einzige Ort auf der Welt sei, an dem wir Juden immer Zuflucht finden könnten, falls Deutschland für uns einmal nicht mehr sicher sein sollte.

«Warum wohnen wir dann nicht da?!», entgegnete ich aufgebracht. «Warum haben wir zu Hause nie darüber gesprochen, nach Israel auszuwandern?»

Ich erinnerte mich, dass meine Eltern in meiner Kindheit eine Zeit lang darüber nachgedacht hatten, in die USA zu ziehen, nie nach Israel. «Was hätte ich denn dort arbeiten sollen?», fragte mein Vater zurück. Als Lehrer und mit wenig Hebräisch-Kenntnissen wäre es schwer geworden, verteidigte er sich. Er war in Deutschland geboren und aufgewachsen. Seine Identität war geprägt von dem, was sein eigener Vater ihm vorgelebt hatte: Im Judentum ist Tradition wichtig und muss unbedingt bewahrt und weitergegeben werden – aber Deutschland ist der Ort, den er Zuhause nennt. Mit dem Wort Heimat hatte mein Vater sowieso seine Probleme, doch das ist eine andere Geschichte.

Eigentlich wusste ich das alles, aber an diesem Abend war ich streitlustig. Ich beharrte und übertrieb: Alle Leute, die ich in Israel kannte, hätten Probleme, dort finanziell zu überleben. «Und ich habe echt keine Lust, in einem Land zu leben, in dem meine Regierung verhindert, dass ich meine arabischen Nachbarn kennenlerne.» Mein Vater wurde laut. Jetzt ging es um den Nahostkonflikt. Meine Mutter versuchte zu schlichten, meine Schwester guckte mich an, als wollte sie mich mit ihrem Blick umbringen. Wir beendeten den Abend im Streit, zu stur, die Position des anderen verstehen zu wollen. Auf der Fahrt nach Hause schwiegen wir.

Danach hatte ich erst einmal genug. Ich reiste nach Malmö, Dublin, New York, Amsterdam und Istanbul. Nach Israel zog es mich nicht.

Purim

Ich schiebe mich durch tanzende Körper, vorbei an hüpfenden Clowns, glitzernden Einhörnern, betrunkenen Superhelden, an Peter Pan mit Hütchen, einem sexy Papst und Piraten mit Augenklappe. Lichterketten spannen sich über unsere Köpfe, auf Balkonen legen DJs mit verrutschten Perücken Musik von ihren Laptops auf, unter ihnen hüpft, tanzt und drückt sich die verkleidete Masse zu Elektromusik durch die Gassen des Kerem HaTeimanim, des jemenitischen Viertels.

Es ist Frühling in Israel und *Purim*, der Feiertag, den wir Deutschen oft als jüdischen Karneval beschreiben. Alle sind verkleidet, auch ich, als israelisches Taxi. Vor mir läuft Boaz im Einhornkostüm, davor der Tänzer Ovadia in Basketball-Trikot und grüner Perücke. Wir treiben von Straßenecke zu Straßenecke, bleiben stehen, um zu tanzen, umarmen Freunde und Nachbarn aus dem Viertel und lassen uns von der wogenden Menge weitertragen.

An einer Straßenecke treffen wir auf eine Freundin von Boaz. Sie sitzt auf dem Bordstein, durch die braunen Locken schlängeln sich einzelne blonde Strähnen, um den Kopf trägt sie ein rotweißes Tuch, im Gesicht einen Rest Schminke. Sie ist Dichterin und Schriftstellerin, erklärt mir Ovadia, berühmt für ihre Auseinandersetzung mit ihrer jemenitischen Identität. Ich nicke anerkennend. Sie schaut mich einmal abschätzig von oben bis unten an und redet kein Wort mit mir. «Don't worry about it, sometimes she is like this to *Ashkenazi* women», erklärt mir Ovadia später. Als *Aschkenasim* bezeichnet man die Juden aus Mittel- und Osteuropa. Ich bin überrascht. Dass ich als Touristin erkannt werde, verstehe ich. Aber dass mir jemand die Wurzeln meiner Großeltern vorwirft, ist mir neu. Ich nehme mir vor, die Dichterin später zu googeln.

Eine Woche lang feiern wir in den Straßen und in Bars, steigen auf den Tresen unserer Stammkneipe, das Eduard, und lassen uns Arak in den Rachen schütten. Auf dem Dach eines Wohnhauses an Yafos Hafen tanzen wir zu Techno, der sich bei Sonnenuntergang mit dem Ruf des Muezzins aus dem grün leuchtenden Minarett mischt. Israel fühlt sich in diesen Tagen an wie ein psychedelischer Trip – bunt, wummernd und immer ein bisschen wie ein Traum.

Jede Jahreszeit hat ihre eigene Stimmung. Ich weiß das, denn ich sitze inzwischen viermal im Jahr im Flieger nach Tel Aviv, bleibe länger und länger. Purim-Kostüme und kühler Wind im Frühling, nackte Haut und Schwüle im Sommer, dramatische Sonnenuntergänge und festliche Familiendinner im Herbst, Kochabende und glühende Heizdrähte in schlecht isolierten Apartments im Winter.

Ich lerne mich durch Sprachkurse im *Ulpan*, den Hebräisch-Sprachschulen des Landes, beginne, vom Esstisch in Tel Aviv aus zu arbeiten, was erstaunlich gut klappt. Telefonate und Interviews erledige ich per Skype, WhatsApp und FaceTime. Wenn ich nicht arbeite, treffe ich Freunde zum Sonnenuntergang, auf einen Kaffee, ein Bier, einen Arak, zum gemeinsamen Kochen.

Aus einer Woche Aufenthalt werden drei, vier, dann acht. Ich wohne von nun an in unterschiedlichen Apartments, reise stets mit nur einem Koffer und vermisse keines der vielen Dinge, die in Hamburg meine Wohnung füllen. In Tel Aviv, der Stadt der überteuerten Bruchbuden, lebe ich in WG-Zimmern, in denen oft nur ein Bett und ein Regal stehen, in Wohnungen, in denen die Meeresluft am Putz der Wände nagt und je nach Jahreszeit heißer oder kühler Wind durch eine gebrochene Fensterscheibe weht. Ich schüttele den Kopf über die israelischen Wischmopps, die lediglich aus einer schmalen Leiste mit Stiel bestehen und das dreckige Putzwasser nur von A nach B schieben. Ich lerne, die vielen klemmenden Türen mit Wumms zu schließen, gewöhne mich an Wasserhähne, aus denen manchmal kein oder nur braunes Wasser kommt, und an Boiler, die für heißes Wasser eine halbe Stunde vor dem Duschen angestellt werden müssen. Ich lebe einfach, und einfach ist in Israel eben oft umständlich. Doch es stört mich nicht. Ich bin zufrieden, auch mit wenig. Mir fehlt nichts.

Das liegt vor allem daran, dass ich mich willkommen fühle. Meine Vermieter werden meine Freunde. Die besten von ihnen, Tom und Dan, behandeln mich wie eine kleine Schwester, obwohl ich älter bin als sie. Tom ist freiberuflicher Regisseur, trägt sein langes, blondes Haar zum Männerdutt gebunden und macht alles in seinem Alltag exzessiv: arbeiten, rauchen, trinken, schlafen, Playstation spielen, Frauen eine Nacht lang daten, nichts tun und nicht putzen. Tom hat ein großes Herz. Jeden Morgen trinkt er mit mir Kaffee im Café an der Ecke. Er zieht zu seinen Eltern, damit ich in seinem Zimmer wohnen kann, als das Gästezimmer einmal belegt ist. Er ist stets bereit, mit mir am Strand zu sitzen, auf dem Rücken im warmen Wasser zu treiben, und scheint alle Zeit der Welt für mich zu haben.

Dan ist sein Gegenpol. Breite Schultern, markanter Kiefer, lange Wimpern. Stets unzufrieden mit sich, seinem Körper, seiner Performance im Job. Dramatisch und oft depressiv. Manchmal kommt er von seiner Arbeit als Marketingheini, knallt seine Zimmertür zu, öffnet sie nach einer Weile wieder und ruft: «I am in a bad mood!» Doch auch Dan hat ein Herz aus Gold, er nennt mich «Honey», teilt mit mir seine Salate mit Thunfisch und *Za'atar*, sein Hühnchen in scharfer Tomatensoße, erzählt mir von Einsamkeit und Pornosucht und seinem festen Glauben daran, dass er anderswo glücklicher wäre. Vielleicht Holland oder Kanada. Nicht in Israel.

Tom und Dan bringen mir eine intime Herzlichkeit entgegen, als ob wir uns schon Jahre kennen. Zu dritt sitzen wir auf dem Balkon, trinken Tee, kochen füreinander. Ich erinnere sie daran, die Schabbat-Kerzen anzuzünden und an Chanukka Kerze für Kerze des achtarmigen Leuchters *Chanukkiah*. Während ich an Yom Kippur faste, läuft Tom mit mir durch die autofreien Straßen, sitzt neben mir unter einem Sonnenschirm am Strand, bis mir vor Durst schwindelig wird, und kocht mir nach Fasten-Ende Spaghetti mit Fertigtomatensoße. Er selbst fastet nicht. «What a good jew», sagt Tom, um mich zu ärgern. In seinem Freundeskreis fasten die wenigsten, und ich lache über den Gedanken, dass ich jetzt die Religiöse unter Juden sein soll. Absurd.

Es fällt mir so leicht, hier jüdisch zu sein. Das Jahr ist sowieso durch die Feiertage getaktet, an Chanukka stehen die Leuchter Chanukkiot an jeder Straßenecke, auf jedem Bartresen; an Pessach gibt es überall Matzen statt Brot zu kaufen; am höchsten Feiertag Yom Kippur fährt kein Auto über die Straßen. Ob religiös oder nicht, freitagabends kommen die Familien zusammen, Singles kochen mit ihren Mitbewohnern, selbst volltätowierte Barkeeper zünden die Schabbat-Kerzen an, um danach gemeinsam anzustoßen. Es fällt mir leicht mitzumachen, teilzunehmen, weil ich die *Brachot*, die Segenssprüche, schon im Kindergarten gelernt habe, die das Zünden der Kerzen begleiten, das Trinken des Weins, das Essen der *Challah*, dem Hefezopf. Es geht mir in diesem Moment nicht um Religion. Jüdisch sein begegnet mir erstmals als etwas Verbindendes – nicht, weil man wie in Deutschland in der Minderheit lebt und sich ständig nach außen erklären muss. Sondern weil die Bräuche Gemeinschaft bedeuten, auch wenn man nicht religiös lebt, Zusammensein, auch wenn man sich kaum kennt, Nähe und viel, viel Essen.

Tom und Dan stellen mir ihre Freunde vor, berichten von ihren Tinder-Dates, ihrem Verhältnis zu ihren Eltern, ihren Geschwistern. Die beiden ziehen mich auf, wenn ich einen hebräischen Satz mit deutschem Akzent ausspreche, und trösten mich, wenn mir ein Date mit einem Israeli Kopfschmerzen bereitet. Sie zeigen mir, wo es den warmen Hummus mit gegrillten Pilzen in der Nachbarschaft gibt, den besten Kaffee und die schönsten Menschen, und laden mich in ein Restaurant ein, das sie sich mit ihren Gehältern eigentlich nicht leisten können.

In Hamburg, meinem eigentlichen Zuhause, bin ich sonst meist diejenige, die alles plant: Ausflüge, Motto-Partys, Picknicks, Grillabende im Park. Meine Freunde nennen meine Planungen scherzhaft «Levy Tours».

In Tel Aviv ist es andersrum.

Ich habe zu viele Burekas gekauft. Kommst du vorbei?
Ich bin in der Nachbarschaft, lass uns treffen!
Meine Eltern feiern Schabbat, du bist eingeladen.
Ich sitze auf dem Sofa und gucke Dokus, komm doch vorbei.

Die Begegnung mit der jemenitischen Dichterin an der Straßenecke hallt noch lange in mir nach. Doch sie ist nur die erste von vielen Auseinandersetzungen mit der Komplexität jüdischer Identitäten, die ich beobachte und auch selbst zu spüren bekomme.

Das Israel, das sich mir eröffnet, ist ein Mosaik aus Menschen mit unterschiedlichen Hautfarben, Wurzeln, Träumen und Familiengeschichten. Ein Land, das aus jüdischen Flüchtlingen und Einwanderern gewachsen ist. Eines, das Werbefilme in die Jüdischen Gemeinden anderer Länder sendet, um die verstreuten Juden auf der ganzen Welt davon zu überzeugen, hier eine Heimat zu finden, in diesem kleinen Land, eingeklemmt zwischen Syrien, Libanon, Jordanien, Ägypten, Mittel-, Rotem und Totem Meer.

Die ersten Neueinwanderer, die hierher kamen, waren die Aschkenasim, sie kamen aus zionistischer Überzeugung oder flohen vor Verfolgung und Diskriminierung in ihren Heimatländern in Mittel- und Osteuropa, vor allem aus Russland, Polen, Litauen, Rumänien, später vermehrt auch aus Deutschland und Österreich, wie meine Großeltern.

Nach dem Unabhängigkeitskrieg 1948 flohen rund 850 000 Juden aus arabischsprachigen Ländern nach Israel, man nennt sie *Misrachim*, sie stammen aus dem Irak, Jemen, dem Libanon, Syrien, aber auch Tunesien, Algerien, Ägypten. Ihnen folgten Hunderttausende russischsprachiger Juden aus der UdSSR und in den achtziger und neunziger Jahren die äthiopischen Juden, die von der israelischen Regierung in teilweise geheimen Aktionen mit Flugzeugen nach Israel geholt wurden.

Die Geschichte des Staates Israel liest sich wie ein Roman, mit Abenteuern und Abgründen, unterschiedlichen Ländern, Kulturen, Mentalitäten. Sie ist auch der Grund, warum sich Israelis so stark darüber definieren, wer wann woher kam. *Mah ha mozah schelcha?* Was ist dein Ursprung?, ist meist die erste Frage, die hier gestellt wird. Oder: *Mah ha edah shelach?* Was ist deine ethnische Zugehörigkeit? Manche Israelis können ihre Wurzeln anhand ihres Namens Hunderte Jahre zurückverfolgen. In vielen Familien spricht man zu Hause neben Hebräisch auch Arabisch, Russisch, Französisch, Englisch oder gar Deutsch, man kocht zu Feiertagen unterschiedliche Gerichte, singt unterschiedliche Lieder, oder dieselben in unterschiedlichen Melodien. Es gibt in Israel sogar Juden aus Georgien, der Türkei, aus afrikanischen und asiatischen Ländern, aus Usbekistan und Indien.

Jede Familie hat ihre eigenen Traumata: die Europäer die

der Großeltern, die in der Shoah verfolgt wurden; die Juden aus dem Jemen, dem Irak, aus Syrien und Libanon die Traumata der Vertreibung aus ihren arabischen Heimatländern; die Russen, dass ihre berufliche Qualifikation und ihr religiöser Status in Israel nicht anerkannt werden. Alle kämpfen ständig: die äthiopischen Juden gegen die Diskriminierung in ihrer neuen Heimat Israel; die russischen Juden gegen das *Rabbinat* und dafür, als richtige Juden anerkannt zu werden; Misrachim gegen Aschkenasim, also die Juden aus arabischen Ländern gegen die mit mittel- und osteuropäischem Ursprung; Schwarz gegen Weiß; Säkulare gegen Religiöse; Progressive gegen Konservative. Die Fanatiker im Land polarisieren die sowieso schon gespaltene Gesellschaft noch mehr. Die Kluft geht durch Familien, sie entfremdet Freunde. Selbst ein schillerndes Mosaik braucht einen Rahmen, eine Basis, Ton, Kleister – etwas, das die einzelnen Teile zusammenhält und zu einem Ganzen werden lässt. Sonst besteht die Gefahr, dass es in seine Einzelteile zerbricht.

An einem Nachmittag im Dezember sitze ich neben Tom auf einem bunten Tuch am Strand, uns gegenüber einige Freunde, deren Namen ich nach der Vorstellung schon wieder vergessen habe. Zwischen uns liegen überdimensionale Plastikflaschen Cola und eine Tüte *Bamba*, israelische Erdnussflips. Der Himmel über uns ist bewölkt, die Luft kühl, doch es ist Dezember, denke ich, und ich kann noch auf dem Sand sitzen. Die Freunde unterhalten sich auf Hebräisch, es kostet mich viel Anstrengung, dem Gespräch zu folgen, und so sitze ich die meiste Zeit einfach nur da und höre zu.

«Was willst du damit sagen?», fragt ein Freund von Tom plötzlich, seine Stimme wird lauter. Ich habe schon mitbekommen, dass dieser Freund konservativer als Tom ist. Tom, der von Apartheid spricht, wenn er über Israel und die Palästinenser redet. Der immer widerspricht, wenn jemand Vorurteile gegenüber Arabern oder Flüchtlingen andeutet, und der oft die arabischen Parteien wählt, um ein Zeichen zu setzen, gegen die erstarkenden orthodoxen Parteien, gegen eine Regierung, die das Wort «Linke» zum Schimpfwort erkoren hat. Sein Freund, der hier gerade laut wird, ist anderer Meinung. «Bist du nicht stolz auf dein Land und was es erreicht hat?», fragt er.

Ich versuche zu verstehen, worum es geht. Tom übersetzt mir kurz: Die beiden diskutieren, welche Rolle Religion und Zionismus – die Ideologie, dass Juden im Staat Israel leben sollen – in der Schule spielen sollten. Keine, findet Tom, denn es würde immer dazu führen, dass nationale Gefühle Minderheiten unterdrücken. Sein konservativer Freund ist anderer Meinung. Er wird laut, wirft Tom vor, illoyal gegenüber seinem eigenen Land, seiner Religion zu sein. Am Ende schweigen alle betreten. Ich versuche, irgendwas über Deutschland zu erzählen, um die Stimmung zu lockern, doch mein Hebräisch reicht einfach nicht aus. Wir beenden das Treffen.

«If we were not surrounded by enemies, Israel would be in a civil war», erklärt mir Tom später, seine Stimme klingt bitter.

Ich sauge diese Erlebnisse und Begegnungen auf wie ein Schwamm. Versuche zu verstehen, was es bedeutet, in einem Land aufzuwachsen, dessen nationale Identität ein Flickenteppich aus Mentalitäten, Kulturen, Sprachen und Werten ist. Ein Land, das ständig entscheiden muss, wie religiös es ist, wie säkular. Und wie tolerant gegenüber denjenigen, die nicht in das eine oder andere Muster passen.

So kompliziert, ambivalent und anstrengend es auch erscheint, ein jüdischer Israeli zu sein, so faszinierend empfinde ich die Auseinandersetzung damit. Sicher erinnere ich mich an Momente als deutsche Austauschschülerin in den USA, als ich mit meinen amerikanischen Freunden über Flaggen und Patriotismus diskutiert habe. Ich weiß noch, dass mir als Deutscher Rituale wie der morgendliche *Pledge of Allegiance* in meiner Highschool, der Treueschwur zur amerikanischen Flagge, die Hand auf dem Herzen, komisch vorkamen. Ich erinnere mich an die Fußball-Weltmeisterschaft 2006 in Deutschland, als wir im Freundeskreis darüber sprachen, warum es eigentlich so irritierend war, plötzlich so viele deutsche Flaggen von Autodächern und Balkonbrüstungen flattern zu sehen. Aber persönlich wurde diese Reflexion nicht, und sie war bei Weitem nicht so kontrovers. Wir sprachen nicht über die Traumata und Tabus in unseren Familien, weder darüber, dass meine Großeltern vor den Nazis fliehen mussten, noch darüber, was die Großeltern meiner deutschen Freunde in dieser Zeit eigentlich gemacht haben. Wir wussten nicht, was es für den anderen hieß, deutsch zu sein. Und wir fragten auch nicht danach.

Zurück

Heeeerz an Heeeerz, hörst du mich?!», plärrt es aus meinem Lautsprecher. Eine Partylampe wirft tanzende Lichtkreise an meine Küchenwand und färbt das große Foto der Strandpromenade von Tel Aviv abwechselnd rot, blau und grün. Ich lehne am Türrahmen, unter meinen Schuhen klebt der Boden vom Saft ausgepresster Zitronen, verschüttetem Whiskey und Zuckersirup, und schaue meinen Freunden zu, wie sie sich in meine kleine Küche drängen und zu Blümchen, den Backstreet Boys, Fool's Garden mitsingen.

Es fällt mir plötzlich schwerer, diese Momente mit ihnen zu genießen. Auf Partys finde ich mich selbst immer öfter still rumstehend, als ob ein Teil von mir nicht richtig anwesend wäre. In Gedanken bin ich in Tel Aviv, bei meiner nächsten Reise, bei meinen neuen Freunden. Ich spreche auch dauernd darüber. «Ja, ja, in Israel ist alles besser», sagt meine Freundin Mártha, wenn ich mal wieder anfange. Die leichte Entnervung in ihrer Stimme kriege ich gar nicht mit.

Ich suche nach Gründen, länger in Israel zu bleiben. Noch ein Sprachkurs, noch ein Urlaub, ein Arbeitsprojekt, das ich von Tel Aviv aus erledigen kann. Ich spüre einen unwiderstehlichen Sog. Inzwischen sitze ich weinend im Taxi zum Flughafen, wenn die Wochen in Tel Aviv zu Ende sind.

Meine Freunde in Israel bestärken mich, öfter zu kommen, gar zu bleiben. Sie sagen: «Du bist glücklich hier.»

Meine Freunde in Deutschland hören mir zu, wenn ich von Israel schwärme, und beobachten abwartend, was da mit mir passiert.

Ich war schon immer ein Mensch, der sich viel gesehnt hat. Meist nach Dingen, die ich vermeintlich da, wo ich gerade war, nicht hatte. Ich jammere generell viel, vor allem über oberflächliche Gespräche, distanzierte Nachbarn, die Schwierigkeit, in Hamburg neue Leute kennenzulernen. Ich bin diejenige, die, selbst in Gesellschaft, ständig auf ihr Handy guckt, weil sie Angst hat, etwas zu verpassen. «Sie ist angekommen» ist nicht unbedingt ein Satz, den man über mich sagen würde. Doch die Obsession mit Israel ist anders, intensiver, greifbarer, das spüren auch meine Freunde, wenn ich ihnen sage, dass ich an einem Geburtstag oder Junggesellinnenabschied nicht da sein werde, weil ich wieder in Tel Aviv bin.

«Willst du nicht auch mal woanders hinfahren?», sagen meine Eltern nach jeder Flugbuchung.

Meine Schwester schüttelt den Kopf über mich, fragt immer nur: «Warum auf einmal?»

Weil mir in Israel alles leichter fällt!, will ich ihr zurufen. Leichter zu genießen, leichter, mich wohl zu fühlen, leichter, jüdisch zu sein. Leichter, ich selbst zu sein. Doch ich sage nichts. So richtig habe ich das selbst noch nicht verstanden.

Jüdisch in Deutschland

Ich habe einen jüdischen Kindergarten besucht, eine jüdische Vorschule, eine jüdische Grundschule. Die meisten meiner Freunde dort waren jüdisch, und sie hatten Eltern, denen eine jüdische Erziehung wichtig war.

Die jüdische Schule war eine Welt für sich. Wer diese Welt betreten wollte, musste am Metallzaun klingeln, vorbei an Security-Mitarbeitern aus Israel, durch Sicherheitsschleusen, in Klassenzimmer mit Teppichboden und Panzerglas. Eine Polizeistreife stand immer vor der Tür. Die durchdringende Sirene, die zu meiner Schulzeit gefühlt wöchentlich alle Kinder und Lehrer auf den Schulhof scheuchte, kam uns nicht seltsam vor. Wir rollten höchstens mit den Augen, murmelten: «Schon wieder Bombenalarm», bevor wir alles stehen und liegen ließen, um durch die Flure nach draußen zu trotten. Wir hinterfragten nicht, warum Bomben eine Schule treffen sollten. Es ging bei diesen Proben um unseren Schutz, das war uns Schülern klar, doch vor wem eigentlich? Darüber sprachen wir in der Schule nicht.

Wir Schüler waren eine Mischung aus dem, was Privatschulen ausmacht. In meiner Klasse gab es Kinder, die mit acht Jahren bereits Polohemden von Lacoste trugen, deren Väter hohe Positionen in der Bank innehatten, Augenärzte oder Geschäftsmänner waren, und deren Mütter ausschließlich dafür zu leben schienen, ihre Kinder in SUVs zum Tennis, Klavier oder zum zionistischen Jugendclub zu fahren. Sie hatten zu Hause «Hilfen» oder «Perlen», die kochten, putzten, babysitteten. Die Mädchen imitierten bereits in der Grundschule ihre Eltern, begrüßten einander mit gehauchten Küsschen rechts-links auf die Wange. Ich stellte das nicht in Frage, ich machte mit.

Und dann gab es noch andere Schüler. Kinder, die mit ihren Eltern aus der ehemaligen Sowjetunion geflohen waren, die selbstgestrickte Pullover trugen, Rüschenblusen und geflochtene Zöpfe. Die im Förderunterricht erst Deutsch lernen mussten und was es bedeutete, jüdisch zu sein und deutsch. In ihrer Heimat, der ehemaligen Sowjetunion, war es ihren Familien verwehrt gewesen, jüdisch zu leben. *Die Russen*, so nannten wir sie. Ich habe erst später verstanden, wie abschätzig das gemeint war.

Ich befand mich immer irgendwo zwischen den Welten. In Deutschland geboren und jüdisch aufgewachsen, nicht so fremd wie die russischen Schüler und doch nicht so dazugehörig wie die anderen deutschen Juden.

Der Unterschied zwischen mir und meinen Mitschülern war immer spürbar. Das fing bei ganz praktischen Dingen an. Meine Familie wohnte nicht in Frankfurt selbst, wie die meisten meiner Mitschüler, sondern im Vorort. Meine Eltern arbeiteten beide in Vollzeit. Meine Hobbys waren nicht Tennis oder Klavier, sondern Kindertanz, einmal die Woche lief ich zu Fuß zu einem Malkurs in der Nachbarschaft.

Ich erinnere mich an einen Montagmorgen, an dem wir in der Schule von unseren Ferien erzählen sollten, und meine beste Freundin berichtete, es sei in ihrer *Villa* eingebrochen worden. Ich konnte den ganzen Tag an nichts anderes denken, als dass sie in einer Villa wohnte. Ich war schon dort gewesen, hatte in dem Haus gespielt, mit seinen marmornen Treppenstufen, den beleuchteten Vitrinen mit silbernen Kerzenständern, dem flauschigen Teppichboden in zartem Grau. Das war also eine Villa, dachte ich damals, und schämte mich, dass wir keine Marmortreppe hatten. In unserem Haus hatte meine Mutter die Kellertüren und das Treppengeländer fliederfarben gestrichen. Unsere Bücherregale waren von Ikea, unser Barbie-Haus von den Nachbarskindern, selbst gebaut. Meine Schwester wurde einmal von einem Klassenkameraden ausgelacht, weil unsere Mutter einen Opel Corsa fuhr. Sie hatte Angst, mit ihrem Rad zur Fahrradprüfung zu kommen, weil es vielleicht nicht neu genug war.

In der Grundschule dachte ich, Marken-Kleidung, klassische Hobbys, sogar die gehauchten Wangenküsschen gehörten zum Jüdischsein dazu. Meine Eltern weigerten sich aber, mir Lacoste-Shirts zu kaufen oder die Uhr Baby-G, die alle coolen Kinder besaßen. Nach langem Betteln kauften sie mir einen Pullover mit Nike-Zeichen auf der Brust. Ich trug ihn von da an ständig, bis er fusselig gewaschen war, was auch schon wieder uncool war.

Der Eintritt in das Erwachsenenleben heißt auf Hebräisch *Bar Mizwa*, für Jungen, oder *Bat Mizwa*, für Mädchen. Ähnlich wie Kommunion und Konfirmation ist sie eigentlich ein religiöses Ereignis, wird aber in der Jüdischen Gemeinde pompös gefeiert. Oft wird ein Saal in einem großen Hotel gemietet, oder zumindest der Gemeindesaal mit seiner koscheren Küche. Mehrere Hundert Gäste werden geladen, Tanzchoreografien aufgeführt, dazu spielt ein DJ oder eine Band jiddische und israelische Popsongs. Frauen und Mädchen tragen Föhnfrisuren und stecken in Abend- oder Cocktailkleidern, Männer und Jungen in schicken Anzügen. Es wird *Hora* getanzt, bis alle schwitzen und die Zehen schmerzen, weil ein angetrunkener Onkel draufgetrampelt ist. Das Highlight kann der Überraschungsauftritt eines bekannten Zauberers sein, einer Sängerin in dramatischem Glitzerkleid, einmal kam sogar eine mittelklassige Boygroup.

Bar und Bat Mizwa, das heißt: zeigen, wer man ist und was

man hat, wie vernetzt die Familie in der Gemeinde ist, wie beliebt die Kinder bei den anderen Jugendlichen sind.

Meine Eltern machten den teuren Rummel nicht mit. Im kleinen koscheren Restaurant der Gemeinde organisierten sie mir eine Schabbatfeier, mit *Gefilte Fisch*, Familie, Reden und Rabbiner. Sie mieteten einen Bus und fuhren mich und meine Freunde auf ein Weingut, wo wir Trauben ernteten, zertrampelten und Saft daraus pressten, den wir mit nach Hause nehmen konnten. Es wurden Blumenkränze geflochten und Diabolo gespielt.

Ich schämte mich. Ich boykottierte die Blumenkränze und spielte mit meinen «coolen» Freunden in einem Nebenraum Flaschendrehen.

Noch Jahre später wurde ich auf meine Bat Mizwa angesprochen. Sie sei in Erinnerung geblieben, sagten ehemalige Klassenkameraden, sie sei anders gewesen, überraschend. Heute bin ich meinen Eltern dankbar, dass sie den affektierten Zirkus nicht mitgemacht haben. Doch als Zwölfjährige wusste ich ihren Alleingang nicht zu schätzen. Ich wollte einen festlichen Hotelsaal, Tänzer, ein schimmerndes Abendkleid, eine Band, die «Bei mir bistu shein» spielte, ich wollte Hora tanzen, bis mir die Zehen schmerzten – ich wollte das Gefühl, dazuzugehören. Ich wollte sein wie die anderen, genauso reich, genauso cool – genauso jüdisch, oder das, was ich dafür hielt.

Wer zum inneren Kreis gehörte und wer nicht, war die Entscheidung einer Gruppe von wenigen Kindern, die scheinbar automatisch zu Anführern auserkoren waren – sei es, weil ihre Eltern in Villen wohnten oder einen hohen Stand in der Jüdischen Gemeinde hatten. Ich erinnere mich, dass einer dieser Anführer in der dritten Klasse einen Cliquen-Ausweis einführte, der definierte, wer dazugehörte – und wer nicht. Jeder Ausweis war mit Namen versehen und laminiert, wie sich das für die neunziger Jahre gehörte. Ich erhielt meinen von Anfang an, genauso wie ein Mädchen, das Fila-Sporthosen und bauchfreie T-Shirts trug. Ich weiß nicht mehr, was die Gründe waren, die dazu führten, aber sie sollte irgendwann aus der Clique ausgeschlossen werden. Vielleicht trug sie die falschen Marken, vielleicht war es ihre Freundschaft zu bestimmten Mädchen aus der Nachbarklasse, vielleicht ihre italienischen Wurzeln, keine Ahnung. Ich weiß aber noch, dass wir darüber abstimmten. Ich hoffe bis heute, dass ich für sie gestimmt habe, ich kann es jedoch nicht mit Sicherheit sagen. Nie vergesse ich aber ihren verletzten Gesichtsausdruck, als wir den Cliquenausweis von ihr zurückforderten.

Wohlhabend und nicht wohlhabend, deutsch und nicht deutsch genug, jüdisch und nicht jüdisch genug. Wir waren bloß Kinder, doch wir errichteten Mauern, die unsere Welt einteilten, in *dazugehörig* und *anders*. Diese Einteilung verwirrte mich als Kind, sie machte mich unsicher. Ich fand mich nicht wieder in dem Leben, das meine Klassenkameraden führten, und trotzdem wünschte ich mir nichts sehnlicher als dazuzugehören. Ich schwankte ständig zwischen drinnen und draußen.

Bei mir zu Hause war schließlich alles ein bisschen anders.

Meine Eltern sind nicht religiös, aber traditionsbewusst. In meiner Kindheit zündeten wir am Schabbat zwei Kerzen an, bewegten unsere Hände in Halbkreisen darüber durch die Luft, bevor wir unsere Augen bedeckten und den Segensspruch aufsagten. Doch meist verzichteten wir auf den längeren *Kiddusch*. Wir gingen an hohen Feiertagen in die Synagoge, doch wir hatten keinen reservierten Sitz wie andere Gemeindemitglieder. Auf den Balkonen, wo die Frauen saßen, suchten wir uns noch freie Plätze, meist oben rechts, wo man schlecht sah und noch schlechter hörte, doch das war egal. Meine Mutter betete nicht, und das Getuschel der aufgebrezelten Frauen in den ersten Reihen übertönte alle Gebete und Gesänge, die von den Männern im Saal nach oben schwappten.

Manche Traditionen wiederum waren in meiner Familie unantastbar. So fasteten wir an Yom Kippur immer, 25 Stunden, die uns vorkamen wie eine Ewigkeit. Während mein Vater die meisten dieser Stunden in der Synagoge verbrachte, faulenzten meine Schwester und ich im Bett, lasen oder malten uns aus, was wir gern essen würden, während meine Mutter skandinavische Krimis las. Am Abend gingen wir gemeinsam in den Gottesdienst, quälten uns durch die letzten Seiten Gebete, warteten sehnlichst darauf, dass der Rabbiner die *Schofar* blies, um das Fasten-Ende einzuläuten, und fielen auf dem Rückweg im Auto über belegte Brötchen und Amaranth-Kekse her. Aber auf meinem Brötchen war manchmal eben auch die unkoschere Kombination von Butter und Wurst. Wir hatten keine zwei Geschirrsets für milchiges und fleischiges Essen wie manche meiner jüdischen Freunde, bei uns gab es sogar Salami.

Ich dachte als Kind und Jugendliche oft, dass diese eigentümliche Mischung aus jüdischen Traditionen einerseits und dem Brechen der Gesetze andererseits in anderen jüdischen Familien nicht vorkam, sie mich nicht nur weniger religiös, sondern auch weniger jüdisch machte als meine Klassenkameraden mit dem getrennten Geschirr, deren Mütter auf den bezahlten Plätzen in der Synagoge saßen.

Und dann waren da noch «die Deutschen».

Obwohl die meisten von uns jüdischen Kindern in Deutschland geboren waren, unterschieden wir in der Jüdischen Gemeinde zwischen «uns», den Juden, und den «Deutschen». Deutsch, das war alles, was außerhalb der Jüdischen Gemeinde stattfand.

Anders als andere jüdische Kinder, die ihre Freizeit in jüdischen Jugendclubs verbrachten, ins jüdische Feriencamp fuhren und mit anderen jüdischen Schülern ihre freien Nachmittage verbrachten, hatte ich auch immer «deutsche» Freunde. Ich kannte sie aus meiner Nachbarschaft im Vorort, aus dem Tanzunterricht, vom hessischen Gymnasium, das ich ab der siebten Klasse besuchte.

Deutsche Kinder, das verstand ich früh, begrüßten sich nicht mit Wangenküsschen. Sie brezelten sich nicht ständig auf wie wir Juden, wenn wir zu einer Feier oder in die Synagoge gingen, in Schuhen mit Absätzen, schwarzen Kleidchen und Nylonstrumpfhosen. Sie hatten keine Schulen, die von der Polizei bewacht wurden, sie wussten nicht, was ihre Großeltern im Krieg gemacht hatten, und beschwerten sich, dass schon wieder der Holocaust und die Nazi-Zeit Thema im Unterricht war.

Die Deutschen gingen an Weihnachten in die Kirche und fanden es «traurig», dass wir keinen Weihnachtsbaum hatten. Sie kannten Schabbat und Chanukka höchstens aus amerikanischen Filmen, konnten sich nicht merken, was die ein Dutzend anderen jüdischen Feiertage waren, an denen man fastete, Matzen aß oder Apfel mit Honig.

Später, auf dem Gymnasium in dem Vorort, in dem ich aufwuchs, waren meine Schwester und ich viele Jahre die einzigen Juden unter 1500 Schülern. Es gab damals noch keine weiterführende jüdische Schule, und so waren wir aufs staatliche Gymnasium gewechselt. Während die anderen in katholischer, evangelischer Religion oder im Ethikunterricht saßen, langweilten wir uns in Freistunden im Aufenthaltsraum. Als Ersatz fuhren wir einmal die Woche zum jüdischen Religionsunterricht nach Frankfurt, wo wir alles über Feiertage, Gesetze, Verbote und Bibelabschnitte lernen sollten. Unterrichtet wurden wir von Lehrern aus Israel, die unser Deutsch kaum verstanden, und wir noch weniger, was sie uns beibringen wollten.

Einmal wurde ich als Gast in den katholischen Religionsunterricht an meinem Gymnasium eingeladen. Ich sollte erzählen, wie es ist, jüdisch zu sein, was an der Religion anders ist als im Christentum, *woran wir glaubten*. Ich hatte keine Ahnung, was ich erzählen sollte. Ich erinnere mich noch, wie ich verschreckt dasaß und irgendetwas stammelte. Ausgerechnet mich fragten sie, hielten mich für eine Expertin fürs Judentum. Ich hatte doch keine Ahnung, woran wir glaubten. Wir machten an Feiertagen eben, was Juden immer an Feiertagen machen, essen, daran erinnern, dass jemand versucht hatte, uns umzubringen, mehr essen. Noch weniger Ahnung, das zeigte sich im Verlauf dieser katholischen Religionsstunde, hatte ich allerdings vom Christentum, von Jesus, von Auferstehungen und Jungfrauen, die Kinder gebaren.

Ich erinnere mich an eine Podiumsdiskussion für eine Sendung des Hessischen Rundfunks, zu der mein Vater eingeladen worden war. Es ging um Feiertage und jüdisches Leben in Deutschland. Ich war vielleicht zehn Jahre alt und saß neben meinem Vater auf der Bühne, als jüdische Kinderstimme in der Runde. Irgendwann fragte mich die Moderatorin, was genau Chanukka sei, und ich sagte: «Chanukka ist wie Weihnachten...» In dem Moment spürte ich, wie mein Vater seinen Oberschenkel gegen meinen stupste, als wollte er sagen: Das kannst du so nicht sagen. Schnell fügte ich hinzu: «... nur ganz anders!» Das Publikum lachte über meine kindliche Logik, ich fing an zu stammeln. Ich wollte erzählen, dass wir an Chanukka auch Geschenke bekamen, und zwar acht Tage lang jeden Abend, erst Socken und Stifte, am letzten, achten Tag das Puppenhaus. Doch es war zu spät. Ich schämte mich den ganzen Tag, vor allem vor meinem Vater. Der sagte nach der Sendung, dass es nicht richtig ist, Chanukka mit Weihnachten zu vergleichen, das eine habe mit dem anderen nichts zu tun. Erst Jahre später habe ich verstanden, dass dieser Moment vielleicht mehr über das Verhältnis meines Vaters zum Judentum ausgesagt hat als über mein Verständnis der Religion. Doch in dem Moment hatte ich das Gefühl, als Repräsentantin für das Judentum versagt zu haben. Über Jahre wurde ich von meiner Schwester und einer Freundin für diese Worte aufgezogen. Sogar als ich endlich alt genug war, über diesen blöden Moment lachen zu können – das Schamgefühl, das ich mit diesem Moment verband, blieb. Jüdischsein war kompliziert, das spürte ich damals. Man konnte nicht alles sagen, was man wollte, die Menschen da draußen verstünden es vielleicht falsch. Jeder Satz, jedes Erklären nach außen musste mit Vorsicht behandelt und geprüft werden. Und: Ich enttäuschte meinen Vater, wenn ich die Besonderheit des Judentums herunterspielte.

Je mehr ich in die Pubertät kam, desto komplizierter wurde für mich das Wandeln zwischen der jüdischen Welt, die ich in der Gemeinde in Frankfurt erlebte, und der deutschen Welt, die ab der siebten Klasse meinen Alltag bestimmte. Die Kluft wurde greifbar auf der Party zu meinem 13. Geburtstag, an der mich die Freunde von der jüdischen Schule mit Parfumflakons von Tommy Hilfiger, Hugo Boss und Calvin Klein beschenkten, die ich mir schändlicherweise auch noch gewünscht hatte. Die «deutschen» Freunde vom städtischen Gymnasium hatten Collagen gebastelt. Die jüdischen Freunde rauchten heimlich im Bad, beschwerten sich, dass in der Fruchtbowle kein Alkohol war, spielten Flaschendrehen und andere Spiele, in denen Jungs und Mädchen sich küssen sollten. Meine «deutschen» Freunde hatten sich ins Zimmer meiner Schwester verzogen. Und ich hüpfte hin und her, ratlos und verzweifelt, weil ich nicht wusste, wie ich den Abend retten sollte.

Meine Treffen mit den Kindern der Jüdischen Gemeinde wurden seltener. Ich konzentrierte mich auf meinen «deutschen»

Alltag am Gymnasium, ich machte ein antikapitalistisches Statement daraus, keine Markenklamotten mehr zu tragen, und wählte den jüdischen Religionsunterricht an einem Nachmittag, von dem ich wusste, dass er nicht von Freunden aus der alten Clique besucht wurde. Ich hielt Kontakt zu einer einzigen Freundin aus der jüdischen Schule und verärgerte meinen Vater, wenn ich zeigte, dass ich wenig Lust hatte, an Feiertagen in die Synagoge zu gehen.

Ich hatte verstanden, dass ich es nicht schaffte, die unausgesprochenen Kriterien zu erfüllen, also wandte ich mich ab: von meinen jüdischen Klassenkameraden, der Jüdischen Gemeinde, von dem, was meine jüdische Identität ausmachte. Es erschien mir einfacher, zu entscheiden, nicht dazugehören zu wollen, als andere darüber entscheiden zu lassen.

Als ich anfing zu studieren, meldete ich mich aus der Jüdischen Gemeinde in Frankfurt ab, sagte meinem Vater, ich würde mich in der Mainzer Gemeinde anmelden. Aber ich tat es nie.

Eduard Bar

Take this one», sagt eine Stimme. Eine Hand schiebt ein Shotglas vor mich auf den Tresen. Ich schaue auf. Dunkle Augen mit langen Wimpern. Der Barkeeper. Braune, dichte Locken, Sommersprossen auf der hellen Haut, volle, schöne Lippen. Ich starre ihn an. Vor ihm stehen drei weitere Shotgläser mit klarer Flüssigkeit, er greift sich eins und prostet mir damit zu. Boaz und Or, neben mir am Tresen, greifen nach den restlichen zwei Gläsern, rufen: «*LeChajim!*» und kippen ab. Ich probiere. Wasser. Wirke ich schon so betrunken, dass man mir statt Arak Wasser einschenkt? Ich schaue neben mich.

Or singt bereits inbrünstig mit zu den Liedern, die über die Anlage erklingen, dramatisch klagend, tragisch zupfend: Misrachit-Musik. Ich erkenne die Songs inzwischen schon, das gerollte R und die kehlige Aussprache, das Geklimper, das an Griechenland erinnert, und das orientalische Gezupfe. Der Gesang klingt oft wie die Klage eines leidenden Mannes. Boaz grinst still vor sich hin, er verträgt Alkohol nicht so gut, das habe ich schon gemerkt. Or drückt mir einen Schmatzer auf die Wange, sagt, er werde mich vermissen, fragt, wann ich endlich in Israel bleibe. Es ist mein letzter Abend vor einer weiteren Heimreise, ich will nicht, dass die Nacht endet, doch ich bin so müde, überreizt von der Intensität dieser wenigen Wochen in Tel Aviv, erschöpft von den Begegnungen und Geschichten, die ich diesmal gesammelt habe. Zur Feier meines erneuten Abschieds sind Boaz und Or mit mir in ihre Stammkneipe gezogen. Seit Stunden sitzen wir im Eduard, gegenüber dem Foto über dem Tresen, auf dem eine alte Dame ihre Zunge rausstreckt. Die Jungs haben mehr bestellt, als sie trinken können. Und ich habe mehr getrunken als ich bestellt habe.

Ich schaue den Barkeeper wieder an. Er guckt direkt zurück. Wir starren uns an. Ich versuche, ein Gespräch anzufangen. Er heißt Yohann, ist in Paris aufgewachsen und lebt schon einige Jahre in Tel Aviv. Seine Eltern sind *sephardische* Juden, deren Vorfahren vor mehr als 500 Jahren von der Iberischen Halbinsel vertrieben wurden und sich erst in Marokko niederließen. Yohann ist in einer religiösen Familie aufgewachsen, in Israel habe er aber viel davon losgelassen.

Er fragt mich, ob ich Hebräisch spreche. Ich sage, dass ich gerade lerne. «She understands everything», lallt Or von der Seite und legt den Arm um mich. «She just does not speak.» Ich schüttle den Kopf. «The best way to learn Hebrew is just to keep talking, with everyone, always», doziert Boaz von seinem Barstuhl aus. «Or you just get an Israeli boyfriend», sagt Yohann und zwinkert mir zu. Ich grinse. Was für ein dummer Spruch. Aber diese Lippen. Ob das bei ihm so funktioniert hat, frage ich zurück. «I learned Hebrew in the army», sagt er. «You learn fast when you need to understand orders.» Ich weiß nicht so recht, was ich dazu sagen soll.

Wir zahlen, meine Freunde stolpern aus der Bar. «Wait», sagt Yohann. Er holt eine Glasflasche aus dem Kühlschrank, stellt sie vor mich auf den Tresen. Sprudelwasser. Ich gucke ihn dankbar an. Da ist sie wieder, diese Intensität in seinen Augen. Ich überlege kurz und fummle eine meiner Visitenkarten aus dem Portemonnaie. Wenn ich eins von meinen israelischen Freunden gelernt habe, dann ist es, einfach mal zu machen, was ich in Hamburg eher nicht gemacht hätte. Ich schiebe Yohann die Karte über den Tresen.

Er nimmt sie und grinst: «I thought you are leaving tomorrow.»

«I'll be back», sage ich.

Journalistenreise

Oh, Israel. Kleines Land, berstend vor Meinungen im Inneren. Erdrückt von Meinungen von außen. Sehnsuchts- und Hassobjekt – besonders von jenen, die noch nie dort gewesen sind. Eigentlich kein Wunder, dass es mich über die Jahre immer wieder hinzog.

Wieder nach Jerusalem, wieder in die Altstadt, wieder in den Innenhof des Österreichischen Hospizes. An eine Tafel aus zusammengestellten Gartentischen mit Mosaikmuster, darauf Dosenbier, nur am Ende des Tisches eine Flasche Cola. Sie gehörte einem Mann in hellblauer Uniform mit Abzeichen auf den Schultern. Ein Sprecher der israelischen Armee, ein einstiger Deutscher, Autor mehrerer Bücher über Deutschland, Israel und Antisemitismus, aus dessen Sprache wir noch seine Jugend in Berlin heraushörten.

Die Begegnung war Teil meiner Ausbildung an der Journalistenschule. Auf einem siebentägigen Trip zum medial überrepräsentiertesten Ort der Welt sollten wir deutschen Nachwuchsjournalisten uns ein eigenes Bild über den hochkomplexen Nahostkonflikt machen, so der Gedanke hinter der Reise.

Ich besuchte also erneut die Schmelztiegel und Brennpunkte des Landes und der palästinensischen Gebiete. Wieder Fotos an der Klagemauer, Hummus in Ramallah, Schlendern durch Tel Aviv. Doch ich entdeckte auch Orte, die ich vorher nie betreten hatte. Da war das ultraorthodoxe Viertel Mea Shearim, durch das wir spazierten – in langen Kleidern und Tüchern, die möglichst viel unserer Haut verdeckten. Wir wurden trotzdem als Fremde erkannt, beschimpft und mit einer leeren Flasche beworfen.

Im Schneidersitz entspannten wir uns mit Goldstar-Bier auf dem Dach des Österreichischen Hospizes, blickten hinab über die Dächer dieser anstrengend-schönen Stadt, während der Muezzin in die Abenddämmerung rief.

Wir führten Smalltalk mit Knesset-Abgeordneten, saßen bei Diet-Coke und Marmorkuchen im Esszimmer einer Holocaust-Überlebenden in West-Jerusalem, trafen linke Aktivisten und einen radikalen Siedler mit breitem amerikanischem Akzent, an dessen Hüfte *Ziziot*, die Gebetshemdfäden, direkt neben seiner Waffe baumelten.

Keiner, den wir trafen, glaubte an eine friedliche Lösung des Konflikts. Und keiner schien ernsthaft daran interessiert zu sein.

Dann war da Hebron, die Stadt im Westjordanland, mit hauptsächlich arabischer Bevölkerung und einigen hundert jüdischen Siedlern. Mit einer wahnwitzig abgeriegelten Straße, die die Siedler von den Palästinensern trennen sollte, selbst wenn das bedeutete, dass die arabische Bevölkerung ihre Türen auf der Seite der Straße nicht mehr benutzen konnte und auf der anderen Seite aus dem Fenster klettern musste.

Wir blickten in die Höhle der Patriarchen auf das Grab der Vorfahren Sara und Abraham – durch Fenster, die so versetzt gebaut waren, dass sich Muslime und Juden nicht in die Augen schauen mussten, wenn sie die für beide Religionen bedeutsame Stätte besuchten; die jüdischen Besucher durch den Nordeingang, die muslimischen durch drei Eingänge auf der anderen Seite. Über einigen Gassen des Bazars auf der palästinensischen Seite hingen Netze, die die Marktbesucher vor dem Müll schützen sollten, den die Siedler von oben auf sie herabwarfen. In Hebron bekam der Konflikt ein Gesicht, und es war hässlich.

Am Abend nach dem Besuch in Hebron saßen wir an der Tafel im Innenhof unserer Unterkunft. Erschüttert von den Eindrücken, stellten wir dem Armeesprecher in der blauen Uniform kritische Fragen zur Lage der so bizarr geteilten Stadt. Unsere Fragen wühlten ihn auf, er sagte, wir als deutsche Journalisten müssten doch sensibler mit der Kritik an Israel sein. Dann sah er mich vorwurfsvoll an: «Sarah, du müsstest doch auf meiner Seite sein?!» Ich stotterte, wusste nicht, was ich sagen sollte. Musste ich als Jüdin loyaler gegenüber der israelischen Armee sein? Ich war verunsichert. Was war hier meine Rolle?

Israel verwirrte mich in diesen Tagen. Nicht der Konflikt rang mir plötzlich eine Haltung ab, was ja an sich schon schwer genug war. Es ging nicht darum, was ich von durchgeknallten Siedlern hielt oder von der israelischen Politik, die sie militärisch aufwendig schützte und ihr Ziel, ein Groß-Israel, damit legitimierte. Nein, der Armeesprecher, ein Deutscher und Jude wie ich, erwartete von mir, dass ich mich auf seine Seite schlug. Er hatte mich anhand meines Namens als Jüdin identifiziert und forderte meine Loyalität ein. Eine politische, eine emotionale. Er hatte in mir nicht die deutsche Nachwuchsjournalistin gesehen, sondern die Jüdin, deren Loyalität gegenüber Israel er sich sicher war.

Neben der Irritation fühlte ich noch etwas anderes.

Stolz.

Stolz, in einer Gruppe Deutscher von einem Israeli als Jüdin wahrgenommen zu werden, als Teil der jüdischen, der israelischen Gemeinschaft. Dieses Gefühl überraschte mich, es überforderte mich.

Klar: In Deutschland war ich für meine deutschen Freunde, für Kollegen und oft auch für meine Interviewpartner *die Jüdin*. Das lag häufig auch daran, dass sie meist keine anderen Juden persönlich kannten, wenig über das Judentum wussten und sich nicht vorstellen konnten, dass jemand an einem Feiertag freiwillig 25 Stunden fastete. Für mich selbst spielte meine jüdische Identität in meinem Alltag keine offensichtliche Rolle.

In Hamburg, wo ich seit Kurzem lebte, war ich keiner Jüdischen Gemeinde beigetreten. Ich hatte mal bei der großen Einheitsgemeinde reingeschaut, doch die Mitglieder waren mir zu alt und sprachen Russisch, was ich nicht verstand. Die liberale Gemeinde in Hamburg war mir zu liberal. Die Mitglieder trafen sich damals zum Schabbat in einem Raum im Bezirksamt St. Pauli, eine Kantorin führte durch die Gottesdienste, weil die kleine Gemeinde bisher einen Rabbiner nicht bezahlen konnte, und sie hießen alle willkommen, auch nicht-jüdische Menschen, die im Gottesdienst saßen, mit großen Augen und noch größerer Davidsternkette um den Hals, und «einfach ein bisschen reinschnuppern» wollten. Und wie das so ist, wenn Gemeinden um staatliche Zuwendung streiten, alle waren miteinander verkracht: die Einheitsgemeinde wollte die liberale Gemeinde nicht anerkennen, die liberale fand die Einheitsgemeinde zu exklusiv. Letztlich blieb ich beiden fern. Ich fand meinen jüdischen Platz in Deutschland nicht.

Und jetzt kam dieser Armeesprecher daher und appellierte an mich als Jüdin unter Deutschen, ausgerechnet in Israel, dem Land, in dem ich bisher am wenigsten über meine jüdische Identität nachgedacht hatte. Zu dem ich mich nicht zugehörig fühlte und in dem ich mich nicht danach sehnte dazuzugehören.

Ich verstand in diesem Moment, dass es einen Teil in mir gab, der stolz war auf die jüdischen Wurzeln, die ich in mir trug. Dass mein Name hier nicht nur ein Kennzeichen jüdischer Identität war, sondern auch ein Zeichen der Zugehörigkeit. Und ich ahnte erstmals, dass es in Israel eine andere Bedeutung hatte, deutsch und jüdisch zu sein, als in meiner Heimat Deutschland.

Mach es

Just do it», sagt Boaz. Wir sitzen auf dem Holzdeck unseres neuen Lieblingscafés Papua am Rande des Kerem HaTeimanim, am Straßenende leuchtet das Meer kobaltblau. Der Cafébesitzer mit den dunklen Locken und den blaugrauen Augen nickt uns zu. Wir bestellen Kaffee *hafuch* für Boaz, Americano und ein warmes Croissant mit Frischkäse, Roter Bete und Oliven für mich.

Ich wundere mich, dass Boaz noch nicht genervt ist. Wir haben gefühlt schon hundert Mal über dieses Thema gesprochen. Anfangs winkte ich noch lächelnd ab, wenn er versuchte, mich zur Einwanderung nach Israel zu überreden: Was soll ich hier, was würde ich arbeiten, wie das teure Leben finanzieren, was war mit meinen deutschen Freunden, meinen Eltern, meiner Schwester? Er solle aufhören rumzuspinnen. Doch Boaz ist nicht der Einzige, der mich auffordert, es auszuprobieren.

Ständig höre ich: «Warum tust du dir das an?», «Mach es endlich!», wenn ich an meinem letzten Tag in Israel meine Freunde um mich versammele, niedergeschlagen und emotional, bis das Taxi zum Flughafen am Straßenrand hält.

«We will all help you», sagt Or.

«Deine Eltern und deine Schwester sind doch auch dauernd hier», sagt mein Cousin.

«You can always try, worst case go back», sagt Yohann, der Barkeeper mit den französischen Wurzeln, der jetzt in allen Jahreszeiten die Nächte mit mir verbringt.

In Hamburg bei meinen Freunden und in Frankfurt bei meiner Familie erzähle ich, dass ich überlege, längere Zeit in Israel zu bleiben, als Test, um zu schauen, wie das so ist. Mein Vater beginnt mit mir zu diskutieren: Was wird mit meiner Arbeit? Meiner Wohnung? «Das Leben ist kein Urlaub in Israel», sagt er.

Ich frage mich in diesen Tagen oft, was es genau ist, das mich so nach Tel Aviv zieht. Was finde ich in einer Stadt, in der ich nur Urlaub gemacht und ein wenig Normalität simuliert habe, weil ich meinen Laptop dort aufgeklappt habe? Einer Stadt, in der ich hauptsächlich Menschen kenne, die Joints wie Zigaretten rauchen und unverständlich viel Zeit in Cafés verbringen. «Das Leben dort klingt wie ein Erasmus-Programm», sagt meine Freundin Mártha, und ich weiß, sie hat recht. Dort zu leben, wird sicherlich anders sein. Vielleicht kann ich das aber erst wirklich wissen, wenn ich es probiert habe.

Ich habe mich in meinem Leben schon oft intensiv mit anderen Ländern beschäftigt, ihre Sprache gelernt, ihre Literatur gelesen, versucht, mir ein Leben dort vorzustellen, das mir so anders vorkam, so viel reizvoller als mein Leben in Deutschland. In der Schulzeit fing es an, ich war fasziniert vom Krimiautor Henning Mankell, verschlang seine Bücher, besuchte seine Lesungen und wollte unbedingt Schwedisch lernen. Doch über ein Wörterbuch und ein Grammatikheft ist dieses Interesse nie hinausgegangen.

Während meines Studiums lebte ich zwei Monate in New York City, recherchierte in den Bibliotheken der Columbia University für meine Magisterarbeit, interviewte in Manhattan und Albany Schriftstellerinnen zu jüdisch-amerikanischer Identität. Ich wohnte in einem Apartment in Harlem mit einem Mitbewohner, der die meiste Zeit des Tages schlief, nachts Kombucha braute, französischen Weichkäse auf der bollernden Heizung schmolz und nie zu arbeiten schien. In seinen Wachphasen zeigte er mir die Kirschblüten in Brooklyn, einen unterirdischen chinesischen Fress-Markt in Queens, das beste Sushi im West Village. In ein Kostüm aus silberner Folie gewickelt, tanzte er mit mir zu Techno auf Partys in Lagerhäusern und schleifte mich auf einen geheimen Künstler-Jahrmarkt, der in Lieferwagen auf einem Parkplatz in Brooklyn stattfand. Ich liebte New York und seine Abgedrehtheit. Eine Zeit lang dachte ich intensiv darüber nach, wie zur Hölle ich einige Zeit in der Stadt leben und überleben könnte. Ich kam dann aber schnell zu dem Schluss, dass es finanziell zu stressig sein würde.

Nach der Uni lebte ich zwei Monate in einer WG in Istanbul, mit zwei Fotojournalisten, die für die *New York Times* arbeiteten. Ich lernte intensiv Türkisch, erst in einem Sprachkurs, dann mit einer Privatlehrerin in Hamburg. Doch auch diese Faszination ließ nach, als ich merkte, dass Türkisch schwer zu lernen, Istanbul riesig und verwirrend war und meine türkischen Freunde alles dafür taten, das konservativer werdende Land zu verlassen.

Ich habe mich gedanklich oft an Orte gesehnt, die nicht Deutschland waren. Die Welt erschien mir immer aufregender, lebenslustiger, intensiver als Frankfurt, Mainz, Mannheim, Hamburg oder Berlin. Auch deshalb frage ich mich, warum ich das, was ich an Tel Aviv herbeisehne, nicht in Hamburg bekommen kann. Ob nicht ein neues Hobby, neue Bekanntschaften, ein neuer Mann in meinem Leben meinen Fokus wieder umlenken und mich an Deutschland binden würde. Vielleicht. Aber momentan erscheint es mir undenkbar. Bei Dates in Deutschland langweile ich mich, auf Tinder wische ich durch Männer, die mir zu blond sind oder schlichtweg zu blöd aussehen. Plötzlich spricht mich gar nichts mehr an.

Ich suche nach Praktika in Tel Aviv, aber dafür bin ich zu alt.

Ich schaue nach Jobs im Medienbereich, aber dafür ist mein Hebräisch nicht gut genug. Ich klicke mich durch Fotos von heruntergekommenen Wohnungen und überteuerten WG-Zimmern, die ich nicht bezahlen will. Doch es lässt mich nicht los.

Eines Nachmittags sitze ich im Wohnzimmer meiner Großtante in Hod HaSharon. Auf dem Regal neben ihr stehen Familienfotos, Kinder, Enkel, Urenkel, Neffen und Nichten, in Israel, Amerika und Europa. Auch ein Bild von meiner Schwester und mir ist dabei. Auf dem Wohnzimmertisch warten schokoladigklebrige *Rogelach*, die philippinische Haushaltshilfe, die meine Großtante Racheli nennt, hat mir einen Nescafé Krümel-Kaffee angerührt und mit ordentlich Zucker gesüßt.

Meine Großtante sitzt wie immer, wenn ich sie treffe, auf dem Sofa. Sie sagt mir mehrfach, dass sie 92 Jahre alt ist, aber ich habe das Gefühl, das sagt sie schon seit einigen Jahren. Ihr Körper ist in den vergangenen Jahren dünner geworden und leicht zusammengesunken, aber im Kopf ist sie fit. Sie wechselt zwischen Deutsch, Hebräisch, Französisch und ein bisschen Englisch hin und her.

Wir reden über die Familie, die lebende, die verstorbene. Wenn ihr ein deutsches Wort nicht einfällt, kann ich inzwischen manchmal auch ihr Hebräisch verstehen. Neben ihr sitzt ihre Tochter, meine Großcousine, die im Hinterhaus wohnt. Ich bin mir nicht sicher, ob sie überhaupt Deutsch versteht, aber sie lässt es sich nicht anmerken.

Meine Großtante erzählt von ihrer Kindheit. Wie sie ohne ihre Eltern von Deutschland nach Belgien geflohen ist und sich mit einem gefälschten Personalausweis bei einer Adelsfamilie versteckte. Wie sie mit einer Untergrundorganisation zusammenarbeitete, die Lebensmittel an jüdische Kinder verteilte, die in ganz Belgien versteckt waren. Von ihren Eltern, die sich in einem Kaninchenstall vor den Nazis versteckt hatten und von einem anderen Juden verraten wurden. Wie sie in Auschwitz ermordet wurden, während die übrigen Geschwister ihrer Eltern das Lager überlebten.

Sie erzählt von den ersten Jahren in Palästina und dann Israel, wie hart sie arbeiten mussten – alle, außer meiner Großmutter: «Sie hat immer auf der Couch gelegen.» Ich sage ihr nicht, dass meine Oma dasselbe über sie erzählt hat.

Meine Großtante zeigt mir Schwarzweißbilder, von ihrem Mann, dem Onkel meines Vaters, der schon lange tot ist. Von meinem Opa, ihrem Schwager, der noch viel länger tot ist.

In den vierziger Jahren, erzählt sie, hätten alle unter einem Dach gewohnt, meine Großonkel und Großtanten, mein Opa und meine Oma, kurz nach ihrer Hochzeit. Damals, als das Haus nur aus zwei Zimmern bestand, dem schmalen Raum, in dem Racheli schläft, und dem Wohnzimmer, in dem wir jetzt sitzen. «Wie war mein Opa?», will ich wissen. Ich habe ihn nie kennengelernt. «Und warum war Oma immer so unzufrieden?» Sie zuckt die Schultern, erzählt von den Witzen, die mein Opa gemacht hat. Dass er auch streng sein konnte, dominant. «Deine Oma hatte es sicher auch nicht leicht, mit ihrer Flucht nach Palästina, ihrem Leben ohne die Mutter in diesem fremden Land, mit ihm.» Sie zeigt auf das Bild meines Großvaters. Er schleifte sie von Israel nach Deutschland, Anfang der fünfziger Jahre, ein Land, das meine Oma nicht kannte und in dem sie nicht leben wollte. «Wer weiß, was deine Oma erlebt hat, bevor sie nach Israel kam», sagt meine Großtante. So genau weiß ich das auch nicht. Von der Kindheit meiner Oma in Wien weiß ich eigentlich nur, dass ihr Vater Kriegsinvalide war und die Mutter ihn pflegen musste. Zu Hause gab es keinen Platz, keine Zeit und kein Geld für ein Kind, meine Oma wohnte zeitweise in einem jüdischen Waisenhaus.

Wie ist es, als junges Mädchen mit gerade 17 Jahren allein in diesem fremden Land anzukommen, nicht wissend, was die Zukunft bringen mag? Alles sei so primitiv gewesen, hat meine Oma immer erzählt, von der ersten Zeit im Mandatsgebiet Palästina, das knapp zehn Jahre später Israel wurde. Der Dreck, nur wenige richtige Straßen, statt Marmelade gab es Tomatenmus. «Alles so primitiv», schimpfte sie, wieder und wieder. Und doch war sie vergleichsweise glücklich dort. Zumindest glücklicher, als sie es später in Deutschland war.

Meine Oma, das war für mich die Frau, die auf die Frage, wie es ihr gehe, immer antwortete: «Ist mir schon mal besser gegangen.» Die am liebsten mit Vorwürfen um sich warf, die sie leise in sich hinein murmelte, aber gerade laut genug, dass mein Vater sie noch hören konnte: «Mich kommt eh keiner besuchen … Habt mich alle schon vergessen …» Und ihre Sprüche: «Leicht hat man's nicht, aber leicht hat's einen …»

Ich denke an meinen Opa, den ich nur in Schwarzweiß kenne. Der große Mann, der auf Fotos immer nur so lächelt, dass sein Mundwinkel leicht nach oben gezogen ist. Der Traditionsbewusste, der zu Hause zwar keinen Schabbat feierte, aber mit meinem Vater stundenlang zur nächsten Synagoge fuhr, damit sein Sohn eine Bar Mizwa haben würde, das Reiferitual für 13-jährige Jungen. Der nach mehr als 15 Jahren in Israel als Einziger seiner Familie nach Deutschland zurückkehrte, angeblich, weil er die deutschen Wälder vermisste. Der trotzdem wieder nach Israel fuhr, Jahr für Jahr, vielleicht um meine Oma zu befrieden; vielleicht, weil er wusste, dass er nur dort alt werden wollte. Bis eines Tages sein Herzmuskel auseinanderriss, auf den Treppen seines gerade fertiggebauten Hauses in Herzliya. Er wurde nur 63 Jahre alt.

Hätte ich mich mit meinem Großvater verstanden? Hätte ich ein anderes Verhältnis zu Israel gehabt, wenn ich meinen Opa kennengelernt hätte? Ich bin plötzlich überwältigt von der Erkenntnis, dass ich das niemals herausfinden werde, und muss weinen. Meine Großcousine weint mit, sie hat uns wohl doch verstanden, und so sitzen wir da und weinen über das, was wir nicht zurückbringen können.

Ich verstehe nicht, was in diesen Tagen mit mir passiert. Israel wird zu einem emotionalen Punkt für mich, der mir große Freude bringt, aber auch tiefe Trauer. Ich kann plötzlich nicht mehr sagen, dass das irgendein Land ist, irgendein Zipfel zwischen Afrika und Asien, der mit mir nichts zu tun hat. Ich spüre eine Verbindung zwischen dem Land und meiner Familiengeschichte, und diese Verbindung berührt mich.

Kann etwas fremd und vertraut zugleich sein?

«Fährst du wieder in die Heimat?», fragt einer meiner besten Freunde in Hamburg, als ich ihm von meinen Tel-Aviv-Plänen für den Winter erzähle. Ich rege mich auf. Erkläre ihm, dass es antisemitisch ist, zu unterstellen, die wahre Heimat deutscher Juden sei Israel. Dass so eine Unterstellung uns fremd macht – als ob Deutschland weniger unser Zuhause sei als für andere Deutsche, die hier geboren, hier aufgewachsen sind. Dass es ein uraltes Vorurteil ist, zu unterstellen, die Juden seien illoyal gegenüber Deutschland.

Ich höre meine Worte und frage mich, was ich da eigentlich erzähle. Klar, Israel ist nicht meine Heimat, ganz sicher nicht. Aber dennoch kommen mir meine Worte scheinheilig vor. Vor ein, zwei Jahren wäre das vielleicht anders gewesen. Doch jetzt ist da diese Verbindung, die ich nicht mehr leugnen kann. Heimat – nein. Aber eine Heimat im Herzen vielleicht?

Eines Abends sitze ich mit meiner Freundin Mártha auf den Treppenstufen vor meiner Haustür auf St. Pauli. An uns vorbei ziehen Hamburger in Kapuzenpulli mit St.-Pauli-Totenkopf in Richtung der Bars am einen Ende meiner Straße, und Nachbarn in Allwetterjacken mit Hund Richtung Park am anderen Ende. Mártha und ich reden, über einen Text, einen Job, und irgendwann auch über die Zukunft.

«Kannst du dir vorstellen, in Israel zu leben?», fragt Mártha. Ich schaue sie an. «Ja», höre ich mich sagen und bin selbst ein bisschen überrascht. Mártha ist nicht überrascht. Mein enger Kreis in Hamburg spüre schon länger, dass ich Abschied nehme, sagt sie. Ich fände in Hamburg inzwischen alles blöd, die Menschen langweilig, leidenschaftslos, distanziert, wenig spontan. Ich sei momentan gar nicht so leicht auszuhalten, sagt meine Freundin. Sie nennt es «Abnabelungsprozess». Sie weiß, sie kann mich nicht aufhalten.

Es tut mir leid. Ich bin ein Mensch, der stets viel meckert, aber dass meine momentane Unzufriedenheit meine Freunde so nervt, ist mir unangenehm. Ich fühle, dass ich eine Entscheidung treffen muss.

Meine Freunde spüren, dass ich sie schon längst getroffen habe.

Raketen

Ich lehne meinen Kopf an die Scheibe. Sie ist leicht beschlagen. Die Heizung bläst warme Luft unter die Sitzreihen, doch die Nässe des letzten Regengusses kriecht aus den klammen Klamotten.

Es ist dunkel in der Linie 347, Ra'anana nach Tel Aviv, an diesem Abend fahren nicht mehr allzu viele Passagiere, sie verteilen sich auf einzelne Sitze. Viele lehnen wie ich an der verschmierten Scheibe, vor ihnen baumeln ihre Handys an Kabeln aus den USB-Schlitzen in der Innenraumverkleidung. Einige haben die Augen geschlossen. Durch die Tropfen auf der Scheibe schillern die Lichter von Tel Aviv in Erwartung des beginnenden Wochenendes. Ich versuche, die Frau schräg neben mir zu ignorieren, die seit Abfahrt in Ra'anana ihre Großfamilie in Israel von ihrem Handy anzurufen scheint. «*Mah nischmaaa? Ani beseiderrrr!*», ruft sie laut durch den Bus – Wie geht's? Mir geht es gut! – auf Hebräisch mit breitestem amerikanischen Akzent.

Ich stöpsele meine Kopfhörer ein, logge mich ins WLAN des Busses ein und schreibe mit meinem Vater auf WhatsApp. Wie viel Uhr ist es jetzt in Deutschland? Eine Stunde früher, also 20 Uhr. Mein Vater ruft an, aber ich höre nichts. Ich tippe: «Im Bus. Schlechtes WLAN.»

Plötzlich ist es stiller als zuvor. Auch die Amerikanerin beendet ihr aktuelles Gespräch. Viele Gesichter sind in bläulich weißes Licht getaucht, die Passagiere starren auf ihre Handybildschirme. «*Nahag!*», ruft die Amerikanerin – Fahrer! «What happened?»

Ich öffne Facebook, scrolle mich durch Twitter. «Raketenangriff auf Tel Aviv», lese ich da. «Der erste seit 2014». Plötzlich bin ich aufgeregt. Ich weiß nicht genau, was ich machen soll. Sollten nicht eigentlich Sirenen heulen? Ich nehme meine Kopfhörer aus den Ohren. Sehe mich um. Die anderen Passagiere starren weiterhin auf ihre Handys oder sprechen leise in ihre Telefone. Ich gucke raus. Wir haben die King George Straße erreicht, an deren Ende der Carmel-Markt beginnt. Alles wie immer. Tel Aviv nach Regen. Ich muss gleich aussteigen.

Ich schreibe eine kurze WhatsApp-Nachricht an meinen Vater: «Alles gut hier, macht euch keine Sorgen.»

«Machen wir doch immer», antwortet mein Vater. Ich ahne, dass er noch keine Eilmeldung erhalten hat, aber ich schreibe nichts weiter. Ich drücke auf den Haltewunschknopf, schiebe mich Richtung Ausgang und hüpfe kurz vor der Kreuzung zum Schuk aus dem Bus. Auch draußen ist es stiller als sonst, obwohl viele Menschen auf den Straßen unterwegs sind. Die meisten schauen auf ihr Handy. Meins leuchtet wieder, Or ruft an. Er will wissen, wie es mir geht, ob ich die Sirenen gehört habe. Habe ich nicht. Ich solle mir keine Sorgen machen, sagt er, eine Rakete sei auf einem Feld gelandet, eine zweite in der Luft explodiert. Er würde später feiern gehen, ins Eduard. Ob ich auch komme. Ich sage, ich würde es mir überlegen. Er lacht: «No worries, you will get used to it.» Ich lege auf, laufe in Richtung meiner aktuellen WG in der Scheffer Straße, einer Seitenstraße des Carmel-Markts.

Mein Handy leuchtet wieder: «Feeling alive in Israel, yaaaay», tönt mein Freund Dan in sarkastischem Ton in einer Sprachnachricht.

Ich antworte mit nur einem Wort: «Missiles» – Raketen. Ich weiß nicht, was ich sonst schreiben soll. Bis auf die eigentümliche Stille auf den Straßen fühlt sich um mich herum eigentlich nichts anders an als sonst. Ich entscheide, einen Witz zu machen. Vielleicht will ich mich auch nur selbst überzeugen, dass alles okay ist: «Am I allowed to laugh about it or do I need to move to Israel first?»

«You always need to laugh about it», antwortet Dan per Sprachnachricht. «About everything.» Seine Stimme klingt müde.

An diesem Abend gehe ich tatsächlich noch feiern. In einem Club lasse ich mir glitzernde Linien ins Gesicht malen und tanze zu israelischer Popmusik. Um drei Uhr morgens treffe ich Or und seine Freunde im Eduard, schütte mir Arak in den Rachen und umarme alle. Als wir aus der Bar treten, wird es bereits hell. Ein neuer Tag in Israel.

The Jewish Agency for Israel

Betreff: Informationsanfrage

Ich plane, Ende 2019 Aliyah zu machen und möchte meine Berechtigung und meine Arbeitsperspektiven überprüfen. Ich habe Familie in Israel, die meine Aliyah unterstützen wird. Ich sammle jetzt alle für den Prozess benötigten Dokumente und würde vorher gern einige Informationen erhalten.

Über mich: Ich bin 33 Jahre alt und arbeite als freiberufliche Journalistin in Hamburg. Ich bin in Frankfurt aufgewachsen, habe bis zur 6. Klasse eine jüdische Schule besucht und meine Bat Mizwa in der Frankfurter Gemeinde gefeiert. Seit ich nach Hamburg gezogen bin, habe ich keine Jüdische Gemeinde gefunden, in der ich mich zu Hause fühle. In Deutschland betrachte ich Frankfurt immer noch als meine jüdische Heimatgemeinde. Als Jüdin fühle ich mich in Bezug auf meine jüdische Identität in Israel viel wohler und entspannter und möchte versuchen, dort zu leben. In den vergangenen zwei Jahren habe ich mein Hebräisch mit einer Privatlehrerin in Hamburg erweitert, bin viermal im Jahr nach Israel gereist und habe insgesamt fünf Wochen Sprachkurse in Tel Aviv besucht. Mein Vater und meine Tante haben es immer bereut, nicht nach Israel gezogen zu sein. Ich möchte nicht bereuen, dass ich es nie versucht habe. Ich möchte herausfinden, ob ich es dort schaffen kann.

Sehr geehrte Frau Sarah Levy,
wir freuen uns auf Ihr Aliyah-Interesse und würden Ihnen gerne weiterhelfen. Um Sie richtig informieren zu können, bitten wir Sie, uns persönlich anzurufen bzw. Ihre Rufnummer uns mitzuteilen.
Mit freundlichen Grüßen,
The Jewish Agency for Israel

Anfang 2019 entscheide ich mich schließlich, nach Israel auszuwandern. Dieses Hin und Her macht mich unzufrieden. Ich bin ständig dort, dauernd wieder hier, nirgendwo richtig. Ich möchte wissen, wie es ist zu bleiben.

Was, wenn ich mich in fünf Jahren frage, warum ich es nicht gemacht habe? Ich habe Angst, über diese Frage unglücklich zu werden.

Ich habe keine feste Stelle, die mich in Hamburg hält. Keine feste Partnerschaft. Keine Kinder. Meine Wohnung, meine Verträge, meine Abonnements sind kündbar. Ob ich von Hamburg aus meine Texte schreibe, meine Telefonate führe, meine Interviews, oder von Tel Aviv, macht für einen Großteil meiner Arbeit keinen Unterschied. Aber für meine Seele schon.

Mein Leben lässt sich einpacken. Meine Freunde und meine Familie nicht. Doch ich habe als Teenager ein Jahr in den USA gelebt, mit meinen engsten Freunden dort stehe ich noch heute in Kontakt. In Zeiten von WhatsApp und Videotelefonie lassen sich Fernfreundschaften so viel leichter aufrechterhalten. Und wenn das Vermissen schlimm wird, gibt es Flüge, und zwar täglich, von Tel Aviv nach Frankfurt in vier Stunden.

Ich muss es probieren, im schlimmsten Fall komme ich zurück nach Deutschland.

Die Klarheit meiner Entscheidung ist angenehm. Es fühlt sich an, als hätte sich etwas Schweres von meinem Herzen geschoben, als hätte ein Stechen in meinem Bauch aufgehört. Plötzlich erscheint mir alles ganz klar. Ich weiß, was ich zu tun habe.

Als ich meinem Vater am Telefon von der Entscheidung erzähle, wird er ganz still. Das überrascht mich. Auf meine rumeiernden Gedanken in den vergangenen Monaten hat er skeptisch reagiert oder mich an meine Worte erinnert: «Du warst doch immer diejenige, die sagte, sie könne niemals in Israel leben ...» Doch diesmal schweigt er. Er berät sich an diesem Abend mit meiner Mutter. Am nächsten Tag telefonieren wir wieder: «Wir finden es nicht gut, aber wir unterstützen dich bei all deinen Plänen.» Es muss schwer für sie sein, die große Tochter ziehen zu lassen. In ein Land, das mehr als 3000 Kilometer entfernt liegt, dessen Sprache sie nicht ganz verstehen und das nicht unbedingt als sicherster Ort der Welt gilt. Umso wichtiger ist es mir, diesen Satz von ihnen zu hören.

Jeder Jude hat das Recht, Aliyah zu machen.
Aliyah ist das hebräische Wort für die Einwanderung von Juden nach Israel. Die eigentliche Übersetzung des Wortes ist Aufstieg. Die Auswanderung nach Israel ist also nicht nur die Einwanderung in ein anderes Land. Sie ist der Aufstieg in eine andere, eine jüdische und eine bessere Welt, zumindest wird einem das so vermittelt. Auch deswegen gibt es in so vielen Ländern dieser Welt eine Jewish Agency, eine Agentur, die allein dafür da ist, Juden die Einwanderung nach Israel zu ermöglichen.

Die Frau von der Jewish Agency in Berlin ruft mich wenige Tage nach meiner Nachricht an. Sie spricht Deutsch mit hebräischem Akzent und diktiert mir die Liste an Dokumenten, die ich für den Antrag auf Aliyah brauche:

Eine internationale Geburtsurkunde mit Apostille, die bescheinigt, dass es sich um ein international rechtsgültiges Dokument handelt.
Den Brief eines Rabbiners, dass ich jüdisch bin.
Die Ketuba, die jüdische Heiratsurkunde, meiner Eltern.
Lebenslauf, aktueller Reisepass, Passfotos im amerikanischen Format, ein biometrisches Bild.
Die Zertifikate meiner Sprachschulen.
Ein aktuelles ärztliches Attest über Vorerkrankungen und Medikamente, die ich einnehme ...

Die Liste ist nicht lang, aber sie hat es in sich. Mir wird zum ersten Mal klar, dass ich mich hier um meine Zukunft in Israel bewerbe. Ich bekomme ein mulmiges Gefühl im Bauch. Plötzlich taucht eine Frage auf, von der ich dachte, ich hätte sie mir nie wieder stellen müssen. Sie bohrt sich in mein Selbstverständnis wie ein Stachel: Bin ich überhaupt jüdisch genug?

Deutsch sein

Ich bin Jüdin, in Deutschland geboren und aufgewachsen. Als wäre das nicht schon kompliziert genug, gibt es bei mir noch eine besondere Konstellation: Mein Vater ist jüdisch, Sohn einer jüdischen Mutter und eines jüdischen Vaters. Meine Mutter ist übergetreten. Nicht aus Religiosität, meine Mutter hegt einen Argwohn gegen Religion. Sie tat es aus Liebe zu meinem Vater und für uns Kinder, meine Schwester und mich, damit wir jüdisch aufwachsen konnten.

Meine Mutter hat ein Jahr gelernt und mit ihrem religiösen Lehrer diskutiert, bis dieser rief: «Genug diskutiert – jetzt wird geglaubt!» Sie ist mit mir als wenige Monate altem Baby in die *Mikwe*, das rituelle Bad, getaucht, um ihren Übertritt zu vollenden. Ich bin also mit übergetreten.

Mit ihrem Übertritt erhielt meine Mutter den zusätzlichen hebräischen Namen *Lea* und trägt seitdem die skurrile Mittelnamen-Kombination «Lea Anna Maria». Als sie dem Rabbiner erzählte, sie wolle mich Sarah nennen, soll er kopfschüttelnd gesagt haben: «Sarah Levy? Sie müssen es doch nicht übertreiben!»

Im Gegensatz zu Anna Maria ist Sarah Levy ein nicht zu verleugnender jüdischer Name. In meinem Beruf als Journalistin habe ich ständig Menschen getroffen, die ihn kommentiert haben. «Levy, Levy ... das klingt doch so, na ja, Sie wissen schon ...», wurde dann herumgedruckst. «Sind Sie Israelitin?»

Sara ist die Frau Abrahams im Alten Testament, Levy ist der

Name eines der zwölf Stämme. Mein Name ist ein eindeutiges Zeichen meiner jüdischen Identität, mein Eintrittsticket in die Jüdische Gemeinde. Doch eigentlich ist die Kombination aus Vor- und Nachnamen ein Produkt des Zufalls. Meine Mutter gab mir den Namen der Lieblingspuppe ihrer Kindheit im Rheinland, in einem katholischen Haushalt mit Holzkreuzen und ausgemergelten Jesus-Figuren an den Wänden.

Im Judentum gilt: Das Kind einer jüdischen Mutter ist jüdisch. Doch da beginnt das Problem bereits. In Deutschland entscheiden die Rabbiner, die religiösen Oberhäupter der Jüdischen Gemeinden, darüber, ob jemand jüdisch genug ist, Mitglied einer Gemeinde zu werden, jüdisch zu heiraten oder auf dem jüdischen Friedhof begraben zu werden.

Um von orthodoxen Gemeinden anerkannt zu werden, müssen Konvertierte in Deutschland beweisen: Ist der Rabbiner, bei dem sie übertraten, jüdisch genug? Ist er Teil einer orthodoxen Gemeinde oder einer liberalen? Hält er sich also an alle jüdischen Gesetze oder an eine reformierte Version? Lässt er Anwärter für Konversionen hart genug für ihren jüdischen Status kämpfen? Oder winkt er Konvertiten leichtfertig durch?

Die Regeln des Judentums geben ganz klar vor, was ein Jude ist: das Kind einer jüdischen Mutter. Und sie geben vor, wie ein jüdisches Leben gelebt werden soll, wie gegessen, wie geheiratet, wie gestorben. Doch die Nuancen, die ein jüdisches Leben haben kann, sowohl in der *Diaspora*, also außerhalb Israels, als auch im Land, sind unfassbar vielfältig.

In Deutschland sind wir nicht viele, geschätzte 200 000, keiner weiß es genau, denn die jüdische Identität wird in Deutschland nur durch die Mitgliedschaft in einer Jüdischen Gemeinde registriert. Und nicht jeder deutsche Jude ist Mitglied einer Gemeinde.

Das Gemeindeleben beginnt normalerweise mit der Geburt

und einer Annonce in der Gemeindezeitung. Es endet mit dem Tod und einer Annonce in der Gemeindezeitung. Doch auch wer wie ich ein wenig später einsteigt, hat im Leben zwischen Geburt und Tod genug Zeit, die geschriebenen und ungeschriebenen Gesetze des Jüdischseins kennenzulernen.

Wir deutschen Juden sind ein Mix aus wenigen Menschen, deren Eltern aus Deutschland kamen, und sehr vielen, deren Eltern aus der ehemaligen Sowjetunion kamen, aus Polen und anderen europäischen Ländern. In unseren Familien werden unterschiedliche Geschichten erzählt, unterschiedliches Essen gegessen, unterschiedliche Sprachen gesprochen. Wir sind also nicht viele, und dann sind wir auch noch vielfältig. Vielleicht gibt es deswegen ein so großes Bedürfnis innerhalb der Jüdischen Gemeinde, zu definieren und abzugrenzen.

Kurz bevor ich auf ein staatliches Gymnasium wechselte, erahnte ich erstmals, was es wirklich war, das mich von den anderen jüdischen Schülern unterschied: Ich hatte neben meiner jüdischen Familiengeschichte noch eine andere. Es begann damit, dass uns eine Lehrerin der jüdischen Schule in der fünften oder sechsten Klasse die Aufgabe gab, unsere Großeltern während der Winterferien zu fragen, was sie während des Kriegs erlebt hatten.

Ich sollte die Ferien bei meiner Oma mütterlicherseits in der Nähe des Westerwalds verbringen, somit stand für mich außer Frage, dass ich ihre Geschichte aufschreiben würde. Meine andere Großmutter verbrachte die kalte Jahreszeit in Israel, sie stand mir also fürs Geschichten-Erzählen nicht zur Verfügung. Stundenlang saß ich bei meiner Oma in der Küche, mit Kugelschreiber und ein paar Blättern Papier. Meine Oma erzählte, dabei schälte sie Kartoffeln. Sie war eine begnadete Köchin, in meiner Erinnerung gab es bei ihr immer Rouladen mit Salzkartoffeln, Rinderbraten mit Soße, Gulasch mit Spätzle. Ich fragte und fragte, meine Oma erzählte, schälte und diktierte. Die drei handgeschriebenen Seiten, die ich damals notiert habe, sind das einzige von ihr diktierte Zeugnis ihres Lebens.

1945 floh meine Oma aus Oppeln, das heute in Polen liegt. Da war sie 14. Von ihrer Kindheit davor kenne ich nur zwei Details: Als meine Oma einmal ein Hitlerbild in der Kommode fand, fragte sie ihren Vater, warum sie das nicht aufhängten, so wie meine Oma das in den Häusern ihrer Freundinnen gesehen hatte. Der Vater, ein schweigsamer Eisenbahn-Heizer, sagte darauf nichts, stattdessen gab er ihr die einzige Ohrfeige ihres Lebens. So lautet die Familienlegende.

Das andere Detail ist die Tatsache, dass der Vater meiner Großmutter kein Mitglied in der NSDAP war und angeblich deswegen nie zum Lokführer befördert wurde. «Doch was waren das für Züge?», fragte sich meine Mutter später oft, wenn sie mit meiner Oma darüber sprach, und noch viele Jahrzehnte später mit mir. In der Familie meiner Großmutter gab und gibt es keine Antwort auf diese Frage. Gen Kriegsende floh sie als 14-Jährige mit zwei Geschwistern und ihrer hochschwangeren Mutter vor den näher rückenden russischen Truppen, ihr Vater blieb zurück. Sie hat ihn nie wiedergesehen.

Auf der Flucht in einem Kartoffellaster und in Güterzügen verloren sich Mutter und Kinder, ein halbes Jahr lang mussten sich meine Oma und ihre Geschwister allein durchbringen. Sie schliefen in Heimen auf Eisengestellen mit Strohsäcken, meine Oma schlug sich mit Gelegenheitsarbeiten durch, als Zuschneiderin, Haushaltsgehilfin, in einer Gemüsefabrik. Manchmal durfte sie sich ein paar Kartoffeln mit nach Hause nehmen, deren Schalen sie dann noch zu einer Suppe auskochte. Die Geschichte kam mir ungeheuerlich vor. Endlich verstand ich, warum meine Oma sich selbst immer die kleinste Portion Essen auf den Teller gab. Sie hatte Angst, die anderen würden nicht satt.

Ich war damals elf oder zwölf Jahre alt, wenige Jahre jünger als meine Oma zum Zeitpunkt ihrer Flucht. Ich stellte mir vor, wie sie täglich eine Stunde in die Gemüsefabrik und eine Stunde zurück lief. Ich stellte mir vor, wie Suppe aus ausgekochten Kartoffelschalen schmeckte. Ich hörte von so viel Leid und Entbehrung, dass ich sicher war: Dies war, was meine Lehrerin hören wollte.

«Dies ist die Geschichte der anderen Seite», sagte meine Lehrerin, nachdem ich stolz meine drei handgeschriebenen Seiten vorgetragen hatte. Ich erinnere mich noch gut an die Verwirrung und die Scham, die ich in dem Moment empfand. Die andere Seite? Was bedeutete das? Bis dahin hatte ich keine Vorstellung davon, dass es mehrere Seiten gab. Und wenn es sie gab – war die andere Seite dann schlecht? Ich wusste, was die Nazis den Juden angetan hatten. Aber für mich war meine Oma kein Nazi gewesen. Doch wer sonst stand auf der anderen Seite?

Erst Jahre später, im Geschichtsunterricht außerhalb der jüdischen Welt, verstand ich, dass es sehr wohl eine Seite gab und eine *andere*. Dass die jüdische Seite eine besondere war und mitnichten in der Mehrheit, auch wenn sich das im Kokon der jüdischen Schule immer so angefühlt hatte. Mir wurde klar, dass viele andere Kinder an der jüdischen Schule Geschichten vorgelesen haben mussten, in denen jüdische Großväter und Großmütter vor den Nazis flohen oder deportiert wurden und in Konzentrationslagern gequält. In dem Moment aber verstand ich nur, dass sich meine Großmutter auf der falschen Seite befand. Und somit auch ein Teil von mir selbst.

Es gab in meinem Leben immer Menschen, die sich auf dieser *anderen* Seite befunden hatten. Einige von ihnen liebte ich sehr. Mein Großvater mütterlicherseits ist 1929 geboren. Als Kind war er in der Hitlerjugend gewesen, das weiß ich. Seine älteren Brüder waren Soldaten. In der Familie habe es aber keine Parteinazis gegeben, hat mein Opa meiner Mutter immer versichert. Ein Grund: Sein eigener Vater sei zu geizig für die Mitgliedschaft gewesen.

In den letzten Kriegswochen ist auch mein Großvater eingezogen worden, als 16-Jähriger wurde er aus dem Klassenzimmer abgeholt und Anfang April 1945 an die Front gekarrt. Ihm und seinen Klassenkameraden wurden Schaufel und Hacken in die Hände gedrückt, sie sollten «den Westwall in Stand halten». Seine Mutter soll ihren Lieblingssohn eigenhändig wieder abgeholt haben. «Der Krieg ist verloren», soll die entschlossene Frau den Kommandanten vor Ort angeherrscht haben, «und ihr verheizt hier noch die Kinder?!» Diese Geschichten kenne ich nur aus den Erzählungen meiner Mutter. Ich habe mit meinem Opa nie persönlich darüber gesprochen, er starb, als ich Teenager war.

Eine genauere Vorstellung davon, wie es war, in der Nazizeit deutsch zu sein, bekam ich außerhalb meiner Familie. Meine Eltern waren beide berufstätig, meine leiblichen Großmütter wohnten nicht in unserer Nähe, so verfügten wir über ein Repertoire an Kinderfrauen und «Leih-Omas», die auf mich und meine Schwester aufpassten. Wir nannten sie alle Omi, ob verwandt oder nicht.

Besonders nah war mir Omi S. Fast jeden Samstag meiner frühesten Kindheit bis in die Pubertät hinein saßen meine Schwester und ich in ihrer Küche, an dem Tisch mit Wachstuch, auf einer Bank mit gehäkelten Sitzkissen. Bei Omi S. roch es immer nach geschmolzener Butter, frischem Teig oder reifen Äpfeln. Sie kochte meiner Schwester und mir Grießsuppe, die wir aus den immer gleichen Kindertellern aßen. Meiner hatte eine Zeichnung von Schneewittchen in der Tellermitte. Die Grießsuppe war ein Gericht aus kargen Zeiten, als es nicht viel gab außer Mehlschwitze, Grieß und Eiern. Omi forderte uns stets auf, die Suppe mit Maggi-Spritzern zu würzen, damit sie nicht so fad schmeckte. Meine Schwester und ich liebten dieses einfache Gericht, das wir sonst nirgendwo bekamen. Als Nachtisch gab es immer Vanillepudding von Dr. Oetker und Johannisbeeren aus Omis Garten.

Omis Ehemann nannten alle den «Onkel». Er trug Hosenträger, nickte uns bei unserer Ankunft zu und saß ansonsten schweigsam im Ohrensessel vor dem Fernseher. Zum Mittagessen schlurfte er in die Küche oder um sich kochendes Wasser über seinen Caro-Kaffee zu gießen, den er lautstark am Tisch schlürfte und sich dann wieder verzog. Er hörte nicht mehr gut, und Gespräche mit ihm waren mühsam.

Im Sommer pflückten wir Johannisbeeren, Äpfel, Kirschen in Omis Garten oder auf angrenzenden Feldern, im Winter drehten wir Teig für Spritzgebäck durch ihren Fleischwolf oder stachen Sterne, Herzen und Sternschnuppen aus, bepinselten sie mit Eigelb und streuten bunte Streusel drauf. Wir erschienen mit ihr zu Kaffee und Kuchen im Ort oder warfen Kaubonbons vom Fastnachtswagen des Heimatvereins, in hessische Trachten gekleidet. Rund um Weihnachten stiefelte Omi mit uns ins Dorftheater, wo jedes Jahr ein deutsches Märchen aufgeführt wurde: Frau Holle, Rumpelstilzchen, Struwwelpeter.

Einmal bastelten wir einen Adventskranz mit ihr. Mein Vater, der selbst nicht mal Kirchen betrat, weil ihm das unangenehm war, weigerte sich, ihn mit nach Hause zu nehmen. Da war sie wieder, die Angst jüdischer Väter, jüdische Traditionen könnten verwässern und verloren gehen. «Wir haben kein Weihnachten», sagte er vorwurfsvoll, und Omi S. seufzte.

Omi S. war etwas Besonderes für mich. Ich liebte sie sehr, sah sie häufiger als meine leiblichen Großmütter. Sie nannte meine Schwester und mich «Ersatzenkel». Eigene hatte sie keine, ihre Tochter hat keine Kinder bekommen.

Nachdem «Onkel» gestorben war, wurde Omi S. einsam. Sie hatte vorher schon viel über früher geredet, doch nun gab es kein Halten mehr. *Früher*, das war die Zeit, als sie mit 16 Jahren in einem Kindergarten angefangen hatte zu arbeiten. Etwa 1939, kurz darauf überfiel Deutschland Polen und begann den Zweiten Weltkrieg.

Manche ihrer Geschichten werde ich nie vergessen: der Moment, als sie vom Fahrrad in den Graben neben dem Feldweg sprang, damit die tieffliegenden Flugzeuge der Alliierten sie nicht entdeckten. Der Tag, an dem sie mit dem Zug nicht weiterkam, weil die nächste Stadt zerbombt worden war. Die Zeit, als «Onkel» als Soldat in Kriegsgefangenschaft geriet und sie lange nicht wusste, ob er noch lebte.

Ihr eigenes Leben, so schien es immer, bestand hauptsächlich aus Erinnerungen an den Krieg. Der Rest, immerhin fast achtzig weitere Jahre, wurde in zwei, drei Anekdoten zusammengefasst.

Omi S. sagte Sätze, die ich nirgendwo sonst hörte. «Es gab auch viel Gutes damals», war einer von ihnen. Sie erzählte von den Ausflügen, die sie, ein einfaches Mädchen vom Dorf, mit dem *Bund Deutscher Mädel* gemacht hatte. Von der Anerkennung, die sie als Kindergärtnerin erfahren hatte, von den Menschen im Ort und von der Partei. Die Partei, das war die NSDAP.

Sie erzählte vom «Onkel», der als Soldat in Italien stationiert war und in Wiesbaden, wo er die Scheinwerfer ausrichtete, die der Wehrmacht das Abschießen der Alliierten-Flugzeuge erleichtern sollten. «Er hat immer danebengelenkt», sagte sie mir, und ich wusste, dass das nicht stimmen konnte.

Dann war da noch die Geschichte von der jüdischen Hutmacherin, die in Wiesbaden lebte und die eines Tages nicht mehr da war. Später, als ich älter wurde, fragte ich nach. Ob Omi etwas gewusst hatte. Warum sie nichts gesagt hatte. Wie es sein konnte, dass sie das Verschwinden der Hutmacherin einfach so hingenommen hatte. Ich erinnere mich daran, dass mein Vater manchmal ausrastete, wenn er uns abholte und Omi von damals sprach. Er herrschte sie an: «Meine Familie musste Deutschland verlassen, damit sie nicht deportiert wurde.» Omi S. war dann immer ganz still.

Mir erzählte sie gern von früher. Das lag vielleicht auch daran, dass ich zuhörte, sie reden ließ. Ich sah, wie sehr sie das Bedürfnis hatte, diese Geschichten an mich weiterzugeben. Sie sagte mir, im Ort habe man damals Gerüchte gehört, was mit den Juden geschah, aber sie hätten es nicht sicher gewusst. Und sie habe sich nicht vorstellen können, dass so etwas wirklich passierte. Ich wollte ihr glauben.

Omi S. war mein Fenster zu einem Deutschland, das ich nicht kannte. Ein Deutschland, in dem in den fünfziger Jahren noch am Dorfbrunnen Wasser gepumpt und Brote im Gemeinschaftsofen, dem *Backes*, gebacken wurden. Aber auch eine Welt, in der man in den dreißiger Jahren in Kauf nahm, in einem parteinahen Kindergarten zu arbeiten, weil man dort Anerkennung bekam, ein Gehalt, die Möglichkeit, Ausflüge zu machen, sein eigenes Land zu entdecken. In der man besser nicht hinterfragte, wohin eine befreundete Jüdin verschwunden war, die einem zuvor die Hüte geschneidert hatte.

Bei Omi S. sah ich auch, wie Erinnerungen bewahrt wurden. Da waren Fotoalben mit schwarzweißen und sepiafarbenen Bildern. Die Stapel Liebesbriefe von «Onkel», die er aus der Gefangenschaft geschrieben hatte, erst aus England, dann den USA. Das vergilbte Flugblatt, das die amerikanische Armee 1945 für die deutsche Bevölkerung abgeworfen hatte, unterzeichnet von Präsident Eisenhower. Omi S. hatte alles noch, und sie mochte es, diese Dinge aus Boxen zu kramen und mir zu zeigen.

Doch ich sah auch, wie Erinnerungen verloren gingen. Omis Generation starb nach und nach weg, es gab nur noch wenige, die die Welt, die im Heimatverein aufbewahrt wurde, noch selbst erlebt hatten. Der drohende Verlust von Geschichten hat mich immer schon traurig gemacht, und so interviewte ich drei Mitglieder des Vereins und schrieb einen Text über sie. Eigene Kinder und Enkel, das erzählten alle, fragten selten nach ihren Lebensgeschichten. Und so starben mit diesen Menschen auch ihre Geschichten. Geschichten von Deutschen, die die Nazis selbst erlebt, geduldet und oft auch unterstützt hatten.

Omi S. gab der Geschichte meiner Heimat Deutschland ein Gesicht, so erschreckend ihre Banalität auch sein mochte. Kurz bevor sie starb, mit 87 Jahren, nahm ich mein Aufnahmegerät mit in das Altersheim, wo sie ihr letztes Jahr verbrachte. Sie war damals schon sehr schwach, hatte Wasser in der Lunge, konnte nur schwer atmen und sprechen. In ihrem kleinen Zimmer stand wenig, das mich an ihr eigenes Haus erinnerte. Omis Tochter hatte das alte Haus ausräumen müssen, viele Dinge gingen dabei verloren. Die Liebesbriefe von Onkel, die Fotoalben hat sie aufgehoben. Mir bleiben sieben Tonaufnahmen aus Omis letzten Tagen, sieben Dateien mit Erinnerungen an ihr Leben. Und der Kinderteller mit Schneewittchen, aus dem ich ihre Grießsuppe gegessen habe.

Ich habe damals schon gespürt, dass ich mit Geschichten wie denen von Omi S. anders umging als mein Vater. Er gehörte der zweiten Generation nach dem Holocaust an. Es wühlte ihn auf, Menschen zuzuhören, die diese Zeit auf der Seite der Deutschen erlebt hatten, er geriet in Streit mit dem Vater oder den Geschwistern meiner Mutter, wenn diese sagten: «Nicht nur die Juden haben damals gelitten.» Es empörte ihn, das Leid der deutschen Juden mit dem Leid der Deutschen durch den Krieg zu vergleichen. «Meine Eltern hatten keine Wahl!», rief er dann aufgebracht. Ich erinnere mich noch gut an das unangenehme Schweigen im Raum. Im Unterschied zu ihm wollte ich die Geschichten von Menschen wie Omi S. und meiner Oma mütterlicherseits hören. Ich hatte genug Abstand, war bereit, zu versuchen zu verstehen, was so schwer verständlich war. Dass hinter dem Holocaust ganz normale Menschen gestanden haben. Menschen, die wie Omi S. nichts hinterfragt haben und somit das Unaussprechliche geschehen ließen. Vielleicht hat auch gerade Sitzen in Küchen dazu geführt, dass das Zuhören und Sammeln von Geschichten ein wichtiger Teil meiner Identität geworden ist, so widersprüchlich und emotional komplex diese Geschichten auch sein mochten.

Dokumente

Die Reise in meine Zukunft in Israel beginnt mit einer Reise in die Vergangenheit meiner Familie. «Das ist nicht einfach für mich», sagt mein Vater und hebt eine Box aus seinem Regal, aus der ein Ordner ragt, verkrumpelte Papiere, geknickte Klarsichtfolien. Ich muss an sein Portemonnaie denken, in das er Geldscheine auch eher stopft als schiebt.

Wir finden Dokumente mehrerer Leben.

Die Geburtsurkunde meiner Oma aus Wien, die meines Opas aus Homburg an der Saar.

Die *Ketuba* meiner Großeltern, ihre Heiratsurkunde, unterzeichnet bei ihrer Eheschließung 1941 in Ramatayim, auf weichgewordenem Pergament mit blauen Verzierungen.

Die Sterbeurkunde meines Opas aus Herzliya, die meiner Oma aus Frankfurt am Main, fast 37 Jahre später.

Die Bescheinigung des Übertritts meiner Mutter mit mir als Baby.

Doch in der Box liegt noch mehr.

Ein «Heimatschein» samt Reichsadler, der meinem Großvater bescheinigt, zeitweise in Luxemburg zu leben, ausgestellt am 3. Mai 1935. Ich weiß, dass der Aufenthalt in Luxemburg eine Tarnung war, um Deutschland nach Palästina verlassen zu können.

Ich finde einen Soldatenausweis der israelischen Reservearmee mit einem Passbild meines Großvaters. Und seinen Reiseausweis auf Hebräisch und Französisch, 1950 in Israel ausgestellt, «gültig in allen Ländern außer Deutschland».

Mein Vater wird immer stiller. «Los, ich will hier jetzt nicht ewig ...», sagt er, wendet sich ab und sortiert wahllos Dinge auf seinem Schreibtisch. Ich lege die Dokumente nacheinander aufs Sofa, fotografiere sie mit meinem Handy und schiebe einige von ihnen in Klarsichtfolien in einen Ordner, den ich mit «Aliyah» beschrifte. «Papa, ich muss die Originale vorzeigen.»

Er starrt mich an. «Das geht nicht, wenn du die verlierst, das sind die einzigen ...» Ich muss ihm versprechen, gut darauf aufzupassen. «Vielleicht brauchen wir die auch irgendwann mal», sagt er.

In den kommenden Wochen landen alle Dokumente in meinem Briefkasten, die mir noch fehlen. Auch der Brief eines liberalen Rabbiners, dass ich jüdisch bin, und der eines orthodoxen Rabbiners, dass mein Vater es ist. Der Orthodoxe war nicht bereit, mir einen Brief auszustellen. Einer der drei Rabbiner, die die Konversionsurkunde meiner Mutter unterschrieben hatten, sei zu liberal unterwegs, die von ihm betreuten Übertritte seien nicht streng genug gewesen und deswegen in Israel nicht akzeptiert.

In Israel streiten Säkulare und Religiöse seit der Gründung des Landes vor mehr als siebzig Jahren über den Einfluss von Religion auf das gesellschaftliche Leben. Das israelische *Law of Return*, das Rückkehrgesetz, gibt jedem Juden auf der Welt das Recht, nach Israel einzuwandern. Allein wegen seiner religiösen Zugehörigkeit und wirklich ausschließlich deswegen. Doch die jüdische Realität ist komplexer als ein Satz, und so ist das Gesetz seit 1950 einige Male geändert und erweitert worden. Inzwischen dürfen auch die Kinder, Enkel und Partner von Juden Staatsbürger werden, es reicht also, wenn ein Elternteil oder ein Großelternteil jüdisch ist. Doch sie – und nun auch ich – müssen die jüdische Zugehörigkeit ihrer Verwandten beweisen, mit Geburtsurkunden, Gemeindemitgliedsbescheinigungen, Sterbeurkunden. Unterlagen, die beweisen, dass ein Verwandter im Konzentrationslager wegen seiner jüdischen Wurzeln interniert war, reichen auch. Das Gesetz ist vielen Orthodoxen zu lasch. Die oberste jüdische Instanz in Israel, das *Rabbanut*, hat bis heute einen entscheidenden Einfluss auf Eheschließung, Scheidung, Konversion und Begräbnis von Juden. Was das bedeutet, wird mich später noch beschäftigen. Für meine Aliyah reicht ein aus orthodoxer Sicht jüdischer Vater und jüdische Großeltern.

Zwei Wochen nach Vorzeigen meiner Dokumente erhalte ich einen Anruf von der Jewish Agency: Im Dezember darf ich nach Israel ziehen.

Pro und Contra

That's crazy», sagt Neta. Sie sieht mich an, als ob sie herausfinden will, ob ich es ernst meine. «Why would you do that?» Wir stehen draußen auf dem Schulterblatt, vor einer Bar neben der Roten Flora. Drinnen tanzen Paare zu Swingmusik, draußen stehen die Israelis in einem Halbkreis, um ihre Gesichter dampft Zigarettenrauch durch die feuchtkalte Hamburger Winterluft.

«No, seriously: Why would anyone want to live in Israel?», sagt Neta und vergräbt die Hände in der viel zu dünnen Jacke. Eine Israelin im Hamburger Winter, denke ich.

Netas Reaktion ist nicht unbedingt, was ich erwartet habe. Klar, auch mein Tel Aviver Mitbewohner Dan hat mich aufgefordert, eine Pro-und-Contra-Liste zu schreiben, mir genau zu überlegen, was ich gewinne, was ich aufgebe. Zwei deutsche Kollegen fragten mich vorsichtig, wie ich dort arbeiten würde, wenn ich nicht mehr persönlich zu Interviews oder Redaktionstreffen gehen könnte. Und Yohann, der Barkeeper, hat dann doch kurz Angst bekommen, ich würde das alles wegen ihm machen, und sich erst mal eine Woche gar nicht mehr gemeldet. Im Großen und Ganzen war mein Umfeld aber wenig überrascht und noch weniger kritisch, als ich verkündete, dass ich nach Israel ziehen würde. Ich hatte den Eindruck, die meisten haben es kommen sehen. «Aber nicht, dass du dann religiös wirst, koscher isst und wir nirgendwo mehr essen gehen können», hat mein Chefredakteur gejammert. Ich versprach ihm, dass es nicht so weit kommen würde. Unvorstellbar, ich liebe Salami.

«It is a messed-up country», sagt Neta bitter. In Deutschland seien sie und ihr Freund Ilan mit ihren Gehältern reich, könnten eine Drei-Zimmer-Wohnung in Altona bezahlen. «In Israel we are poor.» Das Leben dort sei anstrengend, sagt sie, finanziell und überhaupt.

Ich höre ihr zu, und ich glaube zu verstehen, was sie meint. Mir ist schon aufgefallen, dass die meisten meiner Freunde in Israel mit Ende zwanzig, Anfang dreißig noch in WGs wohnen. Dass sie mehr als die Hälfte ihres oft niedrigen Gehalts für Miete, Nebenkosten und Lebensmittel ausgeben. Dass sie bei der Überlegung, eine Flasche Wein im Restaurant zu bestellen, still werden, weil die umgerechnet gern mal 30, 40 Euro kostet. Ich selbst habe in Tel Aviv umgerechnet 6,50 Euro für eine Packung Gouda gezahlt, und fast vier Euro für einen Fünfer-Pack Schwammtücher.

Was Neta sonst noch mit anstrengend meint, kann ich bisher nur erahnen. Ich habe gesehen, wie viele der jungen Israelis, die ich kennengelernt habe, am Wochenende Lines Kokain ziehen oder zu jedem tanzbaren Anlass MDMA einschmeißen. *Charadah* ist das hebräische Wort für Angstzustände. Ich lerne es früh. So viele meiner Freunde haben schon mal Antidepressiva genommen oder *Cipralex* vor dem Schlafengehen gegen Panikattacken und Nervosität. Einen Therapeuten aufzusuchen, ist in einem Land mit Armeedienst, regelmäßig niederregnenden Raketen und dem starken Druck innerhalb der Gesellschaft so geläufig, wie in Deutschland zum Hals-Nasen-Ohren-Arzt zu gehen. In ihrer großen Bereitschaft, bei Problemen und schwer lösbaren Lebensfragen zur Therapie zu gehen, erinnern mich die Israelis an die Amerikaner.

In Deutschland gibt es keine Wehrpflicht, von Frankfurt aus

kann ich in wenigen Stunden in sieben, acht, neun Nachbarländer reisen, ohne einen Reisepass mitzunehmen. In Israel droht mir an manchen Grenzen Lebensgefahr.

Bisher habe ich mich in Tel Aviv immer sicher gefühlt, aber ich bin mir durchaus bewusst, dass sich das jederzeit ändern kann. Diese Überlegungen schrecken mich nicht ab. Mit Anfang dreißig bin ich für den Armeedienst zum Glück schon zu alt.

In Israel werde ich mehr Miete zahlen und auf Zentralheizung verzichten müssen, auf ständiges Essengehen, auf günstiges Einkaufen bei Aldi. Ich bin mir sicher, dass ich mit weniger Luxus, weniger Ausgehen klarkommen kann. Was die kollektive Betäubung angeht, kenne ich auch in Berlin, in Frankfurt und Mainz genug Menschen, die sich mit Drogen vom Alltag ablenken. Die Koksrunden, die manche Journalisten auf Hamburger Medienpartys auf den Toiletten schmeißen, habe ich nie mitgemacht. Meine engsten Freunde rauchen höchstens abends mal etwas Gras. Ich bin inzwischen auch alt genug, um zu wissen, wo meine eigenen Grenzen sind.

Ich habe einige deutsche Freunde, denen ich wünsche, sie würden sich in Therapie begeben, statt weiter unglücklich ihrem Alltagstrott zu folgen und jede Chance auf Veränderung abzuwehren. Erst kürzlich habe ich erfahren, dass eine gute Freundin aus Hamburg an einer chronischen Krankheit leidet, die es ihr vielleicht unmöglich macht, Kinder zu bekommen. Ich kannte sie Jahre, bevor sie mir davon erzählt hat.

Ich schätze die Direktheit, mit der mir meine israelischen Freunde begegnen. Sie haben keine Angst, sich zu öffnen. Vielleicht teilen die Israelis offener ihre Schwächen, ihre Laster, ihre Abhängigkeiten. Vielleicht sind sie eher bereit, sich helfen zu lassen.

Ich erinnere mich an mein Jahr in den USA. Ich habe mir so oft ausgemalt, was mich dort erwarten würde, doch die friedliche Langeweile der amerikanischen Vororte, das durch und durch patriotische Selbstverständnis, der unterschwellig brodelnde Konflikt zwischen Schwarz und Weiß – das alles habe ich erst wirklich verstanden, als ich mit Amerikanern gelebt habe. Mir ist bewusst, dass ich erst wirklich wissen werde, wie es ist, in Israel zu leben, wenn ich dort bin. Und am Ende wird es eben nicht besser oder schlechter sein, sondern einfach anders. Es werden sich mir neue Facetten dieser komplexen Nation eröffnen. Manche von ihnen werden schön sein, andere abgründig. Doch es wird anders sein, anders als das, was ich schon kenne, was ich gewohnt bin. Ich freue mich auf die neuen Erfahrungen. Darauf, meine Komfortzone zu verlassen. Und bisher fallen mir die Gedanken daran ganz leicht.

Ich war schon immer ein Mensch, der das Leben Schritt für Schritt gelebt hat. Pläne über den nächsten Sommerurlaub hinaus habe ich selten gemacht. Ich wollte mich nicht festlegen. Ich wusste ja nie, was kommen würde, wo ich sein würde. Die meisten Ortswechsel in meinem Leben – von meinem Heimatort nach Boston, nach Mainz, New York, Mannheim, Istanbul und schließlich nach Hamburg – kamen durch Einflüsse von außen: ein Austauschjahr, das meine Eltern vorgeschlagen haben; ein Studium, das nicht weit von zu Hause entfernt war; eine Recherchereise für meine Magisterarbeit, die mein Professor empfohlen hatte; ein Volontariat, die Journalistenschule. Entscheiden, irgendwohin zu gehen, ohne durch einen Urlaub, eine Ausbildung, einen Sprachkurs, einen Job, ohne eine konkrete Aufgabe dorthin gerufen zu werden, ist neu für mich. Es ist allein meine Entscheidung zu gehen, und ich zweifele nicht daran. Vielleicht auch, weil ich tief in mir drin weiß: Im schlimmsten Fall kehre ich zurück.

«Du bist mit dem Herzen schon da», sagt Noa, meine Hebräisch-Lehrerin und inzwischen gute Freundin, als wir an ihrem

Küchentisch sitzen, Schokobrötchen essen und unregelmäßige Verbformen durchgehen. Seit einem Jahr hat Noa die Wogen meines Sehnens nach Israel erlebt, hat gesehen, mit welchem Fieber ich mich darauf vorbereite, neue Worte und Redewendungen lerne, fast täglich in meiner Wohnung das Hebräisch-Buch raushole und Übungen wiederhole, Karteikarten mit Verbgruppen in Vergangenheit und Zukunft beschrifte.

Noa hat erlebt, wie ich den Mut gefunden habe, etwas zu verändern. Und meine Entscheidung beeinflusst auch sie. «Ich denke darüber nach, wieder nach Israel zu gehen», sagt sie eines Tages. Ich bin überrascht. Meine Vorfreude sei ansteckend, sagt sie, mein Blick auf Israel habe sie nachdenklich gemacht. Ich schaue Noa an und frage mich, wie ernst sie es diesmal meint. Von ihrem deutschen Freund hat sie sich getrennt. Sie suche einen Platz, den sie Zuhause nennen kann, sagt sie. Einen Ort, wo sie Wärme spürt, Vertrautheit, Geborgenheit. Das Gefühl, gewollt und geliebt zu werden, mit offenen Armen empfangen. Ihre Stimme bricht. In Noas Schmerz verstehe ich erstmals, dass es auch das ist, was ich suche: einen Ort, der mich zurückliebt.

Nirgendwo sonst

 You have to end it. I can't do it.» Ich sitze auf dem Bett meiner aktuellen WG in der Scheffer Straße, durch das Loch in der Fensterscheibe weht ein frischer Wind in meinen Nacken, doch ich merke es nicht mal. Ich höre nur Yohanns Worte durch mein Handy, und ich weiß, ich muss es jetzt beenden.

Ein Jahr lang habe ich diesen Mann bei meinen Aufenthalten in Israel getroffen, immer wieder mit ihm das Bett geteilt, mich in allen Jahreszeiten nach ihm gesehnt, wenn er mir nicht geantwortet hat, ihn gehasst und geliebt zugleich, wenn er sich dann doch meldete. Ein Jahr lang, in dem er mir immer wieder sagte, dass es niemals mehr werden würde als das: ein paar intensive Nächte, ein Sog aus Nachrichten und Telefonaten, wenn er mich sehen will, eine Mauer aus Schweigen, wenn er es nicht will. Dann wieder Nachrichten, Telefonate, und das Ganze wieder von vorn. Wieder und wieder. Irgendwie scheint er immer zu wissen, wenn ich in Tel Aviv bin. Und zu oft landet nach einer durchfeierten Nacht eine Nachricht von mir bei ihm. Wie viele Male habe ich seine Nummer gelöscht? Wie viele Male mir geschworen, dass es das jetzt war? Mindestens so oft habe ich sie wieder eingespeichert.

Dass er es jetzt mir überlässt, den Schlussstrich zu ziehen, ist so typisch in dieser Tel Aviver Dating-Welt, die sich alles offenhalten will, bloß keine Chance verbauen und bloß zu nichts festlegen. Vor wenigen Tagen lagen wir noch im Bett meiner WG, Yohann umarmte mich fest und flüsterte: «Du verdienst jemanden, der dich zurückliebt.» Am liebsten hätte ich ihm eine gescheuert.

Ich muss weinen.

Tel Aviv hat sich verändert seit meiner Reise mit Flora 2017. Im Kerem HaTeimanim stehen inzwischen Luxus-Wohnungen, deren Haustüren sich nur mit Sicherheitscodes öffnen lassen, und wo sie noch nicht stehen, werden sie gebaut. Die hutzeligen Häuser mit Wellblechdächern verschwinden nach und nach. Auch Boaz' Paradies.

«Motek, that's it», sagt Boaz eines Tages am Telefon, «they will tear it down and build something new.» Ich bin geschockt. Der Gemeinschaftsgarten mit Bougainvillea, in dem wir zusammen Kaffee schachor getrunken, geraucht und Schabbat-Dinner gegessen haben, die Blumen und Tomatensträucher, die vier Apartments, wo ich auf meinen Reisen in jedem der Betten einmal geschlafen habe, die Dachterrasse mit dem Sonnensegel, das grau-weiße Tor mit der Herztür – das alles soll abgerissen werden. Es ist, als würde mir jemand ein Zuhause rauben. Ich unterdrücke ein Schluchzen. Boaz sieht es weniger dramatisch. «We will create something new», sagt er. Er meint damit sein neues Leben: Boaz hat jetzt eine feste Freundin, die beiden wohnen zusammen bei ihren Eltern, bald, so Boaz' Plan, sollen Kinder folgen, am liebsten viele. Bei unserem nächsten Treffen drückt er mir einen Steinblock in die Hand. Es ist ein Stück Beton, in das kleine Herzen gestanzt sind. Ich erinnere mich, als ich das erste Mal an der Schwelle zu seinem Garten stand und die Herzen entdeckte, die in den Beton gedrückt waren. «I kept it for you,» sagt er. «So you will take the love with you, no matter where you are.»

Auch bei Or ist Veränderung angesagt. Er datet eine Frau aus Jerusalem, es ist allerdings noch nicht klar, ob es etwas Ernstes wird. Zumindest hängt er nicht mehr jedes Wochenende im Eduard und kokst sich die Birne zu.

Dan ist aus der WG im Kerem HaTeimanim ausgezogen, er will probieren, allein zu wohnen, erwachsen zu wohnen, wie er sagt. Er spricht inzwischen dauernd davon, nach Kanada auszuwandern.

Nur Tom ist noch derselbe.

Auf dem Bett in der Scheffer Straße atme ich tief durch. Dass Yohann schlecht für mich ist, haben mir alle gesagt – meine Schwester, Freundinnen und Freunde, in Israel und in Deutschland. Doch bisher hatte ich immer zu viel Angst, ihn zu verlieren, und mit ihm, so schien es, ein Stück Tel Aviv, das mich immer wieder empfing. Ich wollte so sehr, dass er der Knoten ist, der mich an die Stadt bindet. So sehr, dass ich ausblendete, dass er es nicht sein wollte.

Wie viel Energie mich diese unerwiderte Liebe gekostet hat. Energie, die ich doch für das nächste Dreivierteljahr brauche, für die Planung meines neuen Lebens, und den Abschluss meines alten. Für mich, für Israel. Energie, um herauszufinden, wer ich hier bin, und wer ich sein kann.

Ich mache, was ich jetzt tue, in der Hoffnung, dass ich es nie wieder machen werde. «Don't contact me anymore», sage ich in den Hörer, «it's enough», und lege auf. Dann rufe ich meinen Freund Dan an.

Die Jungs treffen mich im Beit HaAmudim, einer Jazzbar am Schuk, wo das Bier günstig ist und Katzen zwischen weißen Steinsäulen schlafen. Tom und Dan umarmen mich, bestellen mir erst Tee, dann Bier, umarmen mich erneut und sagen mir, was ich schon weiß: dass ich jemand Besseren verdient habe. Sie schreiben Freunden, die ich über sie kennengelernt habe. Nathan kommt, Uri setzt sich zu uns. Ich weine ein bisschen, doch dauernd nimmt mich jemand in den Arm, bringt einen blöden Spruch, erzählt eine bekloppte Dating-Geschichte, die mich zum Lachen bringt.

Ich schaue durch verquollene Augen um mich. Aus der Bar dringt Klavierspiel, der Klang eines Saxophons groovt nach draußen. Am Ende der Straße liegt der Schuk unter gespannten Planen in der Nacht, dahinter das Meer. Ich schaue in die Runde, auf meine Freunde, die ich erst kurz kenne, und die mir doch so nah sind. Und plötzlich bin ich einfach nur glücklich, hier zu sein und nirgendwo sonst.

Botschaft

Eine Stunde warte ich schon darauf, in die israelische Botschaft in Berlin eingelassen zu werden. Eine Stunde für einen Termin, den ich vorab ausgemacht habe. Die Polizisten, die vor der Botschaft auf und ab marschieren, sehen gelangweilt aus. Ich sitze vor dem Eingang unter einem Glasdach, das einen schönen Treibhauseffekt auf die darin Wartenden ausübt. Eine Überwachungskamera beobachtet mich, eine russische Familie und einen sehr alten Mann mit Stock, der immer, wenn die große Metalltür aufgeht, mit zerfledderten Papieren wedelt, auf denen *Palestinian Authority* steht.

Die Tür geht auf, ein Kopf guckt raus. Ich springe zu ihm.

«No bags inside», sagt der Mann mit kurzem Blick auf meine Handtasche.

Ich soll mein Aliyah-Visum beantragen, für den Termin bin ich zwei Stunden mit dem Zug angereist und schon leicht genervt. Was ich denn bitte mit meiner Tasche machen soll, frage ich, als der Typ die Tür schon wieder zuziehen will. Es gibt keine Schließfächer, keinen Abstellraum.

Er schaut mich kurz prüfend an, als ob er mein Terrorismus-Potenzial abchecken würde. «Listen», sagt er, zeigt mit dem Finger die Straße runter: «You go this way, there is Italian restaurant there, they take bags.» Dann zieht er die Metalltür wieder hinter sich zu.

«Ciao, signora!» Am Straßenende gibt es tatsächlich einen

Eckitaliener. Der Wirt begrüßt mich mit breitem Lächeln. Als ich ihm sage, dass ich von der Botschaft komme, ist das Lächeln wieder weg, er zeigt kurz mit dem Finger zur Seite und dreht mir den Rücken zu. Der Boden rechts der Tür ist übersät mit Handtaschen, Rucksäcken, Jacken, Stoff- und Plastiktüten von Menschen, die zur israelischen Botschaft müssen. Ich muss grinsen. Für die Botschaft sind sie ein Sicherheitsproblem, aber beim Italiener können die potenziellen Sprengstofftaschen geparkt werden. Ich stelle mir vor, wie der israelische Botschafter das mit dem italienischen Wirt ausgehandelt hat.

Ich ziehe den Visa-Antrag der Jewish Agency, meinen Pass und meinen Aliyah-Ordner aus meiner Tasche und schiebe sie anschließend unter einen Restaurantstuhl.

Zurück im Glashaus, sind sowohl der palästinensische Mann als auch die russische Familie weg. Ich ärgere mich, die haben sich bestimmt meinen Einlass-Slot genommen! Ich klingele. Keine Antwort.

Eine gefühlte Ewigkeit später geht die Tür wieder auf. Diesmal guckt ein Frauenkopf raus. Ich wedele mit meinen Papieren, die Frau sagt «Einen Moment» und macht die Tür wieder zu. Ich frage mich langsam, ob das hier *Die versteckte Kamera* ist, nur eben mit sichtbarer Kamera.

Dann endlich: Ich darf rein. Die Frau trägt eine Waffe, sie nimmt mir die Papiere ab, schickt mich durch eine Sicherheitsschleuse, sie spricht Deutsch. Sie durchleuchtet auch meinen Aliyah-Ordner, dann darf ich eintreten.

In der Botschaft geht alles ganz schnell. Stempel, Unterschrift, Zahlung. Fertig. «HaVisa tishalach elaiich» – das Visum wird mir zugeschickt, verstehe ich und bin stolz, dass der Mann hinter der Scheibe Hebräisch mit mir redet. Ich darf wieder gehen. Das Ganze hat nicht mal vier Minuten gedauert.

Der italienische Wirt nickt mir vom Tresen zu, als ich durch die Restauranttür auf das Taschenlager zugehe, meine Sachen hervorziehe und die Dokumente verstaue. Beim Hinausgehen winkt er und sagt: *«Lehitra'ot!»* Auf Wiedersehen – auf Hebräisch.

Itay

In Hamburg beginne ich, Regale und Kleider zu verkaufen, ich verschenke Bücher, Töpfe und Lampen an Nachbarn und Freunde. Ich bereite meine Auftraggeber darauf vor, dass ich bald nicht mehr von Hamburg aus, sondern von einem Schreibtisch in Tel Aviv aus arbeiten werde. Ich kaufe mir ein Handy, mit dem ich zwei Sim-Karten gleichzeitig nutzen kann, und installiere eine App, die mir kostenlose Anrufe zwischen Israel und Deutschland ermöglicht. Ich erneuere meinen deutschen Pass, den ich auch nach der Aliyah behalten darf.

In diversen Facebook-Gruppen studiere ich die Probleme deutscher Einwanderer in Israel. Ich lerne aus ihren Fehlern, notiere mir Empfehlungen, Nummern von Steuerberatern, freundlichen Frauenärzten, die eines Pensionsberaters, der Deutsch spricht. Ich weiß jetzt, wie, wo und wann ich meinen deutschen Führerschein umschreibe, welche Bankfiliale kompetente Mitarbeiter hat, welche Krankenversicherung in Tel Aviv die besten Ärzte. Auf Google Maps setze ich Stecknadeln für Läden mit Bürobedarf und vergleichsweise günstige Supermärkte. «Well prepared, a true German», sagt Dan spöttisch, als ich ihm berichte, was ich alles schon in Erfahrung gebracht habe.

Im Sommer, ein halbes Jahr vor meinem Flugdatum, reise ich noch einmal nach Tel Aviv, ein letztes Mal als Touristin, und öffne dort erstmals Tinder. Männer mit lockigen Haaren und langen dunklen Wimpern, massenweise. Diese Stadt ist so schön. Die Sprüche unter den Fotos sind allerdings genauso flach wie in Hamburg. Alle sind sportlich, offen für One-Night-Stands und arbeiten in High-Tech.

Mein erstes Match schreibt mir Romane auf Hebräisch, ich komme nicht hinterher, seine Nachrichten in Google Translate zu kopieren. Nach seiner fünften langen Nachricht gebe ich auf. Das ist mir zu anstrengend.

Mein nächstes Match ist Itay. Auch er hat dunkle Haare und volle Lippen. In seinem Profil steht: «Man nennt mich Itay und ich mag keine Avocado. Kohlrabi ist okay.»

In seiner ersten Nachricht an mich schickt er ein *Star-Wars*-GIF, in seiner zweiten bringt er mich zum Lachen. Bei unserem ersten Treffen holt er mich mit seinem Motorrad ab, wir fahren auf den Hügel in Yafos Gan HaPisga. Unter uns flackert *Die nackte Kanone* auf der Leinwand eines Open-Air-Kinos, dahinter leuchten die Lichter der Tel Aviver Strandpromenade. Itay breitet eine Stoffdecke aus, schenkt Weißwein in zwei Gläser, wir teilen uns Zigaretten. Er witzelt rum, ich glaube, er ist aufgeregt, und irgendwie entspannt mich das. Wir sprechen über Israel und Tel Aviv, und über O. J. Simpson, der auf der Leinwand auftaucht. Irgendwann singt Itay mir «I just can't wait to be king» aus *Der König der Löwen* auf Hebräisch vor. Ich erzähle ihm von meiner Arbeit, von den Menschen, die ich durch sie getroffen habe, ihren Geschichten – und dass ich es mag, sie zu sammeln und aufzuschreiben. Er sieht mich lange an. Dann küsst er mich. Hinter uns schießt Leslie Nielsen den Bösewicht mit einem Manschettenknopf von einer Brüstung.

«I am getting goosebumps», sagt Itay bei unserem zweiten Date, als ich auf seinem Roller meine Arme um ihn lege. In einer Bar neben der Großen Synagoge setzen wir uns auf unbequeme Hochstühle, mampfen uns durch zu viel Fleisch und langweilige

Beilagen, doch das ist egal. Itay erzählt mir von Verabredungen, die er vermasselt hat: wie er sich während eines Dates übergeben musste, weil er die Kombination aus Gras und Alkohol nicht vertragen hat. Wie er beim Schlussmachen einmal einen Kaugummi unter seinem Schuh in die Couch einer Frau schmierte. Wie sein Date einmal anfing, mit dem Barkeeper zu flirten. Wie er einer Frau einen Socken vorbeibrachte, der nicht ihr gehörte. Wie ich blickt Itay auf eine lange Dating-Vergangenheit zurück und scheint doch nie gefunden zu haben, was zu ihm passt. Er bringt mich zum Lachen, auch weil ich merke, dass ihm manche seiner Geschichten unangenehm sind. Alles mit ihm ist leicht, ich muss nichts tun, außer zu einer bestimmten Zeit vor meiner Wohnung in der Scheffer Straße zu stehen. Itay liebt es zu planen. Er gestaltet jeden Tag mit mir, recherchiert, reserviert Tische in Restaurants, einen Abend im Escape Room, einen Ausflug in die Natur. In diesen Wochen im Sommer zeigt er mir das Land, das bald mein neues Zuhause sein wird. Er wandert mit mir durch die zerklüfteten Felsen der von der Augustsonne ausgetrockneten Landschaft rund um den Nachal Dolev, greift nach meiner Hand auf dem glitschigen Boden einer dunklen Fledermaushöhle, serviert mir anschließend den cremigsten Hummus bei Challil in Ramle. Er singt mir Soul-Songs in Sprachnachrichten, voller Inbrunst, in übertrieben israelischem Akzent. Ich mag seine weiche, glatte Haut, den Geruch in seiner Halsbeuge, nach frischer Wäsche und Itay. Zum Abschied schenkt er mir zwei Kinderbuch-Klassiker auf Hebräisch: «So you can read it to your kids.»

Itay ist das Beste und Passendste, das mir jemals begegnet ist. Und doch ist das in diesem Sommer zweitrangig. Ich bin beflügelt von der Aussicht, dass bald eine große Veränderung ansteht. Ich fühle mich selbstbewusst, unbesiegbar, schön und stark genug, etwas Großes zu stemmen, etwas Unbekanntes.

Itay ist das i-Tüpfelchen. Aber ich brauche ihn nicht, um glücklich zu sein.

«Ich muss jetzt erst mal mein Leben hier abwickeln», sage ich ihm nach meiner Rückkehr nach Hamburg über WhatsApp-Videoanruf. Doch Itay ruft jeden Tag an. Jeden Morgen schreibt er mir *Boker tov* – guten Morgen. Er lässt mich teilhaben an seinem Leben, schickt Fotos und Videos von seinen Schwestern, von seinen Neffen und Nichten, seinen Kollegen, die alle schon zu wissen scheinen, wer *Sssssarah* aus Deutschland ist.

Mein Aliyah-Visum klebt schon in meinem Pass, ich kann jetzt nicht mehr einfach als Touristin nach Israel fliegen. Also entscheidet Itay, mich einige Tage in Hamburg zu besuchen.

Ich zeige ihm die Stadt, die ich seit sechs Jahren mein Zuhause nenne. St. Pauli, die Elbphilharmonie, den Hafen, meinen Lieblingsitaliener neben der Reeperbahn. Am Elbstrand fotografiert Itay ein riesiges Containerschiff, das an uns vorbei Richtung Nordsee gleitet. In der Speicherstadt schießt er ein Selfie von uns zwischen Kanälen und Backsteinfassaden. An einem Abend legt ein DJ elektronische Musik an der Stahlpalme im Park Fiction auf, dahinter leuchtet der Hafen in blauem Licht.

Durch Itay sehe ich Hamburg noch mal mit ganz neuen Augen, seine Schönheit, seine Geschichte, seine Abgründe. Itay fragt nach der Bedeutung von Schildern und Plaketten, was ich über jenes Haus weiß, über Hamburg im Krieg. Auf unseren Wegen begegnen uns Stolpersteine, eine Ausstellung zur Judenverfolgung im Hamburger Rathaus, eine Plakette auf der anderen Elbseite zum Gedenken deportierter Juden. Es ist mir fast unangenehm, wie präsent tote Juden im deutschen Alltag sind. Etwas, das ich tausendmal gesehen, aber nie so extrem wahrgenommen habe.

«Sie-mü-ssen-aber-Deutsch-ler-nen», sagt die Imbissverkäuferin neben dem Alten Elbtunnel am anderen Ufer der Elbe in überartikulierter Aussprache zu ihm, als Itay zwei Bier auf Englisch bestellen will und ich seine Bestellung übersetze. Die Frau spricht, als würde sie mit einem schwerhörigen Schwachsinnigen reden. Itay blickt mich fragend an. Als ich ihm ihre Worte übersetze, schüttelt er irritiert den Kopf. Die Frau kenne ihn doch gar nicht, warum sie ihm das sagen würde, fragt er. So richtig weiß ich auch nicht, was ich dazu sagen soll. Wie soll man einem Menschen aus einem Land, das ohne Einwanderer nicht existieren würde, erklären, wie die Menschen in einem Land drauf sind, das größtenteils keine Einwanderer will?

Wir gehen im Herbstwald spazieren, der Anblick der dichten grün-rot-gelben Laubbäume entzückt Itay so, dass ich lächeln muss. So einen Herbst gibt es nicht in Israel, erklärt er. So einen Wald auch nicht, weiß ich inzwischen, denn was Israelis Wald nennen, ist alle fünf Meter ein Pinienbaum. Wir verlassen den Waldweg, legen uns auf eine moosbewachsene Lichtung, trinken Kräutertee aus meiner Thermoskanne und knabbern Kekse. Und dann liegen wir einfach nur still da, unter uns das Moos, über uns die dunkelgrünen Baumkronen, mein Kopf auf seiner Brust.

Vielleicht ist es dieser andere Fokus, das Abschließen eines Lebensabschnitts, der uns nach nur vier Wochen Kennenlernen die Entfernung überbrücken lässt. Oder das Treffen in Sevilla, das wir dann doch noch einschieben, als die Zeit zwischen Hamburg und Tel Aviv arg lang wird. Vielleicht ist es die Erwartung, dass ich bald in Israel wohnen werde, die ganze fünf Monate unsere Verbindung wachsen lässt. Ich habe jetzt sogar einen Mann in Tel Aviv, der wirklich auf mich wartet.

Als Itay anbietet, in Israel erst mal bei ihm zu wohnen, bis ich eine Wohnung gefunden habe, lehne ich dennoch ab. Ich gehe nicht wegen Itay nach Israel, sondern wegen mir selbst. Ich will, dass dieser Schritt mir gehört.

Letzte Schritte

Die letzten Wochen in Deutschland sind anstrengend. In Hamburg arbeite ich mit meiner Steuerberaterin an meiner letzten Einkommenssteuererklärung. Ich kündige Verträge, finde eine Nachmieterin für meine Wohnung und überrede meine Eltern, Kisten mit Briefen, Fotos, selbstgebrannten Mix-CDs und Dutzenden Schnipseln Erinnerung aus 34 Jahren Leben in ihrem Keller zu lagern.

Ich lade meine Freunde zu einem letzten gemeinsamen Frühstück in meine Küche auf St. Pauli. Es gibt Crémant von Edeka, sieben Käsesorten, die in Israel schwer zu finden sind, israelischen Salat und einen Riesenbräter mit brodelndem Schakschuka. Meine Freunde sitzen eng gedrängt um meinen Küchentisch, ein Paar hat sein Baby mitgebracht. Wir essen, stoßen an, fotografieren uns mit meiner Polaroid-Kamera. Die Stimmung ist herzlich und leicht gedrückt.

Ich habe entschieden, die letzten Sachen, die mir lieb sind, für Cent-Beträge unter meinen Freunden zu versteigern. Mir wird warm ums Herz, als ich beobachte, wie sie sich bei den Sachen überbieten, die nicht in meinen Koffer passen: das Buch *Das gute Gespräch* von Peer Teuwsen, von dem ich viel über das Führen guter Interviews gelernt habe; den Bräter für Eintöpfe und Schakschuka, mit dem man Großfamilien oder hungrige Freunde versorgen kann; Tupperware-Schüsseln, die unsere Picknicks bestückt haben; das Grillbesteck unserer Barbecues; meine Lieblings-CDs. «Das kannst du doch nicht alles weggeben!», kreischt Vero, eine Freundin, durch die Küche. Sie tut das bei so ziemlich jedem Gegenstand. Doch, doch, widerspreche ich, ich kann sehr wohl ohne mein Bad-Radio leben, ohne die Teeboxen, die Quiche-Backform. Sie lässt nicht locker: «Aber das ist doch dein Leben! Du kannst doch nicht bei null anfangen.» Ich spüre, dass ich genervt reagiere. Das sind alles nur Dinge, die man ersetzen kann, rechtfertige ich mich. Und denke: Vor allem sind das Entscheidungen, die ich längst getroffen habe. Ich bitte sie, aufzuhören, mir reinzureden. Mir ist sowieso schon schwer ums Herz. Ich weiß, dass ich nicht von den Dingen Abschied nehme, sondern von meinen Freunden, von unseren Unternehmungen, dem Zusammensein in meiner Küche. Von meinem Leben in Hamburg. Das ist es, was nicht einfach ist. Das ist, was ich wirklich aufgebe.

Von meinem Küchenstuhl aus schaue ich in die Runde und frage mich: Was wird sein, wenn ich nicht mehr zwischen ihnen sitze? Keine Ausflüge mehr plane, keine Abendessen, keine Motto-Partys, keine neuen Leute in die Runde einlade? Werden sie mich ersetzen? Mich langsam vergessen? Werden sie miteinander in Kontakt bleiben?

An einem der letzten Abende in Hamburg überraschen mich meine Freunde in einem Restaurant auf St. Pauli, sie warten mit Sektgläsern um eine lange, geschmückte Tafel. Meine Schwester hat sie eingeladen. Alle sind gekommen, Freunde aus Hamburg, Berlin, Karlsruhe. Darunter Flora, die erlebte, wie ich mich in Israel verliebte; Noa, die mich auf dem Weg begleitete; Mártha, die mich nicht aufhalten wollte. Es ist feierlich und auch etwas seltsam, meine Freunde aus allen Himmelsrichtungen um diese festliche Tafel versammelt zu sehen, wegen mir, weil ich gehe. Ein bisschen kommt es mir wieder so vor, als ließe ich sie im Stich.

Mártha hat mir einen Brief geschrieben, sie liest ihn vor.

Liebe Sarah,

Deine Freunde kaufen Ikea-Lampen, größere Betten, Sous-Vide-Garer, XL-Heißluftfritteusen und sogar Schiffe. Du gibst fast alles weg, in gerade einmal drei Koffer passt dein ganzes Leben. Wahrscheinlich bist du die von uns, die am wenigsten stehen geblieben ist, die es sich am wenigsten gemütlich gemacht hat in den letzten Jahren. Du bist eine der flexibelsten im Kopf, eine, die sich am weitesten zu sich selbst hin entwickelt hat. Das war kein Spaziergang, oft standest du dir selbst gegenüber. Musstest Abschied nehmen. Entscheidungen korrigieren. Fehler einsehen. Einsamkeit aushalten.

Der Prozess bis zu deinem Entschluss war nicht einfach für dich und nicht für die, die dich dabei begleitet haben. Die auch mal harte Worte aushalten mussten. Deine Freunde seien spießig geworden; ein bisschen zweisamkeitssüchtig; etwas uncool vielleicht; wenig weltmännisch; zurückgezogen; nicht immer herzlich und Hamburg überhaupt so wenig Israel.

Anfangs war es schwer, das Klagen anzuhören. Dann aber, als klar war, was passierte, nämlich, dass hier jemand Abschied nahm, da wurde es einfacher.

Wegzugehen erfordert viel Mut, es erfordert Übertreibungen, vor allem aber erfordert es, Bedauern klein zu halten – von daher hast du das schon richtig gemacht.

Hamburg-Sarah-Erinnerungen, die durch unsere Köpfe schwirren:

Fahrten ans Meer, Wildschwein-Selfies, Kühe-Streicheln, Würstchen vom Einweggrill, Fotoshooting in der Heide, Dove Elbe, Spaziergänge an der Alster. Unser Büro in St. Pauli. Wundervolle Silvesternächte mit Topf-Haarschnitten, Schlaghosen, Tagebuchlieben und Klofrau-Geschichten. Du bist eine, die Menschen zusammenführt und zum Erzählen bringt. Eine Lebensfrau. Genussmensch durch und durch.

Mehr Erinnerungen, jetzt an Sätze, zum Beispiel:

«Jeder bringt was fürs Buffet mit!»

«Leute, wir essen aus Tupper, denn ICH bin die Spülmaschine.»

Oder einfach: «Hi-hi.»

Chat-Nachrichten, in denen du erfolglos versucht hast, Ordnung zu schaffen: «Könnt ihr mal bitte weniger hier schreiben, das nervt?»
«Können wir bitte alle diese Nachricht von Markus' Ex ignorieren?»
Sarah, die Bestimmerin.

Was noch? Essen beim Vietnamesen vor deiner Haustür, Steak im Mash, Pizza im Jils, Mehrgänge im Nil. Sushi bei Henssler. Kein Riesling für Sarah. Liebeskummer: Bo, Moritz, Konstantin, wir kennen alle Geschichten. Das Herz immer auf der Zunge. Eine Freundin, bei der auch Weinen einen festen Platz im ehrlichen Gespräch hat. Mit dem Smartphone verwachsen. Auf Facebook immer auf der Suche nach Interviewpartnern. Eine, die leicht Bekanntschaften macht, die Anteil nimmt und sich sogar mit ihren Interviewpartnern anfreundet. Eine ehrliche, warmherzige, manchmal anstrengende, überkritische, großzügige, sehr hilfsbereite Freundin.

Was wünschen wir dir für Israel? Zufriedenheit. Dass du bald fließend Hebräisch sprichst. Ankommen. Heimkommen. Keine Raketen. So tolle Freunde wie uns. Hervorragende Stunden mit Itay. Dass du dort findest, was du hier gesucht hast.

Als Mártha fertig ist, rollen mir Tränen über das Gesicht. Zum Abschied schenken mir meine Freunde ein Buch, mit Zeichnungen und Erinnerungen aus unserer gemeinsamen Zeit. Weil ich Briefe liebe, hat mir jeder einen geschrieben. Ich soll sie erst in Israel öffnen. Wenn ich Heimweh habe.

Ich räume meine Hamburger Wohnung leer, melde mich in Deutschland ab und fahre zu meinen Eltern nach Frankfurt. Dort wohne ich die letzten Tage, umgeben von einem Lager aus Kisten, offenen Koffern, letzten Büchern und Kleinigkeiten aus meiner Hamburger Küche, die ich heimlich in der Wohnung meiner Eltern verteile. Mit einer unfassbaren Geduld packt meine Mutter drei Koffer, deren Transport ich von der Jewish Agency bezahlt bekomme. Sie lässt sich nicht anmerken, wie sehr sie meine angespannten, besserwisserischen Kommentare nerven.

Ich gehe mit meinen Eltern und meiner Schwester spazieren, sitze abends mit ihnen vorm Fernseher. Es ist eine seltsame Normalität, die wir versuchen zu leben. Oft schauen sie mich lange von der Seite an, als würden sie sich mein Gesicht einprägen wollen. Ich sage immer wieder, dass ich sie in wenigen Monaten besuchen komme, oder sie mich. Dass da auch noch ein anderes Gefühl ist, neben der Trauer über meinen Abschied, merke ich erst, als ich Freunde, jüdisch und nicht-jüdisch, meiner Eltern treffe. Alle wissen, dass ich nach Israel gehe. Mein Vater hat es ihnen erzählt. Er scheint stolz darauf zu sein, seine Tochter nach Israel ziehen zu sehen.

An einem Abend überreicht er mir ein Buch, *Juden in Homburg* steht auf dem grünen Einband, darin die Lebensgeschichten jüdischer Menschen aus Homburg an der Saar, der Heimatstadt meines Vaters und Großvaters. Ich finde eine Geschichte aus der Jugend meines Großvaters: Am 2. Oktober 1933 wurde er in einem Gasthaus in Homburg zusammengeschlagen, von Angehörigen der SA und einem Stadtrat namens Hilzensauer. Die SA-Schergen sangen dazu ein Lied: «Wenn's Judenblut vom Messer spritzt». Mein Großvater wurde vom Stadtrat eine Treppe heruntergestoßen. Der soll vorher noch geschrien haben: «Allez hopp! Die Judde raus!»

Ich erinnere mich an den «Heimatschein» des Deutschen Reiches, den ich in der Box meines Vaters gefunden habe. «Für den Aufenthalt im Ausland» stand darauf, gültig vom 5. Mai 1935 bis 3. Mai 1936. Der Schein war die Erlaubnis für meinen Großvater, ein Kaufmann, in Luxemburg zu leben. Am 28. Februar 1936, zwei Monate vor Ablauf der Genehmigung, sind mein Großvater und seine Familie von dort aus nach Tel Aviv geflohen.

Er musste fliehen. Ich gehe freiwillig.

Abschied

Wir müssen dir etwas sagen», sagt meine Schwester. Wir stehen in ihrer Küche, sie schnippelt Zucchini und Paprika für Thaicurry. Ich fliege in zwei Tagen und verbringe noch einen Abend bei ihr und ihrem Mann.

«Du wirst Tante!», sagt meine kleine Schwester und strahlt mich an. Ich muss sofort weinen. Das tue ich in diesen Tagen sowieso sehr viel, jetzt aber rinnt es sintflutartig über mein Gesicht. Ich freue mich so sehr, und gleichzeitig ist da ein großer Schmerz. Meine kleine und doch so große Schwester. So viel erwachsener als ich, mit Ehemann, fester Stelle, großer Wohnung, eigenem Auto, Plänen für die Zukunft – und jetzt, mit Baby im Bauch. Die Kleine, die mich doch immer so brauchte, die große Schwester, der sie alles erzählen möchte. Sie ist der Mensch, der mir am nächsten steht und der zugleich am kritischsten mit mir ist. Der mich kennt wie kaum ein anderer und ziemlich genau weiß, wann ich mir etwas vormache. Der Mensch, der meine Obsession mit Israel mit großer Skepsis beobachtet hat, bis sie irgendwann verstand, dass das Bleiben mich unglücklich machte, und sie sagte: «Dann musst du es ausprobieren.»

Ich muss bitterlich weinen, weil mir zum ersten Mal wirklich bewusst wird, dass ich weg sein werde, viele tausend Kilometer entfernt. Dass es eben doch die kleinen Dinge sind, die das Zusammensein ausmachen: meine Hand auf ihrem wachsenden Bauch, Vorbereitungen für den Einzug des Babys, jede Wendung der Schwangerschaft, jedes Rumzicken, jede Hose, die nicht mehr passt, Müdigkeit, Beschwerden, verrückte Gelüste, Dinge vergessen, Zufriedenheit, der Schwangerschafts-Glow einer werdenden Mutter. Ich werde alles verpassen, werde nicht da sein können, wenn sie mich braucht. Die Erkenntnis legt sich wie ein Stein auf meine Brust. Plötzlich ist es egal, dass die Zugfahrt von Hamburg nach Frankfurt genauso lang dauert wie ein Flug von Tel Aviv nach Frankfurt. An diesem Abend liegen wir zwei Schwestern nebeneinander im Gästebett und halten uns ganz fest.

Am 8. Dezember 2019 stehe ich am Flughafen in Frankfurt am Main. Meine Mutter, mein Vater, meine Schwester und ihr Mann stehen neben mir, keiner weiß so recht, was er jetzt noch sagen soll. Umständlich schieben wir meine drei Koffer zum Check-in-Schalter. «Mehr als fünf Kilogramm zu viel», sagt der EL-AL-Mitarbeiter am Schalter. «Am besten noch etwas rausnehmen.» Ich würde ihm am liebsten ins Gesicht springen. «In den Koffern ist mein Leben», schleudere ich ihm entgegen. Mein Vater zahlt die 64 Euro Gebühr, bevor ich vollends ausraste.

Wir setzen uns in ein Flughafen-Café, ohne etwas zu trinken, machen noch ein paar Fotos, bis meine Mutter weinen muss und alle mit ihr. Auf dem Weg zur Sicherheitskontrolle drehe ich mich noch einmal um, winke, das One-Way-Flugticket Frankfurt–Tel Aviv, von der Jewish Agency bezahlt, in meiner einen Hand, meinen roten Vileda-Wischmopp in der anderen.

Und dann fliege ich. Mit mir die Dinge, mit denen ich mein Leben in Israel beginnen werde: Kleidung, eine Nachttischlampe, Bettwäsche, zwei Espressokannen, der Kartoffelstampfer meiner Oma, eine Salatschüssel und zwei Pastateller meiner Eltern, Gummistiefel und Flip-Flops, eine Box mit den Briefen meiner Freunde, Fotos, Abschlusszeugnisse, meine Lieblingstassen und ein deutscher Wischmopp.

Teil 2:
Israel

Am Strand

Eben waren wir noch schwimmen. Das Meerwasser ist aufgeheizt vom Sommer, der sich langsam verabschiedet. In wenigen Wochen wird es zu frisch sein, um halbnass am Strand zu sitzen. Gedankenverloren streiche ich den feuchten Sand von der Rückseite meiner Waden. Vor mir neigt sich die Sonne zum Horizont, Wolken sprenkeln den Himmel in rosa Tupfen, darunter glänzt das Meer im Abendlicht. Am Wasserrand kickt eine Gruppe Männer barfuß gegen einen Fußball, ein Mann mit Zopf wirft einen Ball in die Wellen, sein Hund springt hinterher und wirbelt Salzwassertropfen durch die Luft. Ich sitze auf einem Stofftuch auf dem Sand und beobachte, wie kickende Füße kleine Brocken nassen Sands in die Luft wirbeln. Neben mir steckt sich Lola eine dünne, selbstgedrehte Zigarette zwischen die Lippen, tschick-tschick-tschick macht ihr Feuerzeugzünder. Auf dem Tuch zwischen mir und Lola stehen zwei Becher aus Metall, Tupperdosen mit Oliven, Gurken, Radieschen und den Resten diverser Käsesorten, die wir im Kühlschrank gefunden haben. Ich greife nach einem Becher. Der Weißwein ist warm und schmeckt metallisch, aber das ist egal.

Ich fühle mich wie im Urlaub, nur, dass der Urlaub jetzt mein Leben geworden ist. Der Anblick des Sonnenuntergangs, so einfach und doch so glücklich machend. Ob das jemals aufhört? Auf der Welt wütet Corona, aber ich lebe am Meer. Ich schaue zu Lola neben mir. Sie raucht schweigend vor sich hin und schaut auf den Horizont. Braune Locken fallen aus einem Knoten auf ihrem Hinterkopf. Als sie meinen Blick spürt, grinst sie zufrieden in meine Richtung.

Seit etwas mehr als einem halben Jahr sind Lola und ich Mitbewohnerinnen. Sie ist Schauspielerin und Stand-Up-Comédienne, Ende zwanzig, mit der rauen Stimme einer kettenrauchenden Diva. Lola ist in Israel geboren, als Tochter russischer Eltern. Bis zu ihrem dritten Lebensjahr hat sie viel Zeit mit ihrer Großmutter verbracht und nur Russisch gesprochen. Ihr Akzent war anfangs stark, ihre Kleidung anders als die der restlichen Kinder, in der Schule wurde sie gehänselt. Die Wunden dieser Zeit trägt sie bis heute mit sich herum. Und vielleicht liegt darin das Geheimnis unserer von Anfang an tiefen Verbindung: Lola weiß, wie es ist, daran zu arbeiten, dazuzugehören. Sie kennt die unsichtbaren Grenzen, die man in diesem Land überwinden muss, wenn man mehr als eine Identität in sich trägt. Ich bin dankbar, dass sie mit mir Englisch spricht, das hilft meinem Hebräisch zwar nicht, aber dafür meinem Gefühl, ihr als gleichwertige Gesprächspartnerin zu begegnen.

Unsere Wohnung liegt 700 Meter vom Strand entfernt, in einer ruhigen Straße in Yafo. Um das Tor am Hauseingang rankt sich ein dicker Bogen pinkblühender Bougainvillea. Das Zimmer, in dem ich seit Anfang des Jahres wohne, ist klein und sonnendurchflutet, nachmittags sehe ich die Staubkörner im Sonnenlicht tanzen. Morgens werde ich vom lauten Gezwitscher der Vögel geweckt, die auf dem Nachbardach nisten, abends schlafe ich bei Hundegebell ein, das vom nahen Park durchs Fenster dringt. Ich schrecke auf, wenn die Nachbarin aus ihrem Fenster brüllt: «*Shekett!*» – Ruhe. Manchmal schreit sie auch «*Ulai daiiiiiii!*» – und dann muss ich jedes Mal lachen, Hebräisch ist vermutlich die einzige Sprache, in der «vielleicht genug» aggressiv klingen kann. Wenn die Hunde sich überhaupt nicht beruhigen lassen, folgt aus dem Fenster über mir auch mal ein «*Eise charot*» – was für Scheißer.

Ein Bett, ein Schrank, ein Schreibtisch, eine Kommode. Mein kleines Zimmer ist schlicht eingerichtet, ich wohne studentischer als in meiner Studentenzeit. Doch mir fehlt nichts, im Gegenteil, ich fühle mich reich beschenkt. Von Itay bekam ich einen Spiegel, einen weißen Holzstuhl und einen Schreibtischstuhl, den er auf der Straße gefunden hatte. Meine Cousins schenkten mir einen Schreibtisch, eine antike Kommode, einen Heizlüfter für den israelischen Winter. Die Box mit den Briefen meiner deutschen Freunde habe ich auf meinen Schreibtisch gestellt, als Sockel für meine Schreibtischlampe. Die Briefe sind noch ungeöffnet. In meinen ersten neun Monaten hier hatte ich noch kein Heimweh.

Das liegt auch an Lola. Lola hat mir einen Schrank geliehen, sie schenkte mir Sommerkleider, Shorts, Jeans, T-Shirts, sie zeigte mir, wo es die besten Gemüsefrikadellen gibt («bei Avner») und wo das günstigste Gemüse («bei Schem Tov»). Sie übersetzte mir Briefe der Bank, wählte sich für mich durch hebräische Telefonmenüs, schrieb E-Mails an meine Ärztin. Sie übernimmt bis heute alle Rechnungen für die Wohnung und hat mir die App erklärt, mit der wir die Kosten teilen.

Morgens kochen Lola und ich Kaffee füreinander in der Espressokanne, die ich aus Hamburg mitgebracht habe. Im Wohnzimmer turnen wir gemeinsam durch Yogaposen, in unseren Zimmern arbeiten wir und treffen uns zur Mittagspause in der Küche. Mal kocht Lola, mal ich, meist kochen wir füreinander. Nach Feierabend sitzen wir oft mit einem Glas zu teuren Weins am großen Fenster in unserer Küche und malen uns aus, was für ein Leben unsere Nachbarn führen. Wir vermuten einen Mossad-Agenten gegenüber, wo die Rollläden immer geschlossen sind und nur nachts ein schwaches Licht aus dem Bad scheint;

wir fantasieren über den Grund für die Beziehungskrise des lesbischen Paars, das einzeln am Fenster raucht und nie miteinander redet; wir amüsieren uns über unsere Nachbarin Swetlana, die im oberen Stockwerk schrecklich schräg Saxophon übt.

Im vergangenen halben Jahr habe ich öfter erlebt, dass Lola schweigend und rauchend in die Ferne schaut und stundenlang über ihr Handy wischt. Ihre Karriere als Schauspielerin stockt, Stand-Up-Comedy findet seit Beginn der Corona-Pandemie nicht statt. Diese Zeiten machen es einem nicht leicht, wenn man nicht wie ich alle Aufgaben am Computer und Telefon erledigen kann. Ich habe Glück, Lola nicht. Wenn die Wochen lang und ohne Aufträge sind, zweifelt Lola an ihrem Talent, ihrer Berufswahl, an ihrer Entwicklung, vor allem an sich selbst. Stets schwankt sie zwischen großen Wünschen und unbändiger Angst – vor dem Scheitern, vor neuen Aufgaben, vor der Liebe. Dann wiederum schmiedet sie voller Enthusiasmus neue Pläne, sprüht vor Energie und kauft mehr ein, als sie Geld verdient. Wie so viele Israelis, die ich kenne, geht Lola sehr offen mit ihren Unsicherheiten um. Sie erzählt mir von ihrer Angst, sich zu verlieben, ich erzähle ihr vom Glück, endlich zurückgeliebt zu werden. Vor Kurzem hat Lola einen Mann kennengelernt, es ist schön, sie so kribbelig zu erleben. «We are so lucky», sagen wir beide an diesen Tagen oft, doch für mich schwingt darin auch etwas Nachdenklichkeit mit.

Vor wenigen Wochen bin ich von einem Deutschlandbesuch zurückgekommen. In Frankfurt durfte ich die letzten Wochen der Schwangerschaft meiner Schwester erleben, die Geburt meines Neffen, seine Beschneidung, seine ersten zwei Lebenswochen in dieser pandemiegeplagten Welt, seine kleinen Fingerchen, die sich um meine großen klammerten. Ich habe den langen Blick meiner Eltern auf mir gespürt, als könnten sie nicht glauben, dass ich gerade wirklich vor ihnen stehe. Ich habe die grauer werdenden Haare meiner Mutter gesehen und erlebt, wie meine Schwester lernte, ihren Sohn zu halten. Und ich habe erahnt, was ich verpassen werde, jede Woche, jeden Monat, wenn ich von Tel Aviv nur über eine Handykamera zugeschaltet bin.

Ich besuchte Freunde in Frankfurt und Mainz und fuhr mit dem Zug nach Hamburg. In Eimsbüttel und Altona saß ich wieder zwischen ihnen, in einem geliehenen Pullover und Wollsocken, weil die Kleidung, die ich mitgebracht hatte, viel zu kalt war – als hätte ich plötzlich vergessen, wie frisch und regnerisch der Hamburger Sommer sein kann. Wir bestellten Pasta Mista, Vitello Tonato und gegrillten Tintenfisch von unserem Lieblingsitaliener an der Reeperbahn, einmal kochte ich Eintopf. Bei Wein und Cocktails saßen wir zusammen, vertraut und doch mit leichter Scheu, weil die Monate eben nicht spurlos vorübergehen, die man nur digital miteinander verbunden ist. Für viele war es das erste Mal seit Langem, dass sie einander als Gruppe trafen. Das lag an Corona, aber es lag auch an meiner Abwesenheit. Fast wirkte es, als wären sich manche ein wenig fremd geworden.

Ich sprach mit allen. Ich sah Tränen über unerfüllte Kinderwünsche, ich hörte Ärger über Verlagshäuser im Sparmodus. Ich sah den Stolz in ihren Augen über neue Projekte und Beförderungen. Von meinen Singlefreunden hörte ich den Satz: «Alles ist gut», doch ich sah viel Arbeit, wenig Veränderung und noch weniger Aussicht darauf. Ich sah auch Einsamkeit.

Wie wäre mein Leben verlaufen, wenn ich in Hamburg geblieben wäre? Würde ich durch Corona trotten, mit genügend Arbeit, um mich abzulenken, aber zu wenig nahen Kontakten, um mich nicht allein zu fühlen? Hätte ich es geschafft, nicht die Hoffnung zu verlieren, wenn keine Veränderung, keine Perspektive auf etwas Neues in Sicht gewesen wäre? Was hätte ich überhaupt ändern können an meinem Leben, wenn ich geblieben wäre? Plötzlich kam ich mir unheimlich mutig vor.

Meine Freundin Flora besuchte mich bei meinen Eltern. Wir tranken Rosé, ich kochte Schakschuka. Flora erzählte mir von der Trennung von ihrem Mann, ich ihr von den Großartigkeiten und Herausforderungen meiner Beziehung mit Itay. «Und was ist dein Eindruck? Wirkt sie anders?», fragte meine Mutter Flora. «In sich ruhend», antwortete Flora, «angekommen.» Beide sahen mich so lange an, dass es mir unangenehm wurde.

Auf dem Flug zurück nach Tel Aviv tauchte die Frage wieder auf, die ich mitnehmen würde nach Israel, nach Yafo, an den Strand zu Lola: Was fehlte mir in Deutschland zum Glücklichsein? Und warum fand ich es in Israel?

Ich erzähle Lola von meinen Gedanken. Lola, die mich noch nicht so lange kennt. In den vergangenen Monaten habe ich mit ihr öfter über meine Gefühle zu meinem alten Leben gesprochen. Lola scheint stets zu verstehen, was ich noch nicht final in Worte fassen kann. Auch heute. «Sarush», sagt sie. Sie benutzt den Spitznamen, den ich inzwischen bei vielen meiner israelischen Freunde habe, und sieht mich dabei an, als fände sie lustig, dass ich noch nicht selbst darauf gekommen bin. «It is simple: You love Israel and Israel loves you back.»

Ich denke über ihre Worte nach. Es stimmt. Israel hat mich in meinen ersten Monaten im Land wirklich zurückgeliebt. Mich aufgenommen, mich beschenkt, auf so viele Weisen.

Vielleicht fällt es mir deswegen leichter als in Hamburg, über mich hinauszuwachsen.

Eine andere Form von Mut

Für viele Menschen in meinem Umfeld war meine Auswanderung ein unvergleichlich mutiger Schritt: das Aufgeben meiner Wohnung, meiner Sicherheit, der Abschied von meinem bisherigen Leben. Für mich nicht.

Es bedarf keines Muts, sein Hab und Gut abzugeben. Es sind nur Dinge, sie kommen in unser Leben, sie gehen oder werden ersetzt. Wer anfängt, mit wenig zu leben, der braucht nicht mehr viel.

Es ist hart, aber es erfordert keinen Mut, die Trennung von meiner Familie auszuhalten. Familie verliert man nicht, nur weil man weiter weg lebt. Solange es Wege gibt, sich zu besuchen, miteinander zu sprechen – immer dann, wenn man es will –, so lange kann man sich nah sein. Es braucht Willen, und manchmal auch Akzeptanz, um die Dinge, die man im Leben seiner Liebsten unweigerlich verpasst, hinzunehmen. Aber es bedarf keines Mutes.

Ich weiß: Im schlimmsten Fall – der nicht ernsthaft schlimm ist – komme ich zurück nach Deutschland. Setze da an, wo ich alles verlassen habe, baue mir die Dinge neu auf, die ich aufgegeben habe, knüpfe an das an, was ich erhalten konnte.

Nein, der wahre Mut, den ich aufbringen musste, meine eigentliche Reise, begann erst nach meiner Reise von Deutschland nach Israel.

Erste Schritte

«Levy – *Lamed Waw Jud*», buchstabiere ich meinen Namen auf Hebräisch in den Telefonhörer. «*Ken ken, bettach*» – ja, ja, natürlich, sagt die Frau am anderen Ende. Ich bin kurz verwirrt. Mein ganzes Leben musste ich meinen Namen buchstabieren. Ich habe mir angewöhnt zu sagen: «L.E.V.Y., wie die Jeans, aber mit y.» Selbst zu meinem Vornamen fügte ich meist «Sarah mit h am Ende» hinzu, weil mir schon die seltsamsten Schreibweisen begegnet sind, von Sara über Sahra bis zu Sahara, als wäre ich eine Wüste. Dabei ist Sarah nun wirklich ein internationaler Name. In dem Moment am Telefon mit dem *Misrad haKlita*, dem israelischen Eingliederungsministerium, verstehe ich, dass sich auch das jetzt ändert: Im Hebräischen gibt es nur eine einzige Art, Sarah Levy zu schreiben. Mein Name und Vorname sind schnöde gewöhnlich, Levy ist einer der häufigsten jüdischen Nachnamen. Es wäre vergleichbar absurd, wenn ich in Deutschland einer Amtsmitarbeiterin Anne Müller buchstabieren würde. Angenehm, mal ganz selbstverständlich zu sein.

Es gibt noch mehr, das ich in diesen ersten Tagen im Land verstehe.

Zum Beispiel, dass die englische Option israelischer Telefonmenüs eher ein Witz ist. Am anderen Ende kann nie jemand wirklich Englisch – im Gegenteil: Mitarbeiter von Ämtern, Krankenkassen, Banken legen oft überfordert auf, wenn man sie auf Englisch anspricht. Hingehen sei der einfachste und effektivste Weg, Dinge erledigt zu bekommen, haben mir meine Freunde empfohlen. Und so übergebe ich in meiner ersten Woche in Israel meinen Rucksack und mein Handy an einen Security-Mitarbeiter des Eingliederungsministeriums, laufe durch einen Metalldetektor und frage mich durch bis in das Stockwerk, an dem ein ausgedruckter Zettel an einer Glastür hängt: *Olim* – Einwanderer.

An einer Wand hängt ein verblichenes Foto von Premierminister Benjamin Netanyahu, an der Rezeption sitzt eine junge Frau in olivgrüner Uniform vor einem Bildschirm. An einem Touchbildschirm kann man eine Nummer ziehen, aber ich weiß nicht, wo ich genau drücken muss. Die Optionen sind Chinesisch für mich. Ich drücke so lange auf verschiedene Möglichkeiten, bis das Gerät einen Zettel mit Nummer ausspuckt. Die Soldatin am Empfang versteht kein Englisch, und mein Hebräisch reicht nicht aus, um zu erklären, dass ich mich hier einfach mal melden will, um die Bürokratie voranzutreiben. Wie kann man im Eingliederungsministerium arbeiten und kein Englisch können? Ich zeige ihr meinen provisorischen Personalausweis und ein Blatt mit meiner Bankverbindung, das ich bei der Kontoeröffnung bekommen habe. Ich erinnere mich, dass sie mir am Flughafen gesagt haben, dass das Ministerium so bald wie möglich meine Kontodaten braucht.

Als Teil der Mission, möglichst viele Jüdinnen und Juden aus der ganzen Welt nach Israel zu holen, zahlt der Staat seinen jüdischen Neueinwanderern Tausende Schekel, mit denen sie ihr neues Leben im Land starten können. Für mich, ledig, ohne Kinder, noch weit entfernt vom Rentenalter, sind es insgesamt 18504 Schekel, umgerechnet rund 5000 Euro, die ich auf das erste Jahr verteilt auf mein neues israelisches Konto überwiesen bekomme. Einfach so, geschenkt. Für Familien, Rentner, Verheiratete und Alleinerziehende gibt es etwas mehr.

Die Soldatin nimmt meinen Personalausweis und den Zettel der Bank und beginnt zu tippen. Sie tippt und tippt und tippt. Keine Ahnung, was sie da tippt, außer einer Kontonummer, einer Filialnummer und der IBAN steht nichts auf dem Blatt. Ich schaue mich um. Mein Blick fällt auf ein Regal mit Formularen und Broschüren. Die meisten auf Hebräisch und Russisch, ich sehe eine englischsprachige Broschüre: *Emergency Preparedness*. Ich laufe zu dem Regal und sehe mir die Broschüre genauer an. «Rocket und Missile Fire» steht da auf den ersten Seiten. Laut Broschüre soll ich mich bei Sirenenalarm in den Schutzraum meines Gebäudes begeben. Oder in den *Mamad*, ein spezielles Zimmer in neugebauten Apartments, mit verstärkten Wänden, gesichertem Fenster, Stahltür und separater Lüftung. In alten Häusern ohne Bunker und Mamad bleibt nur das Treppenhaus. Außerhalb von Gebäuden soll ich mich auf den Boden legen, die Hände über dem Kopf verschränken und warten. Abgebildet ist auch eine Karte von Israel, aufgeteilt in farbige Regionen, von alarmierendem Dunkelrot bis zu beruhigendem Dunkelgrün. Die Farben geben an, an welchem Ort mir wie viel Zeit bleibt, mich im Falle eines Raketenangriffs in Sicherheit zu bringen. Die Golanhöhen und die Gebiete um die libanesische Grenze sind dunkelrot, dort muss ich mich sofort in Sicherheit bringen. In der Gegend um den Gazastreifen habe ich 15 Sekunden, rund um Tel Aviv sogar eineinhalb Minuten. Nur in der südlichen Negev-Wüste kann ich drei Minuten lang zum Bunker schlendern. «Wichtig!» steht da, «Sie müssen zehn Minuten im Schutzraum bleiben, damit Sie vor den Salven mehrfacher Raketen und Trümmern geschützt sind.» Willkommen in Israel. Ich stecke das Heftchen ein, mehr aus Belustigung, als dass ich wirklich davon ausgehe, dass es mir irgendwann nutzen wird. Raketenangriffe auf Tel Aviv sind selten. Die Soldatin gibt mir meinen Bankzettel wieder. Meine Nummer wird immer noch nicht aufgerufen.

Nach 45 Minuten Warten öffnet sich eine Tür. Eine Frau tritt heraus, fährt sich gestresst durch die dunklen Haare, sie schnauft laut und jammert uns zu: «Everything is too much today, I cannot take any more appointments, it is too much. Come to the group meeting on Wednesday next week!» Ich will noch etwas sagen, aber sie eilt in ihr Büro zurück und zieht die Tür hinter sich zu. Es ist 12 Uhr, das Amt schließt offiziell erst in eineinhalb Stunden. Ich stelle mir vor, ein solch divenhaftes Verhalten würde in einem deutschen Amt vorkommen. Unvorstellbar. Und dann mache ich meinen ersten typisch deutschen Fehler. Ich folge ihrer Anweisung, gehe nach Hause und nehme mir vor, die Woche drauf zum Gruppentermin zu kommen.

«Oh honey, you should have just stayed and insisted», sagt mir Dan am selben Abend. Wir sitzen auf seiner Terrasse. Dan hat Salat zubereitet mit gehackter Petersilie, Koriander, Sellerie, Minze, getrockneten Cranberries und ordentlich Zitronensaft. Er macht sich darüber lustig, dass ich die israelische Mentalität noch immer nicht kapiere: dranbleiben, beharren, kein Nein akzeptieren. Ich ärgere mich, dass ich in einer Woche wieder zum Ministerium muss. Aber mich getraut, einen Fuß in die Tür zu stellen oder die Frau aus ihrem Büro zu klopfen, hätte ich mich sowieso nicht.

«She will learn it soon enough», sagt Tom auf der anderen Seite des Sofas und dreht sich eine Zigarette. Tom habe ich an diesem Abend zuerst getroffen, in unserer alten WG im Kerem HaTeimanim, in der jetzt zwei neue Mitbewohner mit ihm wohnen, von denen keiner die Fähigkeit zu besitzen scheint, Geschirr abzuwaschen. Zusammen sind wir zu Dan gelaufen, der jetzt allein wohnt, direkt am Dizengoff Center in der Mitte der Stadt, in einer Wohnung, die er nur mithilfe seiner Mutter bezahlen kann. Mit den beiden Zeit zu verbringen, fühlt sich an wie immer. Es ist ein gutes Gefühl, dass sich manche Dinge eben nicht ändern.

Die ersten Wochen im Land sind anstrengend. Ständig werde ich vertröstet. Bei einem Steuerberater, der mir erklären soll, wie ich mich hier selbstständig mache; bei meiner Krankenkasse, wo keiner Ahnung von meinem Mitgliedsantrag hat; beim Innenministerium, wo ich meine Papiere noch einmal vorzeigen soll. Die Gründe sind immer andere: Irgendjemand hat irgendwas nicht bekommen, ich brauche einen Termin, die Öffnungszeiten haben sich geändert, jemand hat keine Zeit oder ganz offensichtlich einfach keine Lust. Oft verstehe ich die Gründe nicht mal. Es ist frustrierend. Ich war in Deutschland jahrelang selbstständig. Wenn ich einen offiziellen Brief bekomme, eine Rechnung, eine Mail meines Steuerberaters, erledige ich diese Dinge gern sofort. In Deutschland bin ich steuerlich und versicherungstechnisch abgemeldet, doch ob und wie ich israelische Rechnungen schreiben kann, will mir hier keiner direkt erklären. Israelis lassen sich ungern stressen. Keiner macht sich verrückt. Die Deutsche in mir muss das erst noch lernen.

Meine erste Untermiete bei Annika, einer deutschen Tänzerin aus Baden-Württemberg, erleichtert mir zwar das Ankommen, doch ihre Wohnung muss ich nach wenigen Wochen verlassen. Itay ist dort plötzlich in röchelnde Hustenanfälle verfallen. Halb erstickt rannte er zur Tür hinaus. Es stellt sich heraus, dass er hochallergisch gegen Annikas selbstbewussten Kater ist. Und so endet bereits nach sechs Wochen der erste Zwischenstopp in diesem neuen Leben.

Ich muss mich durchwursteln mit meinem bisschen Hebräisch, das irgendwie doch nicht so alltagstauglich ist für die Besichtigung von WG-Zimmern mit schimmligen Bädern für 900 Euro, für das Eröffnen eines Bankkontos, für das Abschließen eines Handyvertrags. Meist wechsle ich sofort ins Englische, problematisch wird es nur, wenn jemand kein Englisch spricht. Zur Bank begleitet mich der Mann meiner Cousine, er macht

Witzchen auf Hebräisch mit der Bankmitarbeiterin, doch ob er am Ende wirklich einen besseren Deal ausgehandelt hat, als ich das allein gemacht hätte, wird mir nicht klar. Ich zahle für alles Gebühren: für das Konto, die Kreditkarte, ja sogar für jede Überweisung. Will ich die in Deutschland verdienten Euro auf mein israelisches Konto in Schekel überweisen, zahle ich sogar doppelt – für die Auslandsüberweisung und für die Umwandlung zu Schekel. Leicht wehmütig denke ich an mein kostenloses deutsches Konto, das sogar so bleibt, obwohl ich meinen Wohnsitz in Israel habe. Hier ist alles oft zwei-, dreimal so teuer wie in Deutschland – außer Handyverträge (sechs Euro pro Monat) und Busfahren (1,50 pro Fahrt). Doch nicht nur die Preise zeigen mir, wie anders dieses Land ist.

«Alle unsere Ärzte sind gut», sagt die Mitarbeiterin der Maccabi-Krankenkasse in schroffem Ton auf Hebräisch. Ich bin gekommen, um meinen Mitgliedsantrag abzuschließen und meine Versicherungskarte entgegenzunehmen. Per Telefon und Post scheint das nicht möglich zu sein, jedenfalls wurde ich immer wieder vertröstet. Zur Sicherheit habe ich Itay mitgenommen, er sitzt etwas widerwillig neben mir in der Filiale in Yafo und weiß nicht so recht, an welcher Stelle er eigentlich übersetzen soll.

In Israel sind die meisten Ärzte zentralisiert für eine der vier Krankenkassen des Landes tätig, Kontaktdaten und Termine bekommt man über deren Website, per App oder Anruf, fast alles läuft komplett digitalisiert ab. Das bedeutet allerdings auch, dass ich nicht einfach jede Freundin fragen kann, welche Gynäkologin gut ist, wenn die Freundin nicht bei derselben Krankenkasse versichert ist. Ich habe also die Maccabi-Mitarbeiterin auf Englisch gefragt, ob sie mir einen Arzt in Yafo empfehlen kann. Die Frau ist nicht hilfsbereit. Sie sieht gelangweilt und desinteressiert aus. Die wenigen Worte, die sie spricht, richtet sie an Itay.

Als sei ich mit meinen begrenzten Hebräisch-Kenntnissen keine würdige Ansprechpartnerin.

«Einen Arzt kannst du doch empfehlen!», sagt Itay neben mir. Siezen kennt das Hebräische nicht. Es gibt im Alltag kaum Höflichkeitsformen außer «Frau», *gewe-rett*, und «Herr», *adon*, und sogar die werden selten bis nie benutzt. Wenn Itay Hebräisch spricht, verstehe ich mehr, er verwendet keine besonders hochtrabenden Worte. Es kann aber auch daran liegen, dass er plötzlich ziemlich laut redet. Die Mitarbeiterin sieht ihn weiter ausdruckslos an und murmelt einen Namen. Ich versuche ihn aufzuschreiben, aber ich habe ihn nicht richtig verstanden. Sie druckt ein Blatt aus, mit Telefonnummer, Adresse der Praxis und Öffnungszeiten. Was für ein Service! Ich bin erleichtert, will den Zettel einstecken und beginne mich zu bedanken. Doch Itay lässt nicht locker: «Das ist sicher ein guter Arzt?», fragt er, und ich höre seinen misstrauischen Ton. Fast unfreundlich. Die Frau zögert, ihre Lippen sind zu einer schmalen Linie verzogen. Itay verdreht die Augen und sagt, wieder mit Ungeduld in der Stimme: «Oder ist das vielleicht einer, zu dem man Neueinwanderer schickt, weil die Israelis wissen, dass er schlecht ist?» Die Maccabi-Mitarbeiterin guckt von ihm zu mir, zieht die Augenbrauen hoch, zieht den ausgedruckten Zettel wieder zu sich, tippt auf dem Computer rum, und druckt einen anderen aus. Sie schiebt ihn zu mir. Auf dem Blatt stehen jetzt Name und Kontaktdaten einer Ärztin.

«You could have been nicer to her», sage ich zu Itay, als wir wieder auf der Straße stehen. Itay seufzt, guckt mich direkt an. «Never accept the first answer here», sagt er. Er warnt mich, die meisten Leute hier würden mich erst mal abwimmeln wollen oder übers Ohr hauen. «Keep that in mind.» Ich bin pikiert. Sein Misstrauen, das hartnäckige Nachfragen, der genervte, fordernde Ton, das ist so gar nicht meine Art. Ich nehme mir vor, ihn das nächste Mal nicht mehr mitzunehmen. Ich werde mich schon durchwursteln. Ich muss mir aber auch eingestehen: Wäre ich allein hier gewesen, hätte ich mich vermutlich mit dem ersten Nein zufriedengegeben und wäre gegangen.

Ich erinnere mich, dass Yohann, der Barkeeper, mir mal erzählt hatte, dass er für einen Termin mit seinem Bankberater ewig in der Schlange gestanden habe. Erst als er rumgeschrien und sich lautstark beschwert hatte, wurde er an einen Schalter gerufen. Er bekam, was er wollte, deutlich schneller als ohne Geschrei. Die israelische Taktik: stets misstrauisch, gern laut bis aggressiv. Ich versuche, mir das zu merken, aber die Vorstellung, mich überall durchboxen zu müssen, und sei es nur, um die Empfehlung für einen Arzt zu bekommen, ermüdet mich. In diesen ersten Wochen bin ich noch überzeugt, dass es auch europäisch gehen muss: nett und höflich, mit Geduld und Freundlichkeit.

Neue Familie

Ich friere mir in Tel Aviv den Hintern ab. Es ist so verdammt kalt in diesem Winter in Israel, in den schlecht isolierten Häusern sogar kälter als draußen. Fest installierte Heizkörper gibt es in den meisten Gebäuden nicht, und wer keine Lust hat, sich die trocken-heiße Luft der Klimaanlage ins Gesicht blasen zu lassen, dem bleiben lediglich Elektroheizkörper und Heizlüfter, die in die Steckdose gesteckt werden. Nachts schlafe ich mit zwei Decken, einer Fleecejacke und einer Wärmflasche, die ich mir aus Deutschland mitgebracht habe. Tagsüber sitze ich mit Wollsocken, Jogginghose und zwei Pullis am Schreibtisch, während der Heizlüfter meines Cousins meine Beine verbrennt.

Doch der Winter hat auch Schönes. Auf Plätzen israelischer Städte stehen jetzt *Chanukkiot*, die achtarmigen Leuchter für den Feiertag Chanukka. Auch in Yafo ragt eine schlichte silberne *Channukia* vor dem Uhrenturm in den Himmel, doch sie fällt kaum auf, ein riesiger Weihnachtsbaum stiehlt ihr die Show, überschüttet mit tausenden Lichtern, die verdecken, dass der imposante Baum aus Plastik ist. Yafos Bevölkerung ist diverser als der Rest Tel Avivs, neben vielen Muslimen wohnen hier auch viele arabische Christen.

Gemeinsam zünden Itay und ich Chanukkakerzen in seiner Wohnung an. Vorher hat ihn das familiäre Fest nicht sonderlich interessiert, aber weil ich jetzt Teil seines Lebens bin, hat seine

Mutter ihn mit einem Leuchter versorgt und mit einer Box langstieliger bunter Kerzen für acht Tage, damit auch wir bei ihm zu Hause den Brauch einhalten können. Bei der arabischen Bäckerei Abulafia in Yafo habe ich die traditionellen *Sufganiyot* gekauft, Kreppel mit Puderzuckerhaube und süßer Marmeladenfüllung. Itay findet seine Kippa nicht und legt sich ein Geschirrhandtuch auf den Kopf: «Sag das nicht meiner Mutter», warnt er scherzend. Am ersten von acht Tagen sprechen wir drei Segenssprüche zusammen, die wir vorher noch mal im Internet nachgeguckt haben. Und obwohl Chanukka in Israel kein wichtiger Feiertag ist, wenn man keine Kinder hat, ist es für uns beide ein besonderer Moment. Es ist das erste Mal, dass wir als Paar einen jüdischen Feiertag feiern, als kleine Einheit, das Eheste an enger Familie, das ich in diesen ersten Wochen um mich habe. Das ändert sich.

Itays Eltern wohnen im Südosten Tel Avivs, im achten Stock eines hoch aufragenden Mehrfamilienhauses, in dem Itay aufgewachsen ist. Am Tag, als ich sie kennenlernen soll, tigert Itay den ganzen Morgen in seiner Wohnung auf und ab, so nervös ist er. Er hat seinen Eltern noch nie eine Freundin vorgestellt. Seine Mutter, eine kleine Frau mit flinken, aufmerksamen Augen hinter ihrer Brille, schließt mich sofort in ihre Arme. Itays Vater, ein stämmiger Mann mit glattem Gesicht und zurückhaltendem Lächeln, reicht mir fast schüchtern seine Hand. Itays Mutter hat sich vorgenommen, mit mir nur Hebräisch zu sprechen, und verkündet direkt laut, dass sich bitte auch der Rest der Familie daran zu halten habe.

Und so finde ich mich nach wenigen Minuten in der Mitte einer langen Tafel, vor mir ein Dutzend goldene Plastikschalen mit Eiersalat, Auberginenpüree, Krautsalat, Rote-Bete-Salat mit Walnüssen, Cranberries und Koriander, gehackte Leber, *Tchina*, gedämpfter Kürbis, Selleriegemüse mit Mangold. Dahinter die erwartungsvollen Blicke von Itays Eltern, Schwestern, deren Partnern und Kindern. Ich fange an zu schwitzen. Zum Glück gibt es Gewusel, als alle zum Herd eilen, wo ein großer Topf *Chamin* steht, was, wie ich an diesem Tag lerne, die sephardische Version von *Tscholent* ist, dem Eintopf aus Kartoffeln, Bohnen und Rindfleisch, der traditionell vorgekocht, warmgehalten und am Schabbat gegessen wird. Itays Vater sagt den Segensspruch über den Wein und reicht mir anschließend den *Kiddusch*-Becher. Ich darf daran nippen und werde kurz erschlagen von Süße: In dem Becher befindet sich der koschere Kindertraubensaft, den ich aus der Jüdischen Gemeinde in Frankfurt kenne. Dann wird gegessen.

Noch bevor ich den ersten Teller geleert habe, kommen die Fragen: «Wer in deiner Familie ist jüdisch?» «Wieso hatte deine Oma ein Haus in Herzliya?» «Warum lebt deine Familie heute in Deutschland?» Ich versuche zu antworten, auf Hebräisch, aber aus mir kommen nur sehr heruntergebrochene Sätze raus, die der Komplexität dieser Antworten nicht gerecht werden. Benutze ich ein falsches Wort, eine falsche Verbform, ein männliches statt ein weibliches Adjektiv, werde ich sofort sanft, aber bestimmt von Itays Mutter korrigiert. Mir wird immer heißer vor Aufregung und den Anstrengungen, die mein Hirn unternimmt, um die richtigen Worte zu finden, zuvorkommend zu sein und nicht zu vergessen, das Essen zu loben, das richtig lecker ist. Besonders der Rote-Bete-Salat hat es mir angetan.

Gegessen wird schnell, Itays Neffen und Nichten verlassen schon nach wenigen Bissen den Tisch, um nach Spielzeug zu suchen, das Itays Mutter für existierende und noch nicht gezeugte Enkelkinder in drei ehemaligen Kinderzimmern aufbewahrt. Itays große Schwester spült ab, während Itay sich zu den Kindern setzt. Dann drehen seine Nichten und Neffen durch.

Innerhalb kürzester Zeit rennen vier Kinder singend und

schreiend durch die kleine Wohnung, sie spielen Musikvideos auf den Handys der Erwachsenen ab, tanzen und hüpfen dazu im Wohnzimmer rum, stolzieren verkleidet von einem Raum in den nächsten, springen auf die Sofas und auf ihre Eltern, die erschöpft in den Polstern liegen, kraftlos, als hätte die Energie der Kinder ihnen den letzten Lebenswillen geraubt. Es ist laut, die Stimmen der Kinder dominieren alles, es ist kein Gespräch mehr möglich. «So einen *Balagan* machen deutsche Kinder nicht, oder?», ruft mir Itays Vater zu und lacht. Ich winke ab, sage, dass das schon auch in Deutschland vorkommen kann. Ich sage nicht, dass in Deutschland die meisten Eltern ihre Kinder irgendwann zur Ruhe rufen oder versuchen, sie zu beschäftigen. Ich bin auch ein bisschen dankbar für die Ablenkung. Ich kann nämlich selbst nicht mehr reden. Also sinke ich neben Itay ins Sofa, erschöpft von der Schwere des Chamin, den neuen Eindrücken, dem Reden auf Hebräisch.

Nach den Zusammenkünften mit Itays Familie muss ich viel an meine eigene Familie in Deutschland denken. Wir sind nur vier, höchstens fünf, wenn der Mann meiner Schwester mit am Tisch sitzt. Durcheinander geredet wird selten, wir führen meist alle zusammen ein langes Gespräch und das in normaler Lautstärke. Wir sitzen ewig am Tisch, essen langsam, trinken Wein zum Essen, danach räumen alle gemeinsam auf. Unsere Familien sind unterschiedlich.

«Ich liebe sie schon jetzt», sagt mein Vater, als ich meinen Eltern per Videoanruf von dem ersten Treffen erzähle und ihnen die acht goldenen Plastikschalen präsentiere, mit Eiersalat, gedämpftem Kürbis, Rote-Bete-Salat und gehackter Leber, die mir Itays Mutter mitgegeben hat, zusammen mit einem Paar warmer Hausschuhe mit Gummisohle, einer Fleecejacke und einem weiteren Heizlüfter.

Itays Familie ist großzügig, unheimlich warmherzig und

manchmal auch ein wenig anstrengend. Es wird gern und viel durcheinander geredet, wenn Radio oder Fernseher laufen, kommt keiner auf die Idee, das Gerät auszuschalten, es wird einfach lauter gesprochen. Die Kinder, Neffen und Nichten sind der Mittelpunkt der Familie, sie dürfen machen, was sie wollen, von den Eltern kommt ab und zu müder Protest, der größtenteils ignoriert wird.

Die Kleinsten werden von den Großeltern mit Geschenken überschüttet, die Großen mit gutem Essen, gutgemeinten Ratschlägen und unermüdlichen Ermahnungen: Hast du deinen Vermieter angerufen? Du musst das Motorrad in die Werkstatt bringen! Bring deine Wäsche mit! Itays Mutter wäscht noch immer die Wäsche für ihren einzigen Sohn, auch wenn der bereits über dreißig Jahre alt ist und in seiner eigenen Wohnung wohnt. Sie besitzt nicht nur den größten Kühlschrank, den ich jemals gesehen habe, er ist auch immer proppenvoll, genauso wie ihre drei Kühltruhen. Sie verteilt gern und viel Essen in Tupperdosen und hat eigentlich immer alles da, und zwar fünffach. Sie hat auch stets eine ganze Hausapotheke an bunten Pillen parat, die sie bei den kleinsten körperlichen Beschwerden verteilt, sorgfältig beschriftet, mit Namen des Kranken, Anwendungsgebiet und Dosierung. Itays Vater übernimmt das Bürokratische. Er führt die Buchhaltung mithilfe diverser Ordner für jedes längst erwachsene Kind und prüft regelmäßig Itays Kontostand. Wenn er für ihn unerklärliche Geldabgänge entdeckt, spricht er Itay darauf an: «Auf deinem Konto, da ist eine Abbuchung von 2000 Schekel, die ich mir nicht erklären kann ...»

Die Fürsorge und die Sorge dieser israelischen Eltern sind kraftvoll, omnipräsent, und sie überschreiten Grenzen, die ich aus meiner Familie so nicht kenne. Meine Eltern haben mich früh dazu erzogen, komplett unabhängig zu sein. Selbst wenn ich bei ihnen zu Besuch bin, wird erwartet, dass ich die Wäsche aufhänge. Itay hingegen verhält sich bei seinen Eltern wie ein kleiner Prinz. Während seine ältere Schwester nach jedem Essen das Geschirr spült, macht er Quatsch mit den Kindern oder sinkt müde ins Sofa.

Jeden zweiten oder dritten Samstag verbringen wir mit Itays Familie. Und obwohl mein Hebräisch unsere Gesprächsinhalte wirklich sehr eingrenzt, behandeln mich alle voller Wärme und mit viel Geduld. Itays Schwestern schenken mir aussortierte T-Shirts und Sommerkleider, Itays Mutter stattet mich nach jedem Treffen mit drei, vier Tupperdosen ihres Essens aus und jeweils einer Kleinigkeit, die sie extra für mich gemacht und eingefroren hat: *Chubeiza* – in Malvenblätter gewickelten Bulgur mit Tomatensoße – und *Kokossim* – in Kokosflocken gehüllte Teigbällchen. Jeden Mittwoch fragt sie, ob sie uns etwas aus dem riesigen, günstigeren Supermarkt mitbringen soll, zu dem sie jede Woche fahren, Donnerstagmorgen um 5 Uhr, wenn der Laden gerade erst aufmacht. Itays Vater kopiert und druckt für mich Formulare und Dokumente, er erklärt mir die Vor- und Nachteile von Versicherungsinstituten, liest für mich Verträge und kennt die Antwort auf alle Fragen, die ich zu Aussprache oder Grammatik habe, von denen Itay keine Ahnung hat oder keine Geduld, sie mir zu erklären.

Nach wenigen Wochen kleben Itays Eltern meinen Namen auf ihren Briefkasten: «Falls wichtige Post kommt», erklärt Itays Vater.

Ministerium

Wieder gebe ich dem Security-Mitarbeiter meinen Rucksack und laufe durch die Sicherheitsschleuse des Eingliederungsministeriums. Das ist jetzt das dritte Mal. Die überforderte Beraterin hat angerufen, meine Bankunterlagen fehlen noch immer. Ich bin fassungslos. Was bitte hat die Soldatin denn in den Computer getippt, als ich das erste Mal da war? Die Beraterin hat auch keine Ahnung. Als ich vor ihr sitze in einem muffigen Büro, das nach alten Unterlagen und frischen Erwartungen riecht, jammert sie wieder, dass die Arbeit mit den Neueinwanderern gar nicht zu schaffen sei, das Ministerium unterfinanziert, die Mitarbeiter überlastet: «Es ist alles zu viel!» Sie ist aber hocherfreut, dass ich schon ein bisschen Hebräisch spreche, und gibt mir eine Liste mit weiterführenden Hebräisch-Sprachschulen, den Ulpanim, für deren Kosten in den ersten Jahren nach der Einwanderung das Ministerium aufkommt. Als ich sie frage, ob die Kurse meines aktuellen Ulpan auch vom Ministerium bezahlt werden, sagt sie: «Das ist dieser Ulpan in Florentin, von diesen linken Aktivisten? Nein, den fördern wir nicht.»

In Israel ist wirklich alles politisch. In einem Monat wird eine neue *Knesset* gewählt, das israelische Parlament. Die Beraterin lässt mich gleich wissen, dass sie Bibi wählt, wie Benjamin Netanyahu genannt wird, der Ministerpräsident, der das Land spaltet. «Eigentlich darf ich nicht darüber reden, vor allem nicht hier, mit dir!», sagt die Beraterin und blickt mich verschwörerisch an. Dann platzt es doch aus ihr heraus: «Aber wer soll uns denn sonst regieren? Bibi ist wenigstens ein richtiger Anführer.» Ich überlege kurz, was ich zu verlieren habe, ziehe die Unterlagen zu mir und sage ihr, dass ich anderer Meinung bin. Sie sieht mich an, als würde sie eine Antwort abwägen und es sich dann doch anders überlegen. Dann sagt sie mit reserviertem Ton: «Neueinwanderer müssen erst eine Zeit im Land sein, bevor sie wählen können, für dich ist es noch zu früh.» Zwei Wochen später landet ein Wahlschein mit meinem Namen in meinem und Lolas Briefkasten. Am Tag der Wahl fotografiert Itay, wie ich voller Stolz zum ersten Mal einen Stimmzettel in eine blaue Wahlurne stecke. Die Frau vom Ministerium hatte einfach keine Ahnung.

Den Satz «Ich weiß es nicht» höre ich von Israelis nie. Genauso wenig wie «Das ist nicht meine Zuständigkeit». Sie geben ungern zu, dass sie zu etwas keine Informationen haben. Schlimmer noch: Sie erzählen lieber irgendeinen Unsinn, als zuzugeben, dass meine Frage ihre Kompetenzen überschreitet. Oder tippen geschäftig auf ihrem Computer rum, statt zuzugeben, dass sie für mein Anliegen nicht der richtige Ansprechpartner sind.

Israelis schicken mich lieber in die komplett falsche Richtung, als mir zu sagen, dass sie nicht wissen, wo der nächste Bankautomat ist oder wo ein Bus hält. Das Blöde ist, dass sie dabei ziemlich überzeugend wirken. Und so fahre ich in den ersten Monaten oft mit dem falschen Bus in die falsche Richtung. Ich muss einen großen Batzen Sozialversicherungsbeträge nachzahlen, weil mein Steuerberater meinte, wenn sich die dafür zuständige Nationalversicherung *Bituach Leumi* nicht bei mir meldet, bedeute das, dass ich als Neueinwanderer erst mal nicht einzahlen muss. Israel, das Land der Schwätzer.

Doch während ich anfangs noch nervös werde, wenn eine Sache nicht sofort funktioniert, so verstehe ich doch bald, dass es nichts bringt, sich verrückt zu machen. Ich lerne den Spruch: *Ein mah la'assot*, da kann man nichts machen. Und irgendwann beginne ich, mich über die Absurditäten im israelischen Alltag zu amüsieren.

Da ist die skurrile SMS, die ich vor einem Arzttermin bekomme: «Bitte bringen Sie keine Waffe zur Uterusspiegelung mit.»

Da sind die seltsamen Wege der israelischen Post, die Briefe und Pakete aus Deutschland meist mit zweimonatiger Verspätung zustellt – nass, aufgerissen oder mit kryptischen Zeichen bemalt.

Und was hat es mit der Tatsache auf sich, dass ein und derselbe körnige Frischkäse im Supermarkt unterschiedliche Preise haben kann? Ist das abhängig vom – ja, von was? Dem Talent des Preisschild tackernden Mitarbeiters?

In manchen Aspekten ist Israel erschreckend altmodisch: Für Mietzahlungen muss ich Schecks ausfüllen, als befänden wir uns in den achtziger Jahren. Wenn ich im Winter heißes Wasser will, muss ich eine halbe Stunde vor dem Duschgang einen Schalter umlegen. Wenn die Gasflasche für unseren Herd leer ist, muss ich den Gas-Mann anrufen und hoffen, dass er in den folgenden Tagen Zeit hat.

Dann wiederum gibt es viele Dinge, die in Israel komplett digital und unkompliziert ablaufen – Vertragsunterschriften, Vertragsänderungen, Gesichtserkennung im Fitnessstudio, Terminbuchung per WhatsApp –, aber manchmal aus mir völlig unerklärlichen Gründen auf den letzten bürokratischen Metern verkackt werden. So können beispielsweise die Bürger Tel Avivs ihre Adresse nach einem Umzug fast überall digital ändern: auf der Website der Bank, auf dem Online-Portal der Krankenkasse, einmal im Jahr auf der Website des Bürgeramts. «Sehr geehrte Frau Sarah Levy, wir haben Ihre Adressänderung erhalten ...» Die schriftliche Bestätigung der Adressänderung erreicht mich einige Wochen später per physischer Post – allerdings an meine alte Adresse gesendet.

Auch das Busfahren läuft komplett digital ab, mit einer Chipkarte oder per App. Die Karte kann ich aufladen, indem ich sie an mein Handy halte. Doch wenn mein Akku leer ist und die Karte auch, sitze ich fest. Die Busfahrer dürfen die sechs Schekel in bar nicht entgegennehmen.

Ich erlebe auch lustige Momente. Nutze ich die automatische Übersetzungsfunktion meines Internetbrowsers, begrüßt mich das Online-Portal meiner Bank netterweise immer mit «Levy singt». Es hat gedauert, bis ich verstanden habe, was hier los ist: «Levy Sarah» wird mit denselben Buchstaben geschrieben wie «*Levy schara*» – Levy singt.

Mit meinem Rentenberater und meinem Steuerberater kommuniziere ich fast ausschließlich per WhatsApp. Mein Steuerberater schickte mir letztens ein Foto eines Lastwagens, auf den der Name der Modemarke «Sara Levy» gedruckt war. Als ich eines Tages auf der Autobahn ein Schild mit seinem Namen sah, schickte ich es ihm zurück. Die unkomplizierte, informelle Kommunikation sorgt dafür, dass vieles persönlicher erscheint, weniger nach Protokoll. Und das heißt eben auch, dass in Israels Bürokratie die Beharrlichsten und die mit den besten Verbindungen am schnellsten bekommen, was sie wollen. Ich bin mir nicht sicher, was das für mich heißt, doch ich beginne zu akzeptieren, dass es nichts bringt, sich über Dinge aufzuregen, die anders als in Deutschland sind. Stattdessen sollte ich mich darauf einlassen, dass alles irgendwann irgendwie schon passieren wird. Und falls nicht, muss ich lernen, Theater zu machen oder meinen Fuß in die Tür zu stellen.

Inmitten der vielen neuen Erfahrungen gibt es auch Bekanntes, das ich schon in den vergangenen Urlauben im Land erprobt habe. Ich lerne mich weiter durch die Kurse meiner alten Sprachschule, arbeite den Rest des Tages und treffe am Abend oft meine Freunde. In mancher Hinsicht wandle ich auch weiterhin wie eine Touristin durch Tel Aviv, schicke Unmengen an Bildern und Handyvideos an meine Familie und meine Freunde zu Hause: von Spaziergängen an der Strandpromenade, vom Meer im Winterwind, von einem Blues-Sänger, der auf einer Bank am Strand «All night loooong» in ein Mikrofon groovt. Ich nehme Videos auf, in denen ich von meinen ersten Schritten in die Kamera erzähle. Ich filme die Lichter der Stadt, die in den Regentropfen auf den Fensterscheiben des verglasten Balkons in Annikas Wohnung leuchten. Ich nehme die Rufe des Muezzin auf, die in dramatische Wintersonnenuntergänge schallen. Ich schicke Fotos von Abendessen mit Tel Aviver Freunden, von deutschem Müsli und Röstzwiebeln im Supermarktregal. Ich filme die transparente Eidechse, die über meine Zimmerwand kriecht, und die Schwärme grüner Papageien, die abends auf Eukalyptusbäumen krächzen. Die Wellen des Meeres im Sonnenschein und im Sturm, die Palme im Hinterhof, Dünen und Muschelberge im Naturschutzgebiet Palmachim. Mein erstes WG-Zimmer bei Annika, mein zweites bei Lola. Ich filme, wie Itay den chinesischen Staubsauger benutzt, zu dem ich ihn überredet habe, weil ich nicht glauben konnte, dass er sonst nur mit einem Besen fegt und dann mit diesem komischen israelischen Wischer Dreckwasser gen Abfluss im Boden schiebt. Ich sende ein Foto meines ersten israelischen Passes, ein Video von Itay, wie er mir morgens nach dem Aufwachen «Old man» von Neil Young auf der Gitarre vorspielt, und von der pinkblühenden Bougainvillea, die auf seiner Terrasse blüht. Keine Ahnung, ob das meine Freunde überhaupt interessiert. Aber es gibt mir das Gefühl, auf einer Reise zu sein, an der ich sie teilhaben lasse. Ich weiß: Je mehr ich anfange, in Israel zu leben, desto weniger werde ich nach Deutschland berichten. Doch noch ist es nicht so weit.

Sde Boker

Es ist Ende Dezember, und ich trage meine Sonnenbrille. Wir fahren durch die Wüste in Richtung Süden. «Lay, lady, lay ... Lay across my big brass bed ... Stay, lady, stay ... Stay with your man awhile ...» Itay singt zu Bob Dylan mit. Als er merkt, dass ich ihn vom Beifahrersitz aus angucke, rollt er das R extra stark: «Until the brrrrrreak of day ...» Ich muss lachen. Seit wir so viel Zeit miteinander verbringen, singen wir oft gemeinsam, erfundene Liedtexte, übertriebene Betonungen, schiefe Melodien. Was Paare eben so machen, die zum ersten Mal eine Art Alltag miteinander verbringen.

Eineinhalb Stunden von Tel Aviv entfernt wird die Landschaft gelber, karger, sandiger. Ich fand die Wüste immer etwas langweilig, aber heute, nach feucht-kalten Wochen in Tel Aviv, bin ich einfach nur dankbar für ein bisschen Sonnenschein. Die Ödnis rund um Be'er Scheva hat etwas Anmutiges. Unendliche Linien, die sich durch die Landschaft ziehen. Hügel aus Sand und Gestein ragen rechts und links der Straße leuchtend in den tiefblauen Himmel. Wir fahren durch trocken-gelbe Mondlandschaften, vorbei an klapprigen Wellblechhütten von Beduinen, an Schildern, die vor kreuzenden Kamelen warnen. «Look!», rufe ich aus. «Sarah» steht da auf einem Schild, der Ort trägt meinen Namen. Itay fährt extra langsam, damit ich das Schild fotografieren kann.

Wir parken in Ein Avdat, einem Nationalpark bei Sde Boker und laufen durch eine Schlucht, die im Winter zum Flussbett wird und im Sommer fast komplett austrocknet. Ein Bach plätschert zwischen den hochaufragenden Felswänden, hier und da wachsen Sträucher und kleine Bäume. Zwei Raubvögel kreisen über uns. Am Ende der Schlucht liegt eine Oase, hier wachsen Palmen, Bäume mit langen gebogenen Stämmen neigen sich zu einem Becken mit türkisfarbenem Wasser. Der Ort hat etwas Unwirkliches und atemberaubend Schönes.

«Lass uns gehen», sagt Itay, als die ersten Wanderer an uns vorbeilaufen. Itay hasst Israelis in der Natur. Er würde Ausflüge am liebsten um vier Uhr morgens beginnen, damit er ihnen bloß nicht begegnen muss. «Israelis sind laut», erklärt er, und ich muss lachen, denn er ist es auch oft, «und sie sind nervig.» Wanderwege sind häufig von Plastiktüten zugemüllt, Pflanzen und Zäune plattgetrampelt. Manchmal ist das spannend, die paradiesischsten Orte liegen in Israel oft hinter niedergetrampelten Zäunen. Meist ist das aber einfach nur schade. Je später die Uhrzeit, desto lauter wird es in der Natur. Israelis sprechen laut und diskutieren gern, am liebsten über Politik. «Hast du das Gerücht über Benny Gantz gehört?» «Für einen Gerichtstermin hat Bibi keine Zeit, aber für einen Wahlkampftermin schon!» «Vergiss Ideale, diesmal wähle ich strategisch!» Oder sie hören beim Wandern nervige israelische Popmusik, die aus dem tragbaren Lautsprecher an ihrem Rucksack dröhnt. Neben Parkplätzen bauen Familien gerne ihre Plastikstühle und Ausziehtische auf, dazu Kühltruhen, Plastiktüten, Plastikgeschirr, Plastikflaschen mit Softdrinks und Grill, für einen Kindergeburtstag oder ein Grillfest.

Jede Jahreszeit treibt die Israelis raus aus ihren Städten und Kleinstädten: die Hitze im Sommer; die Farbenpracht der wenigen Laubwälder des Landes im Herbst; die dramatischen Sonnenuntergänge im Winter; die Blütezeit der Anemonen und der lilafarbenen Lupinen im Frühling. Hunderttausende, wenn nicht Millionen suchen an den Wochenenden einen Ort in der Natur zum Entspannen.

Wer am Freitag oder Samstag durch Israel wandert, spürt, dass dieses Land einfach wahnsinnig klein ist. Pilgern und Sightseeing in Jerusalem, Shopping und Schnorcheln in Eilat, Dümpeln im Toten Meer, Vogelschwärme in den Golanhöhen, Wein und Wälder in Galiläa, übervölkerte Strände am See Genezareth, und Wandern, Wandern, Wandern zwischen Wüsten, Pinien und Palmen überall dazwischen – damit hat man fast alle touristischen Regionen des Landes erwähnt. Wie vielfältig und atemberaubend das Land trotz seiner Größe ist, weiß ich zu diesem Zeitpunkt noch nicht. Itay hat sich jedoch fest vorgenommen, mir alles zu zeigen.

Auf dem Rückweg von Ein Avdat hält mein Freund am Straßenrand. «You have to see this», sagt er. Vor uns formen riesige Kraterwälle einen Halbkreis in der Wüstenlandschaft. Es sieht aus, als wären wir auf einem anderen Planeten gelandet. Berge aus Sand und Stein fächern sich kunstvoll über die Fläche, als wären es gelbbraune Servietten. Fasziniert starre ich in die Weite. Die eigenartige Eleganz der Wüste ist mir nie so aufgefallen.

Wenige Kilometer weiter hält Itay erneut. Wir laufen durch einen Park, in dem Dutzende Steinböcke am Rasen knabbern. Kurz darauf stehen wir vor zwei hellen Grabsteinen. «Do you know this guy?», fragt Itay und grinst. Es sind die Grabsteine von David Ben Gurion, dem Staatsgründer und ersten Ministerpräsidenten Israels, und seiner Frau Paula. Besucher haben kleine helle Steine auf Ben Gurions Grabstein gelegt, jeder Stein ein jüdisches Zeichen des Respekts. Ich schieße ein Selfie vor dem Grabstein. Itay lacht mich aus. Ich bin wirklich so eine Touristin.

«*Brucha haba'a*», sagt er dann und legt den Arm um mich. Willkommen.

Laut

Auf dem Bildschirm brüllen sich drei Menschen gleichzeitig an. «Pleeeease, turn it down, this is horrible!», zetere ich durch Itays Wohnzimmer. Er sieht mich an, als wüsste er nicht, wovon ich rede. Ich zeige entnervt auf den Fernseher.

Eigentlich müsste mein Freund taub sein. Sein erster Griff, wenn er von der Arbeit kommt, ist die Fernbedienung. Was er als entspannendes Hintergrundgeräusch wahrnimmt, ist für mich ohrenbetäubend. Alles, wirklich alles im israelischen Fernsehen ist so laut. Kurzinterviews in Nachrichtensendungen arten in Kreuzfeuer aus. Interviewer und Interviewte reden so lange gegeneinander an, bis einer aufgibt und verstummt. Politiker schreien sich in Parlamentssitzungen an, bis sie aus dem Saal entfernt werden müssen. In Presseclubs sprechen drei oder vier Journalisten gleichzeitig durcheinander, über Minuten, bis sich ein Journalist durchsetzt. Das kann dauern.

Am schlimmsten ist Itays Lieblingssendung *Ofira und Berkovic*, die gerade läuft. Die Talkshow am frühen Freitagabend lässt sich so beschreiben: Zwei Moderatoren schreien ihre Gäste an. Kreischendes Lachen, gebrüllte Fragen, gebellte Vorwürfe. Ofira fällt den Gästen ins Wort, lacht schallend, widerspricht so lange, bis ihr Gegenüber erledigt verstummt. Auch Berko, ein ehemaliger Fußballspieler und Fußballkommentator, brüllt den Gästen Fragen entgegen, als würde er auf einem Fußballfeld stehen, bellt seine Vorwürfe gern drei-, vier-, fünfmal und sitzt dann mit selbstzufriedenem Grinsen da, weil sein Gegenüber resigniert verstummt.

Kommen pöbelnde Politiker in die Sendung, schreien die auch mal minutenlang zurück. Keiner will zuerst schweigen, das scheint als Schwäche zu gelten. *Freier*, lerne ich, ist das Wort für Verlierer, Schwächling, einer, der sich verarschen lässt. Ein *Freier* will keiner sein, und so wird zurückgebrüllt. Ich starre fassungslos auf den Fernseher, während Itay auf dem Sofa liegt, auf seinem Handy nebenher Zusammenfassungen der NBA guckt und «Ich finde das entspannend» sagt, während ich ob der unterschiedlichen Tonspuren durchdrehe. In diesem Moment frage ich mich, wie viele Welten zwischen uns liegen.

Ich habe während meines Studiums meinen Fernseher aufgegeben und es keinen Tag bereut. Lola besitzt zum Glück auch keinen, gegen den Geräuschpegel in Itays Wohnung kommt mir unsere WG vor wie ein tibetanisches Schweigekloster mit Vogelgezwitscher.

In diesem ersten Winter in Israel schaue ich viel israelisches Fernsehen. Zum einen liegt das am Wetter: Es regnet so unfassbar viel, dass zwei Männer auf Surfbrettern durch die Straßen von Yafo paddeln. In der Nachbarschaft HaTikva ertrinkt schrecklicherweise ein junges Paar in einem Aufzug. Wenn ich meinen Freunden in Deutschland Videos schicke, wie ich mit Regenstiefeln und klatschnassem Haar durch überflutete Straßen wate, können die kaum glauben, dass das der Platz ist, an dem ich zu leben gewählt habe.

Durch das Fernsehen lerne ich viel. Hebräisch einerseits, auch wenn das mühsam ist. Am liebsten höre ich dem russischen Hardliner-Politiker Avigdor Libermann zu. Der hat zwar kaum Ansichten, die ich unterstütze, aber er redet langsam, ruhig, mit einfachen Worten und wegen seines russischen Akzents mit wunderschön gerolltem R, so dass ich fast jeden seiner Sätze verstehe.

Ich lerne bei dieser Fernsehguckerei noch etwas anderes: Israelis mögen Drama. Eine Sendung ist nur halb so gut, wenn ein Gast nicht mindestens einmal geweint hat. Ständig packt einer vor der Kamera eine rührende Geschichte aus: Sei es die der Großeltern, die den Holocaust knapp überlebt haben. Die des Sohnes, der in der Armee verletzt, traumatisiert oder getötet wurde. Oder, wenn das alles nicht geboten werden kann, eine traurige Scheidung, ein entfremdeter Vater, ein krebskranker Hund. Irgendwas ist immer. Die Tränen sind überall, mindestens einmal pro Sendung. Ich habe begonnen, diese Gefühls- und Schreiwettbewerbe im Fernsehen mit dem Handy abzufilmen und an meine Freunde nach Deutschland zu schicken. Die Ausschnitte, die sie von mir aus diesem Land bekommen, müssen ihnen den Eindruck vermitteln, hier sei alles ein bisschen gaga, und vieles ist es auch. Wenn man das mit deutschem Fernsehen vergleicht, hat man das Gefühl, die *Tagesschau* würde von Maschinen moderiert und der *Tatort* sei eine Sendung über emotional blockierte Eigenbrötler. Na gut, Letzteres stimmt.

Als Deutsche in diese hochemotionale israelische TV-Welt einzutauchen, gibt mir nicht nur einen Einblick in das schrecklichste Reality-TV, das ich in den vergangenen Jahren verpasst habe, sondern auch in die Seele des Durchschnitts-Israelis. Denn wen kenne ich in Israel schon? Einen Haufen Tel Aviver, die perfekt Englisch sprechen. Die gereist sind, in mexikanische Hippie-Camps und zu Yoga-Kommunen in Indien. Die in den USA Verwandte haben, in Paris studiert, in Berlin gefeiert. Meine Freunde, das verstehe ich beim Fernsehgucken, sind vielleicht typische Tel Aviver, aber sie sind keine typischen Israelis. Die hingegen treffe ich in meiner Bankfiliale, als Sachbearbeiter meiner Krankenkasse, an der Tankstelle und in Nationalparks außerhalb Tel Avivs, als Arzthelfer in einer Klinik, an der Supermarktkasse, bei Polizeikontrollen, im Vorbeigehen im Treppenhaus in Yafo. Sie scheinen zu wenig zu verdienen, um in ihrem Alltag noch freundlich sein zu wollen, und sie können kein oder kaum Englisch. Wer denkt, alle Israelis sprächen gutes Englisch, der hat sich noch nicht rausbewegt aus den großen Städten. Oder er muss nur einen Blick auf die Fahrpläne an Bushaltestellen werfen, in denen das hebräische *Ani kan*, ich bin hier, um seinen aktuellen Standort auf dem Linienplan zu finden, mit «iHere» ins Englische übersetzt wurde, als handle es sich um die neueste Erfindung des Apple-Konzerns.

Ich ahne in meinen ersten Wochen im Land, dass der Kulturschock, den ich erlebe, mich noch lange begleiten wird. Doch ich weiß auch, ich werde lernen, damit umzugehen. Was ich in dem Moment noch nicht ahne: Ich werde mehr und mehr wie die Israelis werden.

Wischmopp

I'll start with the kitchen», sagt Lola und greift nach dem rosa Eimer in der Ecke neben der Waschmaschine. «Okay», sage ich, «I'll do the *salon*.» Wir haben die Fenster aufgerissen, um den Rauchgeruch aus der Wohnung zu vertreiben, Stühle, Yogamatten, Pflanzen sind auf Tisch und Sofa gestapelt.

Gestern Abend haben Lola und ich zum ersten Mal zum Schabbat-Dinner eingeladen, mein kleiner Freundeskreis kam, Tom, Dan, Aviv, Anni, Itay, Nathan, und sogar Ori mit seinem Hund saß neben Lolas Freunden und ihrem Bruder. Nach Hamburger Tradition hat jeder Gast Essen und ein Getränk mitgebracht, und auch Lola und ich haben ordentlich aufgetischt: Es gab Lachs aus dem Ofen mit Koriandersamen und Zitrone, weißen Bohnensalat, Quetschkartoffeln mit Rosmarin und Knoblauch und viel, viel Wein. Es war unheimlich schön, meine neuen und alten Freunde versammelt zu sehen, mit ihnen zu essen und ein bisschen Schabbat zu feiern. Es wurde viel geraucht, viel geredet und auf Englisch diskutiert. Ein bisschen wie in Hamburg, nur, dass sich manche meiner Freunde hier noch nicht gegenseitig kannten.

Jetzt, am Morgen danach, sind Lola und ich verkatert und müde. Die Wohnung klebt und riecht nach einer erfolgreichen WG-Party. Ich greife nach meinem deutschen Wischmopp, der neben der Waschmaschine lehnt. «Nein, Sarush, wir müssen richtig putzen», sagt Lola, als sie meinen Wischmopp sieht. «Mit viel Wasser und dem *magav*.»

Ich kapiere nicht, was sie meint. «Das ist doch ein *magav*», sage ich und schwenke meinen Vileda-Wischmopp.

«Es ist gründlicher, wenn wir Wasser mit auf den Boden schütten und einmal richtig durchputzen», beharrt Lola. Ich bin irritiert. Warum sollte das gründlicher sein? Was meint sie mit «richtig durchputzen»?

Sie seufzt, schaut mich an, als müsse sie mir jetzt etwas Unangenehmes sagen: «Dein Wischmopp hinterlässt Streifen auf dem Boden. Auf den Fliesen ist dieser *magav* gründlicher.» Sie hebt den Stab mit dem komischen Schieber am Ende. Dann schüttet sie seifiges Wasser auf den Fußboden der Küche und schiebt die Wasserlache durch den Raum. Staubschlieren und Dreck sammeln sich in der Lache. Ich stehe stumm da mit meinem Wischmopp. «Es kann sein, dass das Wasser beim letzten Mal nicht richtig sauber war», sage ich stur, greife mir den anderen Eimer, fülle ihn mit heißem Wasser und ein paar Spritzern Reinigungsmittel, tauche das Ende mit dem angeknipsten Wischlappen ins Schaumwasser und beginne, meine Linien durch das Wohnzimmer zu ziehen. «Siehst du», sage ich, als die erste Bodenfläche nass glänzt. Lola sagt nichts und macht in der Küche weiter auf ihre israelische Putzweise.

Als die Fliesen hinter mir trocknen, sehe ich es: Linien und Schlieren, überall dort, wo ich schon mit meinem Wischmopp entlang gewischt bin. Ich bin fassungslos. Lola sieht meine Bestürzung. «Vielleicht ist der für deutsche Böden besser», sagt sie sanft und winkt mir dann mit dem zweiten israelischen *magav*, den wir besitzen. Ich muss zugeben, dass sie recht hat. In den meisten Häusern hier sind große Fliesen verlegt – sie kühlen in heißen Monaten und sind leicht zu reinigen, von Wüstenstaub, Kriechtieren und Überschwemmungen. Es gibt kaum

Häuser mit Parkettböden, Laminat habe ich tatsächlich noch nie gesehen. Mein Vileda-Wischmopp ist komplett ungeeignet für israelische Böden. Wieso habe ich das Ding überhaupt mitgeschleppt? Ich schäme mich für meine deutsche Überheblichkeit und Sturheit.

Die kommende Stunde schieben Lola und ich gemeinsam Wasser durch unsere Wohnung, erst schaumig und sauber, am Ende grau und flusig, ins Bad, wo für die israelische Reinigungsweise ein Abfluss in den Boden gelassen ist. Am Ende glänzen unsere Böden, die Wohnung riecht nach Blumen, und ich nehme mir vor, meinen deutschen Wischmopp nie wieder zu benutzen.

Sprache

Während meines Schuljahres in den USA habe ich nach sechs Monaten auf Englisch geträumt. Doch obwohl ich jahrelang Vorsprung habe im Hebräisch-Lernen, gerate ich hier jeden Tag an meine Grenzen. Den Preis, den die Supermarkt-Kassiererin mir nennt, verstehe ich nicht. Den Witz des alten Avner in seinem Delikatessenladen, den er mir entgegnet, nachdem ich zaghaft meine Bestellung vorgetragen habe, verstehe ich nicht. Die Nachbarin Swetlana, die mir und Lola am Nachmittag von ihrem Balkon zuruft, verstehe ich nicht. Ich sitze lächelnd da, winke und muss Lola fragen: «Was hat sie gesagt?» Sobald jemand schnell redet, Wörter benutzt, die ich noch nie gehört habe, nuschelt oder ungewohnt betont, verstehe ich gar nichts mehr.

Besonders im Kreis meiner Freunde spüre ich die Kluft, die sich auftut, wenn alle Hebräisch reden. Auf Dans Dinnerpartys sitze ich zwar in der Runde auf der Terrasse, doch sobald das Gespräch ins Hebräische wechselt, fühlt es sich an, als würde sich eine dicke Glaswand vor mich schieben. Ich kann die anderen zwar sehen, doch ihre Worte dringen nur noch als unverständliches Brummeln zu mir. Die Wörter fügen sich nicht zu Inhalten zusammen.

Und so sitze ich in meinen ersten Monaten in Israel bei gemeinsamen Abendessen, auf Familienfesten und WG-Partys meist still da, starre abwechselnd in die Runde, auf meinen Teller oder mein Handy, mein Hirn rotiert bei den Versuchen, ein paar Fetzen Hebräisch aufzuschnappen und zu übersetzen, ich klammere mich an meinen Drink, den ich aus Verlegenheit zu schnell runterkippe, stopfe Oliven in mich rein, um entschuldigend auf meinen vollen Mund zu zeigen und überfordernde Gesprächsanfänge abzubremsen. Ich kann eine Weile so tun, als sei das nicht schlimm, ich kann es faken, mit ein paar einstudierten Phrasen, einem Lachen, einem Spruch, der immer geht: «*HaKol beseder*» – alles in Ordnung – oder «*Ein ma la'assot*» – da kann man nichts machen. Wenn die anderen Gäste aber anfangen, lebhaft auf Hebräisch zu diskutieren – und das passiert in Israel bei fast jeder Zusammenkunft – dann sitze ich mittendrin und verstehe nicht, worüber. Meist gebe ich müde auf. Mehr als in anderen Situationen spüre ich: Ich bin kein Teil von ihnen. Ich sitze schweigend da, bis sich einer meiner Freunde erbarmt und mich auf Englisch anspricht.

Ich weiß, ich muss geduldig sein, irgendwann wird das besser. Aber momentan fällt es mir schwer, mir diesen Moment vorzustellen. Werde ich überhaupt den Mut haben, jemals in diese Gespräche einzusteigen? Vor allem, wenn meine Sätze so viel langsamer geformt sein werden und viele Wörter ungelenk ausgesprochen?

Israelis sind extrem ungeduldig und haben eine kurze Aufmerksamkeitsspanne. Wenn bei Itay abends die Nachrichten im Fernsehen laufen, frage ich dauernd: Worum geht es? Was hat er gesagt? Was steht da? Itay, der den Nachrichten meist nur mit einem Ohr folgt, übersetzt dann kurz, bis ihm das Thema zu komplex wird oder er müde. Oft gibt er vor, gar nicht zugehört zu haben. Vielleicht hat er es auch nicht, aber dann frage ich, warum der Fernseher überhaupt an sein muss. Ich bin sauer, auf ihn, am meisten aber auf mich und die Situation. Ich brauche meine Freunde, ich brauche Lola, ich brauche Itay, um zu verstehen, worüber die Nachrichtensprecher reden, was in dem Artikel steht, was in meinem Handyvertrag, in dem Brief meiner Bank. Ein unangenehmes Gefühl der Abhängigkeit, das ich nicht gewohnt bin, und mit dem ich mich schwertue.

Ich habe keine Geduld mit mir selber, mit dem Tempo meiner Lehrer aus dem Ulpan, mit meinem eigenen Lerntempo, in dem ich Vokabeln lerne und sofort wieder vergesse. Ich nerve mich selbst, wenn ich zum hundertsten Mal *latet* – geben – mit *lakachat* – nehmen – vertausche. Es ist nicht einfach in den ersten Monaten, in denen ich Schilder, Durchsagen im Bus, Telefonanrufe noch nicht verstehe. Aber ich mache es mir mit meiner Ungeduld auch schwerer als nötig.

Am frustrierendsten ist das Gefühl, wenn ich am Schabbat mit Itays Neffen und Nichten zusammentreffe. «*Bo-i nitnadned!*», sagt Itays sechsjährige Nichte zu mir. Ich verstehe nicht, was sie von mir will. Sie wiederholt den Satz mehrere Male, wirft dann dramatisch entnervt die Hände in die Luft und gibt auf, mit mir zu kommunizieren. Sie läuft zur Schaukel, und erst da verstehe ich, dass sie mich aufgefordert hat: Lass uns schaukeln!

Kinder kennen keine Synonyme, sie können erst recht nicht aufs Englische ausweichen. Als Erwachsene benutzt man zudem oft die Befehlsform mit Kindern: Pass auf! Hör auf! Nimm den Teller mit! Ich aber habe keine Ahnung von der hebräischen Befehlsform, ich habe sie bisher kaum benutzt. Meine Kommunikation mit Kindern besteht also anfangs daraus, dass ich mit dem Finger auf etwas zeige oder pantomimisch vormache. Wenn wir malen, sage ich die ganze Zeit: *Kol hakavod!* Super gemacht! Oder *Ja'fe me'od!* Sehr schön! Und komme mir dabei vor wie eine Schwachsinnige.

Das Einzige, was ich relativ schnell im Umgang mit israelischen Kindern lerne, sind alle Worte rund um den Stuhlgang: *Jesch li pipi* – ich muss Pipi, *hu assa kaki* – er hat Kaki gemacht. Immerhin.

Nachal Yagur

I can't do it, I can't, I can't.» Meine Stimme zittert, Tränen schießen in meine Augen. Ich hänge auf zwei Metern Höhe an einem Felsen am *Nachal Yagur* im Carmel-Gebirge. Eine Hand klammert sich an einen Felsvorsprung, die andere weiß nicht, wohin sie greifen soll. Da ist kein Halt, nur steile, vom Regen und matschigen Moos glitschige Felsen. Meine Beine zittern, meine profillosen Turnschühchen rutschen über den nassen Untergrund. Ich habe zu wenig Kraft in den Armen, um mich hochzuziehen, und zu viel Angst, wieder herunterzuklettern. Einen Meter über mir steht Itay, seine Hand wedelt mir entgegen, er redet auf mich ein. «Just make one big step, you have stronger arms than you think. I will pull you up!» Ich schluchze auf und hasse ihn in diesem Moment ein bisschen.

Itay hat sich vorgenommen, mir das komplette Land zu zeigen. Nach den ersten Halbtagesausflügen an verschiedene Strände, in die nahegelegene Wüste und auf kurze, flache Wanderstrecken verkündete er: «Now we do a real trip.» Was das bedeutet, verstehe ich erst, als vor uns Felsschluchten auftauchen, die sich als unser Wanderweg entpuppen.

Am Nachal Yagur gelange ich erstmals an meine Grenzen. Wir klettern und hieven uns über glitschige Felsen, drücken uns an rostigen Autowracks vorbei, die einen Abhang hinabgerollt wurden und seitdem in der urwaldartigen Landschaft vor sich hinrosten. Der Weg ist so steil, dass ich mich an den in den Stein gebohrten Eisengriffen hochziehen muss. Mit Armen, deren einzige ausgeprägte Muskeln jene sind, die ich brauche, um auf der Tastatur meines Laptops zu tippen oder mich in den hinabschauenden Hund zu stützen.

Als es zu rutschig für meine weißen Stadt-Turnschuhe wird, zittere ich vor Angst. Itay muss meinen Rucksack auf seine Brust schnallen und mich mit beiden Armen die Felswand hochziehen. Oben angekommen, muss ich vor Erschöpfung und Überforderung weinen.

Ich bin wütend, dass er mir solche Strecken zumutet. «Too challenging», jammere ich. «Why did you choose this path?», werfe ich ihm vor. «I can't do it. Don't make me.» Ich bin wahrhaftig kein Outdoor-Mensch. Nie gewesen. Meine ersten «richtigen» Wanderungen in Israel mache ich in weißen Stoffturnschuhen, die sich für das Zurschaustellen gebräunter Beine eignen, aber nicht für bemooste Felsurwälder.

Itay schaut mich schuldbewusst an, als ich mich motzig und verheult auf einem Fels verschanze und wenig Lust zeige weiterzulaufen. Er bleibt geduldig und zeigt mir die Alternativen auf: den schrecklichen Weg wieder runterkraxeln oder weiter hoch und hoffen, dass es besser wird. «You don't even know the way!», jaule ich ihm vorwurfsvoll entgegen. Ich habe die Schnauze voll. Ich blicke den rutschigen Abhang hinab, der mir plötzlich noch höher vorkommt, und male mir aus, wie ich dort mit meinen Schühchen unter mir Halt suche. «Man!», motze ich frustriert, mir durchaus im Klaren, dass ich mich wie ein Kleinkind verhalte. Angesichts der aussichtslosen Lage finde ich das momentan vertretbar.

Wir kraxeln weiter den Berg hoch. Nach einer weiteren Stunde, in der ich weiterfluche und Itay mir hoch und heilig versprechen muss, dass wir so einen Scheiß nie wieder machen, erreichen wir eine Wegbiegung. Die Sonne scheint durch die

Baumkronen, ein ebener Waldweg liegt vor uns. Leichtfüßig laufen wir einen Hang hinauf. Die Sonne scheint kraftvoller, die Bäume werden lichter und niedriger, bald sind wir von hüfthohen Sträuchern umgeben. Der Duft von Rosmarin liegt in der Luft, am Wegesrand wächst wilder Salbei. Wir laufen den Pfad hinauf und blicken plötzlich auf ein Tal sanfter, grüner Hügel. Der Himmel ist dunkelblau, die Nachmittagssonne strahlt uns ins Gesicht. Ich habe das Gefühl, ich war noch nie erleichterter. Der Rest des Weges dauert mehrere Stunden, doch er ist einfach zu bewältigen. Als die Sonne sich gen Horizont neigt, erreichen wir unser geparktes Auto. Itay umarmt mich. «I am really proud of you», sagt er, und ich gebe mir Mühe, keine Kratzbürste mehr zu sein. Ich brauche richtige Wanderschuhe.

Ich gerate in den kommenden Monaten oft an meine Grenzen. Ich muss Berge erklimmen, über Abgründe springen, mich von Felsen in die Tiefe sinken lassen, ohne zu wissen, wo ich hintrete. Ich schiebe mich schmale Felsvorsprünge entlang, klammere mich an von der Sonne aufgeheizte Eisengeländer. Ich tripple auf Zehenspitzen meterhohe Abhänge entlang und versuche, nicht hinabzuschauen, während in meinem Kopf ein Horrorfilm abläuft, wie ich mit dem Fuß ins Leere trete, abstürze und mir an den rötlichen Felsen der Wüste den Schädel spalte. Als wir das erste Mal durch ein Flussbett waten müssen, weil es keinen anderen Weg ans gegenüberliegende Ufer gibt, verfluche ich Itay laut. Die Überforderung macht mich wütend, meist auf Itay, weil er meine Kräfte so falsch einschätzt, weil er derjenige ist, der es langsam doch besser wissen müsste, aber auch einfach, weil er eben da ist. Als der Schlamm in meine Turnschuhe dringt, weigere ich mich eine Stunde lang, mit ihm zu reden.

«Sarah, so haben wir dich nicht erzogen», schreibt meine Mutter per WhatsApp, als ich von meinem Umgang mit den israelischen Strapazen erzähle. Sie unterstellt mir, ich würde mich wie eine Prinzessin verhalten. Beleidigt erinnere ich sie daran, dass wir auf unseren Familienurlauben nie knietief durch Flussbetten waten mussten. Israelische Wanderwege sind nichts für deutsche Stadtmenschen. Prinzessin hin oder her.

Fäden

Mein Handy leuchtet, eine Nachricht meines Vaters: «Nummer 31.» Ich sehe mich um. Ich stehe am falschen Ende der Straße.

Itay und ich sind nach Nof Yam gefahren, in die Nachbarschaft in Herzliya nahe am Meer, wo das Haus meiner Großmutter einst stand. Die Straße habe ich gefunden, aber ich wusste die Nummer nicht mehr. Ich habe versucht, in Gärten zu spähen, auf der Suche nach der Palme, die bei meiner Oma im Vorgarten stand. Doch wir stehen zwischen prunkvollen Häusern mit hohen Zäunen und Toren mit Sicherheitscodes.

Auch Nummer 31 ist von einer weißen Betonmauer umgeben. Ich kann den Garten nicht sehen, aber das Haus, das hinter der Mauer hervorragt, ist ein Palast mit Türcode und Kameraüberwachung. Was ist mit der Palme passiert? Mit den Orangen- und Clementinenbäumchen, mit der Pinie? Mit dem flachen kleinen Haus, seiner schattigen Terrasse und den kühlen Fliesen? Nichts davon ist erhalten. Ich schließe meine Augen. Rieche Wärme, Eukalyptus und Pinie. Wie früher.

Itay und ich steigen schweigend ins Auto und fahren weiter zum nahen Strand. Mir ist schwer ums Herz. Meine Kindheitserinnerung wurde abgerissen und durch einen weißen Palast ersetzt, der das Grundstück erstickt. Keine Ahnung, was ich erwartet habe, ich wusste ja, dass Haus und Grundstück lange verkauft sind. Aber irgendetwas aus den Erinnerungen meiner Kindheit, dachte ich, wäre noch da.

Als wir die Anhöhe neben der Moschee hochlaufen, die sich auf dem Hügel vor den Dünen befindet, mache ich einen kleinen spontanen Freudentanz. Alles wie früher: die Anhöhe mit der Schranke, der breite asphaltierte Weg, der sich sanft durch die Sandberge nach unten zum Strand windet. Rechts und links Dünen, in denen junge Soldaten das Marschieren durch unwegsames Gelände trainieren. Der Duft nach wildem Za'atar von den Hügeln oberhalb der Klippen. Dann der Blick auf das Meer, das am Horizont auftaucht wie ein blaues Gefäß, das mit jedem Schritt nach unten etwas breiter wird, anfängt zu glitzern, weil die Sonne über ihm steht. Das alles ist genau so, wie ich es in Erinnerung habe. Ich strahle Itay an.

Am nächsten Abend schickt mir mein Vater Bilder. Fotos aus den Familienalben, die meine Mutter rausgekramt und abfotografiert hat. Ich sehe mich selbst als Kind in einer Windel vor der Dattelpalme. Im Kinderstuhl am runden Gartentisch auf der Terrasse sitzend, meine Oma mit unbewegter Miene daneben, meine Mutter trinkt Kaffee aus einer weißen Porzellantasse mit blauen Blümchen vor einem gedeckten Frühstückstisch. Im Hintergrund rankt sich eine rosa Bougainvillea um die Terrasse und schenkt Schatten. Die blühende Kletterpflanze, die mir überall hier begegnet, in Yafo, am Torbogen vor meiner Wohnung, auf Itays Balkon. Dass sie auch im Garten meiner Großmutter blühte, ist mir zuvor nie aufgefallen. Itay blickt auf die Fotos. «Ist das der Teddybär, der jetzt in deinem Zimmer sitzt?», fragt er und zeigt auf ein Bild, in dem ich, ein Kuscheltier unter den Arm geklemmt, aus dem Haus meiner Oma laufe. Ich schaue genauer hin. «Ja!»

Auf unseren Wegen durch Israel sehe ich öfter Anknüpfungspunkte zu meiner Geschichte, aber auch der meiner Familie.

Bei einem Spaziergang durch den Vorort Givatayim laufen Itay und ich an einem Tor vorbei. Ein Friedhof erstreckt sich dahinter, Reihe über Reihe von Grabsteinen aus hellem Stein. «Let's go in!», sage ich. Itay hat keine richtige Lust, aber ich bin schon durchs Tor gelaufen. Ich mag Friedhöfe. Ich liebe es, zwischen den Steinen zu laufen, die Namen zu lesen und mir vorzustellen, welche Leben wohl von ihnen gelebt wurden. Wir sehen Dutzende mit dem Nachnamen Levy. In der Mitte des Friedhofs steht ein massives Denkmal aus großen, aufeinander gestapelten dunklen Felsen und rostigem Stacheldraht. Es gedenkt der Opfer des Konzentrationslagers Treblinka.

Als ich meinen Eltern beim nächsten Anruf von unserem Ausflug erzähle, ruft mein Vater aufgeregt: «Das ist der Friedhof, auf dem Friedrich und Deborah begraben liegen!» Friedrich war sein Onkel, der Bruder seines Vaters, der im Gegensatz zu meinem Großvater in Israel blieb. Ich erinnere mich noch an die beiden, meinen Großonkel und meine Großtante, für meine Bat Mizwa kamen sie nach Deutschland geflogen. Im Arbeitszimmer meines Vaters hängt ein Foto der gesamten Familie von diesem Tag. Der Gedanke, dass ich vielleicht unwissentlich an ihrem Grab vorbeigelaufen bin, überrumpelt mich, er berührt mich.

In kleinen Momenten wie diesem scheint es, als würden sich unsichtbare Fäden zwischen mir und Israel spinnen – zwischen der Geschichte meiner Familie in diesem Land, meinen Kindheitserinnerungen und der Gegenwart. Kleine Zeichen, in wiederentdeckten Details, im Verlauf einer Düne, in einer Blüte, als Namen auf einem Stein, in einem alten Foto. Als würde das Land mir zeigen wollen: Du kennst mich, ein Teil von dir ist bereits hier. Diese Momente sind wie nach Hause kommen. Aber eben nur fast.

Itay und Papa

Der schwarz gekleidete Kellner bringt Schälchen über Schälchen an unseren Tisch. Rote Bete, Karottensalat, Tabouleh, Kartoffelsalat, Tchina, gegrillten Blumenkohl, Falafelbällchen, scharfe, eingelegte Paprika, Krautsalat, Avocadosalat, Tomatensalat, Mais, Thunfisch, Eiersalat. Zum Schluss legt er einen Teller mit ofenwarmem Fladenbrot dazu. Wir haben noch nicht mal bestellt und der Tisch ist bereits voll. Das Restaurant in Yafo, das Itay und ich ausgewählt haben, ist berühmt für seine Essensmengen, die man, ohne zu fragen, vorgesetzt bekommt.

Meine Eltern sind seit wenigen Tagen in Israel. Es ist das erste Mal, dass sie mich besuchen, seit ich ausgewandert bin. In den Nachrichten hören wir von einem Corona-Virus in China, doch noch ist es nicht in Israel und nicht in unseren Köpfen.

Meine Eltern haben mich in meiner Wohnung besucht und Vorschläge gemacht, wie ich mein minimalistisch eingerichtetes WG-Zimmer bereichern kann («Kauf dir doch so einen schönen Teppich. Wir zahlen dir auch ein richtiges Regal!»). Sie haben meinen Ulpan besucht, mit Lola ein Bier getrunken und sich dann an ihren gewohnten Strand im Tel Aviver Norden zurückgezogen: «Wir sind ja auch zum Urlaubmachen hier.»

Es ist gar nicht so einfach, wenn man an den Ferienort seiner Familie auswandert.

Meine Eltern haben ihre eigenen Gegenden, in denen sie wohnen, wenn sie in Tel Aviv sind. Sie lieben den Norden, wo alles etwas reicher, ruhiger und europäischer ist, mehr als den wuseligen, chaotischen, arabischeren Süden. Sie haben ihr Café, wo sie zum Cappuccino klebrig-süße Rogelach bestellen, und ihr Fischrestaurant, in dem sie ihre Freunde treffen. Sie bitten mich, an «ihren» Strandabschnitt zu kommen, Mezizim, wo tagsüber Senioren baden und nachmittags Familien, wo das Bistro israelisches Frühstück serviert und es insgesamt entspannter zugeht. Yafo ist am anderen Ende der Stadt, aber nachdem ich anfangs mit ihnen noch darüber diskutiere, wie viel ihres Aufenthalts sie mit ihrer ausgewanderten Tochter verbringen sollten, gebe ich irgendwann auf. Zum Glück ist da Itay, Schwiegersohn der Herzen.

Itay trifft meine Eltern zum ersten Mal, und er legt sich ordentlich ins Zeug. Er fährt mit uns ans Tote Meer, führt meine Eltern über einen Wanderweg durch Wüstenhügel. Mein Freund klettert mit ihnen in einen Canyon, in dessen Mitte sich grüne Büsche durch den Lauf eines Flussbetts ziehen. Er reicht sowohl meiner Mutter als auch meinem Vater die Hand, als sie den steilen Abhang wieder hinaufklettern müssen. Er entzückt meine Mutter, als er uns zu einem rot-weißen Blumenteppich führt, der in diesen Frühlingstagen die Hügel rund um das Tote Meer bedeckt. Als sie sieht, mit welcher Hingabe mein Freund die kleinsten Blümchen fotografiert, um sie nach dem Ausflug zu identifizieren, drückt mich meine Mutter am Arm und sagt: «Toller Junge.»

Auf dem Rückweg singt er mit meinen Eltern Bob Dylan und tauscht sarkastische Sprüche mit meinem Vater aus. Es könnte also nicht besser laufen.

Doch Itay setzt noch einen drauf. Er kauft vier Konzertkarten für Yehuda Poliker, einen israelischen Rockmusiker, für den mein Vater schwärmt. Als wir in einer der oberen Reihen des Bronfman-Auditoriums sitzen, geht das Licht aus, eine Leinwand erscheint, über die schauerliche Schwarz-Weiß-Bilder flimmern – Stacheldrahtzäune, Züge, Bilder des Holocaust. Itay und ich schauen uns mit großen Augen an. Während des kompletten Konzerts spielt Poliker fast ausschließlich Lieder eines Albums, auf dem er sich mit dem Holocaust beschäftigt hat, mit der Geschichte seiner Familie, den Erinnerungen seines Vaters. Das Konzert und die Videoeinspieler sind schwere Kost, trotzdem tanzen vor uns viele Menschen im Alter meiner Eltern in den Sitzreihen und Gängen. Bei einem der letzten Lieder sehe ich, dass mein Vater Tränen in den Augen hat. Nach dem Konzert umarmt er meinen Freund und sagt mit belegter Stimme: «Thank you, Itay.»

Wie jeder jüdische Vater in der Diaspora hat sich mein Vater immer gewünscht, dass meine Schwester und ich Partner finden, die mit uns die jüdischen Traditionen weiterleben. Es ist ihm wichtig, dass nichts verloren geht.

Deshalb haben meine Schwester und ich eine jüdische Schule besucht, über Feiertage und Traditionen gelernt, Segenssprüche und Riten, auch wenn bei uns zu Hause nur die Basics eingehalten wurden, die die Religion vorschreibt. Ein Israeli als Freund für mich, noch dazu einer, der ihn zu einem Yehuda-Poliker-Konzert bringt und zum Lachen, erfüllt meinen Vater mit großer Freude, das sehe ich ihm an.

Im Restaurant in Yafo, vor einer Schälchen-Schar mit Vorspeisen, sprechen die beiden über die Arbeit meines Vaters, der inzwischen Workshops gegen Antisemitismus für das Jüdische Museum in Frankfurt gibt. Mein Vater erzählt gerade, dass in Deutschland das Wort «Jude» als Schimpfwort benutzt wird. Da höre ich Itay sagen: «I never liked the word Jew, it sounds weak.»

Mein Vater starrt ihn an. «What do you mean you don't like the word Jew? You are one!», sagt er, als könne er nicht fassen, was er da gerade gehört hat.

Itay lässt sich nicht aus der Ruhe bringen: «I would prefer Jews to be called something like the Hebrews», sagt er. «Or Maccabees. Something that sounds stronger, less like a victim.»

Ich höre auf zu atmen und blicke zwischen Itay und meinem Vater hin und her. Plötzlich sehe ich klarer denn je, was die beiden grundlegend unterscheidet.

Da sitzt mein Vater, geboren in Deutschland, aufgewachsen in der einzigen jüdischen Familie eines kleinen saarländischen Ortes – eine Tatsache, die ihm jeden Tag vor Augen gehalten wurde, wenn er beim Morgengebet in der katholischen Grundschule als Einziger sitzen blieb und schwieg. Wie ich wurde er in den katholischen und evangelischen Religionsunterricht eingeladen, und als «Jude» vorgestellt, eine Identität, mit der er selbst lange Zeit wenig anfangen konnte.

Bei ihm zu Hause wurde kein Schabbat gefeiert, die Feiertage höchstens kulinarisch angedeutet, und außer dem jüdischen Sommercamp und regelmäßigen Besuchen der Familie in Israel gab es nicht viele Einflüsse, die meinem Vater vermittelten, was es hieß, Jude zu sein. Mein Großvater schleppte ihn trotzdem in die nächste Jüdische Gemeinde in Saarbrücken, damit er zumindest ein nettes jüdisches Mädchen kennenlernte. Vergeblich. Als mein Großvater starb, war mein Vater erst Anfang zwanzig.

Was es bedeutete, jüdisch in einem nicht-jüdischen Land zu sein, wusste mein Vater inzwischen. Was es für ihn persönlich bedeutete, musste er noch herausfinden.

Doch mein Vater spürte die Verantwortung, die ihm sein Vater mitgegeben hatte – die Verantwortung zu bewahren. Und so bewarb er sich an einer jüdischen Grundschule und bat seine zukünftige Frau, zum Judentum überzutreten, damit seine Töchter jüdisch aufwachsen konnten. Meine Schwester und ich besuchten diese Schule, ein kleiner, geschützter, jüdischer Kosmos. Nachdem mein Vater später an eine Gesamtschule gewechselt war, tauchte dort eines Tages ein Graffiti auf dem Schulhof auf: «Levi du Jude», Levi mit i, daneben ein Hakenkreuz. Auch Schreibfehler können weh tun.

Ich sehe die Davidstern-Kette meines Vaters, die er heute Abend sichtbar um den Hals trägt. Nach Jahren, in denen die Nicht-Juden in seinem Leben genauer zu wissen schienen, was es mit dem Juden in ihm auf sich hatte, hat mein Vater seinen jüdischen Platz gefunden, denke ich jetzt. Die Anbindung an eine große jüdische Gemeinde, jüdische Freunde, die Auseinandersetzung durch seinen Beruf mit jüdischen Themen, Feiertagen, ja, mit anderen Juden – das alles hat ihm Halt gegeben, ihn in seiner jüdischen Identität stärker gemacht, als es der kleine jüdische Junge im Saarland sein konnte.

Heute ist mein Vater derjenige, der Lehrkräften, Studenten und Schülern beibringt, das Wort «Jude» nicht als Schimpfwort zu betrachten. Mein Vater will sich nicht als Opfer sehen. Doch er weiß auch, dass das in Deutschland nicht so einfach ist.

Ihm gegenüber sitzt Itay, in Israel geboren, als Sohn zweier Eltern, die ihre Wurzeln in den Jemen, nach Griechenland und Spanien zurückverfolgen können, aber die selbst in Israel geboren sind. Itay ging hier zur Schule, zur Armee, zur Universität. Er hat nie lange im Ausland gelebt, sondern immer hier, in Israel, stets umgeben von anderen Juden.

Seine traditionsbewusste Mutter erinnert ihn an die jüdischen Feiertage, sie leitet ihn durch die jüdischen Bräuche und stattet ihn mit allem aus, was er für ein religiöses Leben bräuchte – von *Mezuzot* über *Mazot* bis hin zu kopierten Seiten mit passenden Segenssprüchen und Liedern zum jeweiligen Feiertag. Und natürlich Tupperdosen mit jüdischen Gerichten aus allen Himmelsrichtungen, von Hühnersuppe bis *Jachnun*, von *Chraijme* bis *Kugel*.

Itay hat dazu einen Vater, der eine *Jeschiwa* besucht hat, eine orthodoxe Religionsschule. Als junger Erwachsener hat er sich vom Glauben abgewendet, doch bis heute korrigiert er Itays Aussprache, wenn der die Wörter in Gebeten falsch betont.

Itay kennt das Gefühl nicht, sich in der jüdischen Welt vortasten zu müssen wie ein Blinder, der nach Halt sucht. Er weiß nicht, wie es ist, in und mit einer Gesellschaft zu leben, deren Großeltern ihn vor nicht mal achtzig Jahren ins Gas geschickt hätten.

Itay muss nichts bewahren.

Er war immer umgeben von jüdischem Leben, in Sprache, Kultur, Feiertagen. Im Gegenteil, Itays jüdische Identität ist so verankert, dass er vielleicht nicht mal ahnt, welche Gefühle der Satz «Ich mochte das Wort Jude nie» bei meinem Vater auslöst.

In Israel jüdisch zu sein, ist so anders als in Deutschland. So selbstverständlich, selbstbewusst, selbstsicher. Ich denke an die Chanukka-Party bei meinem Freund Dan, als wir die Kerzen der Chanukkia anzündeten, während George Michael im Fernseher «Last Christmas» trällerte und im Schneeanzug tanzte. Ich stellte mir vor, was mein Vater gesagt hätte, wenn er auf dieser Party gewesen wäre. Doch hier ist das anders, Weihnachtsmusik gilt vielen Israelis als stimmungsvoll, sie stellt deine Identität nicht in Frage.

Dieses Selbstbewusstsein ist für mich überraschend – und auch erleichternd. Outete ich mich in Deutschland als Jüdin, so konnte ich im Gesicht meines nicht-jüdischen Gegenübers die Schubladen sehen, die jeder für Juden parat zu haben scheint. Nicht immer waren das ausschließlich schlechte, aber es schwang doch stets eine gewisse Exotik mit, als sei ich ein vom Aussterben bedrohtes Tier, das man kaum noch in freier Wildbahn trifft und bei dessen Sichtung man erst mal den Atem anhält.

In Israel ist der Jude Held oder Antiheld, langweilig oder spannend, Idiot oder Freund, hilfsbereit oder eben ein Arschloch, dem man nicht über den Weg laufen will. Hier ist der Jude Mensch – mit allem, was dazugehört. Hier hast du als Jude keine Angst, ausgerottet zu werden, wenn du an Chanukka «Last Christmas» hörst.

Was selbstverständlich ist, ist weniger angstbehaftet und letztlich mutiger. Doch es verläuft nur eine feine Linie zwischen Mut und Übermut. Die Auswüchse dieses strotzenden Selbstbewusstseins bringen ein Verhalten mit sich, das für mich als Deutsche und als deutsche Jüdin mehr als gewöhnungsbedürftig ist: den Holocaust-Humor.

Ein Bekannter aus Tel Aviv, mit dem ich auf Facebook befreundet bin, ließ sich in einem Post über den israelischen Sommer aus. Er beschrieb das Reiben schwitzender Körperteile aneinander, verglich das Leiden unter der Hitze mit dem Holocaust und endete mit dem Hashtag #ShoahSommer.

Für mich sind solche Relativierungen schwer zu ertragen, besonders, wenn sie von Juden kommen. Ich begann eine Diskussion mit ihm: «Gibt es etwas, das überflüssiger ist als noch ein weiterer Vergleich mit dem Holocaust? Also echt. Das ist wie Sport hier.» Und das ist es wirklich. Benjamin Netanyahu wird von der Opposition regelmäßig mit Hitler verglichen, Witze über Gaskammern und Vergleiche mit der Nazizeit sind unter jungen Israelis an der Tagesordnung. Ich höre sie oft, auch von guten Freunden, die selbst Holocaust-Überlebende in der Familie haben.

«Das liegt daran, dass die Aschkenasim damit das Trauma des Holocaust verarbeiten», erklärt mir der Bekannte, der #ShoahSommer postete. Schwarzer Humor zur Verarbeitung von Traumata ist eine Sache – doch warum heißt eine elektrische Lampe, die Stechmücken anzieht, damit sie elendig in glühenden

Drähten verdampfen, in der israelischen Alltagssprache «*Auschwitzon*» – Klein Auschwitz?

«In Israel ist schwarzer Humor erlaubt, die Israelis sind nicht so spießig», schrieb der Bekannte. Ich machte dann selbst ein paar Witze über Deutsche und deren Humor, aber wohl fühlte ich mich mit dem Thema nicht. Ich ärgerte mich, dass ich mir vorkam wie die Humor-Polizei, dabei finde ich Witze über den Holocaust einfach unangenehm.

Auch der Umgang mit Vorurteilen und Stereotypen, die in Deutschland als purer Antisemitismus gelten, ist hier komplett normal. Als starker Wind Itay einmal einen 100-Schekel-Schein aus der Hand riss, rief der Ranger an der Kasse des Nationalparks: «Also wirklich, schmeißt hier sein Geld rum – wer bist du, Rothschild?» Man stelle sich diesen Spruch in Deutschland vor.

An eine andere seltsame Situation erinnere ich mich besonders gut. Ich hatte Probleme, mir das Verb *lischlot* zu merken. Es bedeutet kontrollieren und wird stets begleitet von der Präposition *be* – was übersetzt «in» heißt. Man sagt also im Hebräischen «in etwas kontrollieren». Ich konnte mir das einfach nicht merken. Meine Hebräisch-Lehrerin hielt folgende Eselsbrücke für mich parat: «Stell dir einfach einen Juden vor, der die Welt *in* seinen Händen hält und sie kontrolliert.»

Der unbekümmerte bis ignorante Umgang mit antisemitischen Vorurteilen, die Relativierung des Holocaust, Witze, die Gaskammern verharmlosen – das alles ist undenkbar in Deutschland, zumindest in der Gegenwart von Juden. Bisher habe ich in Israel immer höchst irritiert auf diese Sprüche reagiert. Darüber lachen kann ich einfach nicht. Meine ernste Reaktion führt dazu, dass sowohl Itay als auch meine Freunde diese Witze zwar noch machen, anschließend aber alle entschuldigend oder erwartungsvoll auf mich gucken. «Sarah mag diese Sprüche nicht», heißt es dann.

Als ich nun im Restaurant in Yafo die jüdische Identität meines Vaters mit der meines israelischen Freundes kollidieren sehe, halte ich meinen Atem an. Doch das Gespräch geht normal weiter. Sowohl Itay als auch mein Vater mögen den kontroversen Diskurs, bei schwarzem Tee und Honigkuchen lernen meine Eltern und mein Freund sich weiter kennen, in all ihrer schillernden Unterschiedlichkeit. Als wir vollgestopft und müde vor dem Restaurant stehen und meine Eltern sich von Itay verabschieden, umarmt meine Mutter meinen Freund, sie schaut ihm in die Augen und trichtert ihm noch mal ein: «Pass gut auf Sarah auf.» Er verspricht es.

Meine Eltern fliegen mit dem Gefühl nach Deutschland zurück, dass ich in guten Händen bin. Wenige Stunden, nachdem sie in das Flugzeug steigen, das sie zurück nach Frankfurt bringt, schließt die israelische Regierung den Ben-Gurion-Flughafen wegen Corona. Das Fliegen zwischen Israel und Deutschland wird schwieriger. Und so besteht die Beziehung meines Vaters zu meinem Freund fortan in erster Linie aus WhatsApp-Bildchen, die mein Vater an Itay weiterleitet. Meist enthalten sie jüdischen Humor und Sätze auf Jiddisch – eine Sprache, mit der Itay absolut nichts anfangen kann.

«What does that mean?», fragt er mich dann und zeigt mir den neuesten Cartoon meines Vaters. Und ich frage mich, was länger dauert – meinen Vater darauf hinzuweisen, dass Itay kein Jiddisch kann, weil dies die Sprache der Aschkenasim ist und Itays Vorfahren *Ladino* sprachen, die Sprache der sephardischen Juden, und Arabisch, die Sprache der misrachischen Juden, oder Itay den jiddischen Witz zu erklären.

Vor Kurzem hat Itay die Netflix-Serie *Shtisel* gesehen, eine Serie über Ultraorthodoxe in Jerusalem, in der viel Jiddisch gesprochen wird. *Shtisel* ist auch eine der Lieblingsserien meines Vaters. Seitdem ruft Itay bei Videotelefonaten mit meinen Eltern öfter spontan «*Zei gesunt!*» in die Handykamera, «*abissl!*» oder «*Shkoyach!*». Lauter jiddische Worte, die er gerade erst gelernt hat und die er ziemlich seltsam ausspricht. Jetzt ist es mein Vater, der mich fragt: «Was hat er gesagt?»

Corona

Ich laufe die Küste entlang vom Strand am Eingang von Yafo, vorbei am Hafen mit den rostigen Containern, wo sonst unrasierte Fischer ihre Ware feilbieten, vorbei an einem großen Holzschiff, das an der Kaimauer verwittert. Leute haben medizinische Masken an Wäscheleinen geknotet, sie flattern im Wind wie winzige, blaue Segel. Ich laufe weiter, die Promenade entlang mit den neuen Cafés und Eissalons, die jetzt geschlossen sind, zum Parkplatz am Meer in den Park haMidron, zwei Hügel weiter bis nach Givat Aliyah, den Strand am unteren Ende Yafos. Hier setze ich mich auf den Sand, den Rücken an eine Säule des Strandpavillons gelehnt, und schaue auf die Wellen, ich höre ihr Rauschen, rieche ihr Salz.

Ich mache in diesen Tagen oft Spaziergänge an der Küste entlang. Ich wähle die Wege abseits befahrener Straßen, auf denen die Polizei patrouilliert, und genieße die Ruhe, den Blick auf das Meer, der mich von der Arbeit ablenkt. Ich bin allein unterwegs, doch ich fühle mich nicht allein. Das ist anders als in Hamburg. Aber was in diesen komischen Corona-Zeiten ist nicht anders?

Die israelische Regierung hat den ersten Total-Lockdown verordnet, um das Virus in Schach zu halten. Die Maßnahmen sind extrem. Wir dürfen uns nur 100 Meter von unserer Wohnung fortbewegen, ausgenommen sind Besuche zum Supermarkt oder zur Apotheke. Schulen und Geschäfte sind geschlossen, Strände, Parks, Spielplätze abgeriegelt und werden von der Polizei kontrolliert. Es drohen Bußgelder von bis zu 5000 Schekel, umgerechnet mehr als 1000 Euro. Vor einigen Tagen wurde sogar ein Surfer von der Polizei aus dem Wasser geholt und bestraft. Lola und ich gehen trotzdem raus, solange wir zu Menschen außerhalb unseres Haushalts Abstand halten, ergibt diese 100-Meter-Regel keinen Sinn, und so israelisch bin ich inzwischen schon, dass ich Regeln hinterfrage und breche, die mir unsinnig erscheinen.

Fast täglich laufe ich zum Meer, meist allein, ich laufe an den Ort, der mich daran erinnert, wie schön es hier sein kann. Auf den Straßen herrscht eine merkwürdige Stille. Es sind kaum Autos unterwegs, die Luft ist so klar, dass man 30 Kilometer südlich den Industriehafen von Ashdod sehen kann. Die Vögel auf unserem Nachbardach scheinen sich in der Ruhe ungehemmt zu vermehren, das Zwitschern und Trällern ist in diesen Tagen ohrenbetäubend.

In den Supermärkten sind Eier jetzt oft ausverkauft. Sicher, weil alle angefangen haben, wie manisch zu backen, oder jetzt jeden Tag zu Hause frühstücken. Auf Facebook werden Informationen über verbleibende Eier-Quellen ausgetauscht: «Der Shufersal auf der Ben Yehuda hat Eier!» Der Verkäufer eines *Makolet*, eines Minimarkts am Anfang unserer Straße, erzählt, er habe seine letzten Eierpackungen versteckt und gebe die nur an Stammkunden raus oder auf hartnäckige Nachfrage. «Ich habe den Polizisten erzählt, ich würde nach Eiern suchen – an der Promenade», ruft uns die Nachbarin Swetlana von ihrem Balkon zu. «Ich habe sogar eine große Einkaufstüte auf meinen Spaziergang zum Meer mitgenommen», sagt sie, «als Tarnung.» Lola und ich stehen am Küchenfenster und lachen mit ihr. Was für seltsame Zeiten.

Wir haben eine depressive Phase hinter uns. Abend für Abend saßen wir mit flauem Gefühl im Magen in der Küche, lasen israelische und internationale Nachrichten, zogen uns gegenseitig runter mit dem Zitieren steigender Ansteckungszahlen, neuen Direktiven, die unser Leben weiter einschränken würden, suhlten uns abwechselnd in Hoffnungslosigkeit und apokalyptischen Fantasien. Die Einzigen, die wir trafen, waren unsere beiden Freunde, bei denen wir je eine Woche verbrachten, wenn uns in der Wohnung die Decke auf den Kopf fiel.

Doch auch Itay und ich tigerten zwei Wochen nach Beginn des Lockdowns wie eingesperrte Tiere durch seine Wohnung oder lagen wie sterbende Schwäne über Stunden bewegungslos auf dem Sofa, bildeten uns Corona-Symptome ein und bemitleideten uns gegenseitig dafür, dass wir den gerade beginnenden Sommer auf 38 Quadratmetern verbringen würden. Immerhin schauten wir die *Sopranos* in zwei Wochen komplett durch.

Dann folgte eine aktive Phase: Itay und ich probierten neue und alte Rezepte miteinander aus, wir grillten Fisch, formten Matzeknödel, rösteten Spargel und Steaks auf Itays Balkon. Lola und ich machten exzessiv Yoga, backten Bananenbrot, Lasagne, Müslikekse. Ich putzte alle Fenster in meiner WG und dann alle Fenster in Itays Wohnung. Lola und ich sortierten unsere Kleidung aus, verwandelten unsere Küche in einen Urwald aus Topfpflanzen. Wir taten alles, damit uns bloß nicht langweilig wurde und wir nicht wieder fingernägelkauend in der Küche saßen und auf unseren Handys rumwischten. Lola begann, Tarotkarten zu legen, ich lange spazieren zu gehen.

Der geplante Flug meiner Schwester nach Tel Aviv wurde gestrichen, so wie alle anderen Flüge. Und so finde ich mich am Pessach-Abend, dem Familienfest, das selbst säkularen Juden heilig ist, allein mit Itay vor einem Computerbildschirm. Unser erster *Seder*-Abend findet dieses Jahr per Zoom statt, dieser unsäglichen Videoplattform, über die jetzt alles kommuniziert wird, und die wir zu hassen begonnen haben. Durch vier kleine

Videofenster schauen wir in die Wohnungen von Itays Familie, direkt voreinander und doch nicht zusammen. Itays Mutter hat vorab unzählige Tupperdosen an alle verteilt, mit gekochtem Ei, Sellerie, Salat, *Charosset* – der süßen Pampe aus Obst und Nüssen – und Matzen: allen Zutaten für den Seder-Teller. Jeder erhielt zudem eine Pessach-*Haggadah*, das Buch, das durch die Gesänge, Segenssprüche und Geschichten des Seder-Abends führt, gebratenen Fisch und Salate.

Doch während Itay und seine religiöse Mutter inbrünstig singend durch die Haggadah peitschen, tippt Itays Vater demonstrativ unbeteiligt auf seinem Handy rum. Er hält Religion für Verblendung. Auf den anderen Bildschirmen strecken Itays Neffen und Nichten erst die Zunge in die Laptop-Linse und starren dann hypnotisiert neben die Kamera, wo wir einen laufenden Fernseher vermuten. Ich singe die Lieder mit, die ich kenne, doch so macht die Prozedur keinen Spaß. Irgendwann gibt selbst Vorbeter Itay auf, wir klappen den Bildschirm zu und essen schweigend Matzeknödelsuppe und gebratenen Fisch.

Alles an diesem Seder ist anders als in den vergangenen Jahren. So hatte ich mir meinen ersten Frühling nach der Auswanderung nicht vorgestellt. Wie lange das wohl noch gehen wird? Aus Langeweile nehme ich an einem Online-Sprachkurs teil, doch im Kurs sitzen fast ausschließlich Amerikaner und Engländer, die entweder nicht in Israel leben oder dies schon zehn Jahre tun und Hebräisch noch immer nicht gelernt haben.

Nach den ersten langen Wochen im Ausnahmezustand, am Schiebefenster meiner WG-Küche, fallen Lola und mir auch die schönen Kleinigkeiten dieser seltsamen Zeit auf. Unsere Nachbarn sprechen plötzlich mit uns. Letztens hat Swetlana das Klavierspiel zweier Nachbarjungs mit ihrem Saxofon begleitet. Nach jedem Lied brandete Applaus aus den Fenstern der umliegenden Gebäude auf.

Als aus einem rostigen Wasserrohr an unserer Hauswand plötzlich graues Dreckwasser hervorschießt, herrscht sogar so große Aufregung, dass unsere Hunde hassende Nachbarin von oben drüber an unserer Wohnungstür klopft, um sich den Schaden aus der Nähe anzusehen. Gemeinsam entwickeln wir einen McGuyver-mäßigen Plan, wie wir das sprudelnde Rohr stopfen. Ich überlege, sie auf das Megafon anzusprechen, mit dem sie neuerdings ihre Drohungen gen Hundepark deutlich verstärkt. Doch dann lasse ich es. Manche Dinge muss man der Unterhaltung halber so lassen, wie sie sind. Gerade in diesen lähmend langweiligen Lockdown-Zeiten.

Die Israelis sind definitiv freundlicher, kontaktfreudiger und solidarischer in dieser Pandemie. Als ich auf Facebook nach aussortierten Puzzles frage, setzt sich ein mir unbekannter Teenager aus dem Norden Tel Avivs ins Auto und fährt mit seiner Mutter nach Yafo, um mir ein 1000-Teile-Puzzle von Johnny Depp zu bringen. An einer Ampel spricht Itay und mich ein Mann durch sein offenes Autofenster an und fragt, wie es uns geht. Einfach so. Für die im Alltag eher ignoranten bis rüpeligen Israelis ist das schon eine starke Leistung.

Aus Deutschland bekomme ich in diesen Tagen nur mit, dass das Leben fast normal weitergeht und die Deutschen trotzdem wie verrückt Klopapier kaufen. Eine 100-Meter-Ausgangssperre wie hier gibt es dort nicht. Während in Israel im ersten Lockdown mehr als eine Million Menschen ihre Jobs verlieren und sich rund 25 Prozent der arbeitenden Bevölkerung arbeitslos melden, sitzen in Deutschland die meisten im Home Office, Restaurants haben «zum Mitnehmen» geöffnet, es gibt kaum Beschränkungen des Bewegungsradius. Trotzdem jammern alle.

In dieser Corona-Zeit wundere ich mich öfter über das Land, das bis vor Kurzem mein Zuhause war. Im Internet sehe ich auf Demonstrationen von Corona-Leugnern Menschen, die einen

Judenstern tragen und sich mit den Opfern des Holocaust vergleichen. Ich sehe den TV-Bericht, in dem eine junge Frau ihr aktuelles Leben mit dem Anne Franks vergleicht. Ich lese von gealterten deutschen Rappern und Fernsehköchen, die «die Juden» wahlweise hinter dem Virus selbst oder hinter dem Geschäft mit dem Impfstoff vermuten. Es ist nicht sympathisch, was über Twitter und Facebook aus Deutschland zu mir schwappt, es macht mir Sorgen.

Es ist auch ein seltsames Gefühl, in dieser Krise so weit weg von meinen Eltern zu sein. Meine Mutter weint jetzt öfter, wenn wir telefonieren. Sie versucht, es zu verstecken, aber ich merke sofort, wenn ihre Stimme zittert und ihr das Wasser in die Augen steigt. Der Abstand zwischen uns erscheint größer, seit es kaum Flüge zwischen Tel Aviv und Frankfurt gibt. Die Ungewissheit, wann diese Phase vorübergehen wird, lässt die Trennung noch viel endgültiger erscheinen.

«Mama, das geht vorbei, dann sehen wir uns und dann gehe ich euch wieder auf die Nerven», versuche ich zu scherzen. Aber die Tränen meiner Mutter zu sehen, schmerzt mich auch. «Erinnerst du dich an mein Austauschjahr?», probiere ich es weiter. «Da haben wir uns ein Jahr lang gar nicht gesehen. Jetzt sind es erst wenige Monate.»

«Aber da wussten wir, dass du irgendwann wieder zu uns nach Hause kommst», sagt meine Mutter und drückt sich ein Taschentuch gegen das Unterlid. Ich fühle mich hilflos in diesen Momenten. Und auch ein bisschen schuldig. Ich bin die Tochter, die in ein anderes Land gezogen ist. Weg von ihren Eltern, die langsam älter werden. Ich sitze Tausende Kilometer entfernt und kann außer einem täglichen Videoanruf nichts tun.

Ich bestelle jetzt öfter Blumen im Internet und lasse sie meinen Eltern und meiner Schwester vorbeibringen. Ein Eichhörnchen-Haus für die Terrasse. Eine Box voller Lakritz zum

Geburtstag meiner Mutter. Ein Drei-Gänge-Menü für meine Schwester und ihren Mann. Mir ist sehr wohl bewusst, dass ich mich verhalte wie ein Elternteil nach einer Scheidung. Schuldgefühle sind die besten Konsumenten.

Es gibt nur einen Gedanken, der mich beruhigt. Ich weiß, dass meine Eltern auch lange davon geträumt haben, Deutschland zu verlassen. Gerade meine Mutter, der ich so aus dem Gesicht geschnitten bin, hat so früh so Mutiges gewagt, die Enge ihres Elternhauses hinter sich gelassen, ist nach Berlin gegangen und hat unter anderem Chinesisch studiert. Sie hat sich den Erwartungen ihrer Eltern widersetzt und blieb nicht mit dem langjährigen Freund im westdeutschen Dorf zusammen, sondern reiste stattdessen mit meinem Vater in einem Kombi durch die USA, nach Israel – durch die Welt, die ihre eigenen Eltern nie gesehen hatten. Meine Mutter hat die meiste Zeit ihres eigenen Erwachsenenlebens nicht in direkter Nähe ihrer Eltern gewohnt, sondern ist dahin gegangen, wohin es sie gezogen hat, wohin sie ihre Arbeit als Journalistin führte, wo sie das Leben leben konnte, das sie für sich geplant hat.

Meine Mutter ist wahrscheinlich die Mutigste von uns allen in der Familie. Sie hat die größten Schritte gemacht, die größten Opfer gebracht – wer lässt sich schon gern mehrfach abwimmeln, um Teil einer Religion zu werden, die es einem so schwer macht? Sie hat das Lernen in Kauf genommen, die Prüfungen und das Gefühl, nie ganz dazuzugehören. Mit einem jüdischen Ehemann, der ihr offen gezeigt hat, dass es ihm nicht leicht fällt, mit ihrer christlichen Familie Zeit zu verbringen. Besuche bei der Familie meiner Mutter endeten oft im Streit. Über das, was früher war, oder darüber, wie mein Opa, mein Onkel, der Schwager, etwas über Juden, den Holocaust, den Krieg formulierten. Das alles zu akzeptieren – die Kluft zwischen den unterschiedlichen Welten –, dazu gehört Stärke und viel Mut.

Ohne den Willen und die Liebe meiner Mutter, und vielleicht auch ihren Starrsinn, der meinem so ähnlich ist, wäre ich heute nicht da, wo ich bin. Ohne ihr Talent würde ich nicht schreiben, ohne ihr Vorbild nicht dieses Interesse für Menschen haben, die anders leben als ich. Ohne ihre unbändige Neugier hätte ich mich nicht in diese Welt getraut, nicht nach Boston, Harlem, Istanbul. Und erst recht nicht nach Israel. Meine Mutter weiß, wie wichtig es ist, seine Kinder ziehen zu lassen. Denn nur dann kommen sie gern wieder.

Perspektiven

Meine Oberschenkel kleben vor lauter Hitze an dem Plastikstuhl. Neben mir hüpft ein Kind in ein aufgestelltes Planschbecken, ich habe mich strategisch günstig neben das Becken gesetzt, um möglichst viele Wasserspritzer abzubekommen. Itays Neffe feiert Geburtstag, neben Kinderpool und Trampolin gibt es Geschenke, und zwar wie jeden Geburtstag für alle Neffen und Nichten, damit sich keiner benachteiligt fühlt. Der Garten ist erfüllt von Kreischen, israelischem Rock und den Gesprächsfetzen der Gäste. Die ganze Familie ist gekommen, Cousins und Cousinen, Tanten, Onkel, Großeltern, Großtanten, und sogar ein Urgroßvater und eine Urgroßmutter von fast neunzig Jahren sollen unter den Gästen sein.

Seit einigen Wochen ist der erste Corona-Lockdown vorbei, die Infektionszahlen sind gerade so niedrig, dass wir uns wieder trauen, die Familie zu treffen. Mit Abstand und teils in medizinischen Masken sitzen und stehen Dutzende Verwandte im Garten, während die Kinder planschen und Trampolin springen. Auf dem Gartentisch steht viel, viel Essen: Quiche mit Spinat, Burekas mit Käsefüllung, Gemüsefrikadellen mit Mangold und Lauch, Kuchen und Muffins. «Ich habe deinen Salat gemacht», hat Itays Mutter zu mir gesagt und eine überdimensionale Tupperdose Rote-Bete-Salat aus ihrer Kühltasche geholt.

Über uns spannt sich ein blaues Sonnensegel, darunter staut

sich die Wärme. Ich wische einen Schweißtropfen weg, der aus meiner Kniekehle am Bein herunterrinnt. Bei manchen, die um mich mit ihren Tellern herumstehen, habe ich keine Ahnung, ob und wie sie mit Itay verwandt sind. Ich kann vor lauter Hitze kaum denken und versuche, Smalltalk auf Hebräisch zu vermeiden. Doch es hilft nichts.

«Kommst du her oder traust du dich nicht?», ruft mir Itays Tante zu. Ich lächle artig und schiebe meinen Stuhl zu ihr an den Gartentisch. «Das ist also die deutsche Freundin von Itay!», sagt sie laut und guckt mich mit einem herausfordernden Lachen an. Ich merke, wie sich mehrere Verwandte zu uns umdrehen. Es folgen Fragen und Feststellungen, die ich schon gewohnt bin: Ob ich Israel mag? Dass es doch sicher leichter ist, wenn man einen israelischen Freund hat. Ich stimme nur teilweise zu. Ich habe ja nicht wegen Itay Aliyah gemacht, manchmal nervt es mich, dass das so oft angenommen wird. Doch Itays Tante ist schon bei dem Thema, das sie am meisten bewegt: Ihr Mann, der auch Deutscher war und für eine deutsche Zeitung geschrieben hat. Er ist vor einigen Jahren gestorben. Ich weiß nicht, was ich dazu sagen soll, also frage ich: «*At mitga'aga'at elav?*» – Vermisst du ihn? Itays Tante hält inne, nickt und wird still. Itays Mutter tätschelt ihren Arm. Vielleicht bin ich zu sehr im Journalistenmodus, denke ich, vielleicht war die Frage zu persönlich. Ich schiebe diesen Gedanken weg. Das hier ist immer noch Israel, Land der offenen Gefühlsbekundungen.

Jemand anderes schiebt sich in mein Sichtfeld. Eine Frau hilft einem älteren Mann in den Sitz vor mir. Er lässt sich schwer in den Gartenstuhl sinken. Sein kurzärmliges Hemd ist leicht verschwitzt, seine Haut fleckig vom Alter, das weiße Haar ordentlich nach hinten frisiert. Neugierig guckt er mich an. «*Hu rozeh ledaber itach*» – Er will mit dir reden, sagt die Frau, die ihm in den Stuhl geholfen hat. Ich glaube, sie ist die Schwester eines Schwagers, aber sicher bin ich mir nicht. Man verliert hier leicht den Überblick. Die Frau guckt zwischen mir und dem alten Mann hin und her, als wüsste sie auch nicht ganz, was sie von der Zusammenkunft halten soll. Der ältere Mann schaut mich noch immer an, dann sagt er etwas mit leiser Stimme. Ich verstehe ihn nicht richtig. Er spricht so leise, fast klingt es … als spräche er Deutsch. «Ein Mann hat drei Töchter, die will er verheiraten …» Er erzählt einen Witz. Ich verstehe nicht jedes Wort, aber als er aufhört zu reden und mich erwartungsvoll anguckt, weiß ich, dass ich jetzt lachen soll.

Sein Name ist Schlomo. Schlomo betont Worte lustig, er sagt «a bleidrr Mann» statt «ein blöder Mann», seine Satzstellung erinnert mich an die der Alten aus der Jüdischen Gemeinde in Frankfurt, deren Deutsch sich mit Jiddisch vermischt.

«So viele Jahre habe ich nicht gesprochen Deutsch», sagt er. *«Me'eifo ata jodea germanit?»* – Woher kannst du Deutsch?, frage ich. «Von den Eltern», antwortet er, weiterhin auf Deutsch. «Hat mir geholfen, als ich im Arbeitslager war.»

Schlomo ist 1931 in Polen geboren und aufgewachsen, in einem jüdischen Ghetto, erzählt er. Seine Eltern konnten Deutsch, weil Österreich diesen Teil Polens einst annektiert hatte, und es eine Zeit lang vorgeschrieben war, Deutsch zu reden. In Schlomos Familie sprachen sie Deutsch und Jiddisch, erzählt er, bis eines Tages die Nationalsozialisten in seinen Ort kamen und die Familie sich zu verstecken versuchte. «Wie die Mäuse», sagt er, «wie die Mäuse in den Löchern.»

Seine komplette Familie wurde ins Arbeitslager gebracht. Schlomo musste Gräben ausheben für die Nazis, die er nur «die Deutschen» nennt. Warum und wozu, das weiß er heute nicht mehr genau. Aber er erinnert sich noch genau an die dünne Suppe, die die Zwangsarbeiter zugeteilt bekamen: «Nur warmes Wasser.» Seine Mutter überlebte die Strapazen nicht. Er atmet laut aus: «Sie starb vor Erschöpfung.» Ich bin jetzt ganz still. Die Hitze spüre ich nicht mehr.

Deutsch habe ihn gerettet. «Ich habe immer ‹Zu Diensten, Herr General!› gesagt, das mochten die Deutschen.» Nach der Befreiung durch die Russen seien er, sein Vater und ein Bruder als Displaced Persons ausgerechnet nach Deutschland gekommen, in ein Lager für Menschen, die ihre Heimat verloren hatten, in Bad Reichenhall. Nach zwei Jahren dort brachte sie 1948 eine Hilfsorganisation nach Israel.

«Aber wen interessiert's noch heute?», fragt er und sieht mich an. Ich merke, dass die Gäste um uns herum zu uns schauen. Mir wird klar, dass uns hier niemand versteht. Ich sehe ihre Gesichter, die, teils fragend, teils mit hochgezogenen Augen zu uns blicken, als wüssten sie nicht, was sie ausgerechnet von dieser Sprache halten sollen, die wir sprechen.

«Mich interessiert es», sage ich. Ich muss an die Interviews und Gespräche denken, die ich mit Menschen wie Schlomo geführt habe. Menschen, die den Holocaust miterlebt und überlebt haben. Ich erinnere mich an die Gespräche mit Bewohnern des jüdisch-christlichen Altersheims meiner Oma in Frankfurt, deren Geschichten ich teilweise aufgeschrieben habe. Geschichten von Pogromen, von Lagern, von ermordeten Familienmitgliedern. Von Fluchten, durch Rumänien, Frankreich, USA, Palästina, Deutschland – stets mit dem Wunsch, irgendwo anzukommen, wo doch keine Heimat war. Doch hier und jetzt fühlt sich das anders an.

Mit so einer Geschichte habe ich hier nicht gerechnet, an diesem Sommertag auf einem Kindergeburtstag, in einem Garten in Herzliya, wenige Kilometer von dem Ort, an dem ich meine Kindheitsurlaube verbracht habe. Ich sitze neben einem Kinderpool. Natürlich befinde ich mich in Israel, Wahlheimat und Heimathafen so vieler Überlebender und ihrer Geschichten.

Doch dass jemand mit fast neunzig Jahren noch das Bedürfnis verspürt, mir auf Deutsch seine Geschichte zu erzählen, das berührt mich. Es bestürzt mich auch.

Wir unterhalten uns noch ein bisschen, dann kommt die jüngere Frau wieder und bedeutet ihm, dass sie jetzt gehen. Schlomo greift nach ihrem Arm und erhebt sich langsam aus dem Stuhl. Vorsichtig setzt er einen Schritt vor den anderen und bleibt vor mir stehen, um meine Hand zu schütteln. «Es hat mir Spaß gemacht», sagt er.

Nein, in einem Lager sei sein Großvater nicht gewesen, sagt mir Eran, der Ehemann von Itays älterer Schwester am Telefon, als ich ihn auf Schlomos Lebensgeschichte anspreche. Doch, doch, antworte ich, in einem Arbeitslager in Polen, das habe er erzählt. Eran weiß nichts davon, er habe aber auch nie gefragt, gibt er zu. Ich nehme mir vor, den alten Mann bei der nächsten Gelegenheit noch mal zu fragen, vielleicht habe ich ihn falsch verstanden.

Es war immer schon so, dass mir Leute viel erzählt haben. Vielleicht liegt das daran, dass ich mit so vielen Großmüttern aufgewachsen bin. Vielleicht höre ich deswegen anders zu als andere Menschen. Doch es ist meine deutsche Identität, die hier in Israel die bewegendsten Geschichten hervorruft. Traurig, schockierend, seltsam, skurril. Sobald ich erkläre, dass ich Jüdin aus Deutschland bin, scheint es, als würde ich einen Würgereflex aktivieren. Wildfremde spucken mir ihre Lebensgeschichte, ihre Gefühle, Ängste und Traumata vor die Füße, ob ich will oder nicht. Oft geschieht das in Momenten, in denen ich am wenigsten damit rechne.

Ich gehe in einen Laden für Babyausstattung, um ein Geschenk für meinen Neffen zu kaufen. Zwanzig Minuten später verlasse ich den Laden und weiß, dass die Großmutter der Verkäuferin die Nummer aus einem Konzentrationslager auf dem Arm tätowiert hatte, dass es nicht leicht war, mit dieser Großmutter zu leben, dass die Familie sich nicht an den Namen des Lagers erinnert, es aber zu spät ist zu fragen, zu unangenehm. Zum Abschied wedelt die Verkäuferin mit einem fetten Joint und fragt mich, ob ich mitrauchen möchte. «Medical marijuana», sagt sie, als sie ihn vor dem Laden anzündet, «the best.» Dass sie Krebs habe, sagt sie, wie in einem Nebensatz, aber das Gras mache es leichter. Und dann lacht sie, leicht gequält, und doch mit einer Dringlichkeit, als würde das Teilen dieser Geschichten ihr eigenes Leid, das ihrer Familie, das ihrer Großmutter ein wenig lindern.

«Almost everyone here has these stories.» Ich sitze im Büro meines Steuerberaters in einem der hohen Glastürme in der Nähe der Börse, unter uns erstrecken sich Tel Aviv und seine Vororte. Mein Steuerberater sitzt hinter seinem Schreibtisch, sein braunes Haar fällt in Wellen in seine Stirn. Eigentlich wollte er mir heute das System der israelischen Altersvorsorge erklären, doch irgendwie sind wir bei diesem Thema gelandet. Seine Familie hat österreichische Wurzeln. Er erzählt mir von seiner Großmutter, die auf ihn aufgepasst hat, als er noch ein Kind war. «At night, around eight o'clock, she started telling these stories», erinnert er sich. Mit der Dunkelheit kamen bei seiner Großmutter die Schatten der Vergangenheit hoch. «It was horrible», sagt er, starrt ins Leere und schüttelt sich. Geschichten vom Holocaust habe sie erzählt. «I had nightmares of those stories.»

In meiner ersten Unterrichtsstunde erzählt mir einer meiner Hebräisch-Lehrer von seiner jüdischen Großmutter und seinem nicht-jüdischen Großvater. Als «Mischlinge» habe die Familie in Preußen die Nazizeit unbehelligt überlebt, bis die Russen kamen und die Familie erst nach Berlin zog, dann nach Israel. Mein Lehrer spürt bis heute einen unerklärlichen Sog nach Berlin. So stark, dass er schon elfmal dort war, seit Jahren Deutsch lernt, bis er eines Tages genug Geld gespart hat, um dorthin zu ziehen. «Es ist schon seltsam», sagt mein Lehrer, «mein nichtjüdischer Großvater ist der Grund, warum wir dieses Gespräch überhaupt führen – ohne ihn wäre meine deutsche Familie vielleicht nicht mehr am Leben.» Doch es ist die jüdische Identität seiner Großmutter, die ihn an Deutschland bindet, ihm sogar einen deutschen Pass ermöglicht und so eine Zukunft in dem Land, das lediglich aufgrund einer Ausnahme seine Familie verschonte.

Oft denke ich, dass meine Faszination für Israel nicht ganz verwunderlich ist. Israel, Heimat der Schwätzer und der Schweiger, Geschichtenerzähler und Geschichtenbewahrer. Einer *der* Orte dieser Welt, an dem jeder und jede eine Geschichte mit sich rumträgt, die sie oder ihn belastet, aber auch definiert. Die Geschichte der Vorfahren, die eigene. Wo sonst gehört das Weitergeben von Geschichten zur nationalen Identität, zur religiösen Pflicht, zur gesellschaftlichen Aufgabe? Vielleicht ergeben ausgerechnet hier meine eigene komplizierte Familiengeschichte und die Geschichten, mit denen ich groß geworden bin, einen Sinn.

Jerusalem

Während des Lockdowns zoome ich manchmal mit meinen Freunden in Hamburg. Da sitzen wir vor unseren Laptops und Tablets, zehn, zwölf kleine Videokästchen der Freundschaft. Die anfängliche Freude über gemeinsames Anstoßen vor der Kamera schwindet schnell und weicht einer lähmenden Langeweile. Wir haben uns nicht mehr so viel zu erzählen. Das liegt an Corona, es liegt aber auch daran, dass ich inzwischen gar nicht mehr so genau weiß, was an meinem Alltag für sie noch interessant ist. Ich fotografiere und filme zwar noch immer viel, doch ich schicke weniger in die WhatsApp-Gruppe, die ich eröffnet habe, um meine Freunde über meine Auswanderung auf dem Laufenden zu halten. Ich bin jetzt bewusst und präsent in Israel, auch wenn dort scheinbar wenig passiert.

Itay und ich beginnen die Corona-Regeln auszureizen. Wir fahren und laufen in die Natur, so oft wir können. Einmal gehen wir zu Fuß von seiner Wohnung in Ramat Gan bis in den Norden Tel Avivs, durch den Park HaYarkon, bis nach Petach Tikwa und zurück. 23 Kilometer, durch Vororte, Parks, eine Grapefruitplantage, ein Industriegebiet. Wir spielen *Matkot*, das israelische Beachball, im Park Leumi, dem Nationalpark nahe Itays Wohnung, sitzen auf einer Decke in der Sonne unter ausladenden Bäumen, spielen Karten- und Brettspiele, stöbern im öffentlichen Bücherschrank und genießen die Ruhe im sonst nie leeren Park. Einmal, zwischen zwei Lockdowns, fahren wir nach

Jerusalem. In der Nähe des Machne Yehuda-Markts fotografieren wir das Haus, in dem Itays Mutter aufgewachsen ist. Wir spazieren durch eine geisterhafte Altstadt und werden trotzdem fast von einem Motorradfahrer überfahren, der durch die leeren Gassen heizt und uns auf Arabisch anschreit.

Jerusalem war nie meine Stadt, zu angespannt, zu viele Fanatiker auf engem Raum, zu unberechenbar. Ich erinnere mich an all die Reisen, die ich bereits in die geteilte Stadt gemacht habe, was ich dort gesehen und gelernt habe. Auch dieses Mal kommt mir die Stadt feindlich vor, so leer sogar fremder als zuvor, dabei ist es jetzt die Hauptstadt des Landes, in dem ich lebe.

Nach dem obligatorischen Touristenfoto von uns vor der Klagemauer, hinter der die goldene Kuppel des Felsendoms leuchtet, laufen Itay und ich an den Rand der Altstadt. Vor uns erstreckt sich Ost-Jerusalem, auf Hügel gesprenkelt liegen die arabischen Stadtteile Silwan, Ras Al Amud, Scheich Dscharra und wie sie alle heißen. Es ist fast halb fünf, ein Kanon aus Muezzin-Gesängen schwappt zu uns rüber. «Lass uns weitergehen, da hinten ist irgendwo das Grab von Oskar Schindler», sagt Itay. Ich kann mich nicht losreißen. Das Singen der Muezzin, der Anblick der arabischen Dörfer in direkter Nähe der heiligsten jüdischen Stätte – wie immer in dieser Stadt berührt mich die Unmittelbarkeit des hier so sichtbaren Konflikts. Ich frage meinen Freund, was er fühlt, wenn er das hier alles so sieht und hört, und zeige mit dem Arm auf die Hügellandschaft vor mir.

«I admire it as a tourist», sagt mein Freund. «I don't see it as my problem. Even though it is.» Die Antwort überrascht mich erst, dann macht sie mich niedergeschlagen. Es ist tatsächlich sehr leicht, den Konflikt zu vergessen, wenn man nicht dort wohnt, wo er sich entzündet.

Unsere Touren werden weiter, länger und vielfältiger. Auf manche Ausflüge nehmen wir Itays Neffen und Nichten mit, die dankbar für den Tapetenwechsel sind. Wir wandern mit ihnen in einem Wald vor Jerusalem, sammeln Steine und Stöcke, die wie hebräische Buchstaben aussehen. Wir picknicken mit hartgekochten Eiern und Fladenbrot auf einer Düne in Herzliya und klettern mit ihnen durch Felsschluchten am Toten Meer. Ich zeige ihnen, wie man die Polaroidkamera benutzt, die mir eine deutsche Freundin geschenkt hat. Itay hilft mir, ihnen ein Kartenspiel beizubringen, das ich aus Deutschland mitgebracht habe. Ich zeige ihnen, wie man mit einem Grashalm tröten kann, indem man ihn zwischen den Fingern spannt und dagegen pustet. Meine Scheu, mit den Kindern Hebräisch zu reden, sinkt. «*Eich korim le-seh?*» – Wie nennt man das?, frage ich die sechsjährige Nichte und halte eine Muschel hoch. Sie gibt mir stolz Auskunft («*Zdaff!*») und fragt zurück, wie man das auf Englisch sagt. Unter Deutsch kann sie sich nichts vorstellen.

Als ich wenige Wochen vor der Geburt meines eigenen Neffen in ein Flugzeug nach Frankfurt steige, bekomme ich vor dem Abflug vier Videos zugeschickt. «Sarah, wir lieben dich, komm bald zurück!», rufen die Kinder in die Handykameras ihrer Mütter.

The tourist friend

Obwohl schon Mitternacht ist, ist die Luft noch richtig warm. Ich trage ein Sommerkleid, das mir Lola geschenkt hat, und rutsche mit Po und Oberschenkel über den schweißnassen Stuhl. Israel, das Land, in dem ich bemerkte, dass ich extrem am Hintern schwitze.

Bunte Lichterketten tauchen die Dachterrasse der Bar in warmes Licht. Auf einem langen Holztisch vor mir drängen sich Weingläser, Teller mit Resten von gebratenen Kartoffelspalten, Geschenkpapier und Shot-Gläser. Lola sitzt in der Mitte der Tafel, umringt von ihren Freunden, auf ihren Locken liegt ein Kranz Blumen. Sie feiert Geburtstag und hat in eine Bar in Yafo eingeladen, die sich trotz Corona wieder zu öffnen traut. Die Israelis gehen in diesen Tagen laxer mit Abstandsregeln um, Bars machen heimlich auf, Cafébesitzer nehmen die hohen Bußgelder in Kauf, die die Polizei weiterhin gnadenlos verteilt. Die Stimmung ist entspannter geworden. Fast scheint es, als hätte Corona seinen Schrecken verloren.

Ich bin aufgekratzt und leicht betrunken. Lola hat mich fast jedem neuen Gast vorgestellt mit den Worten: «*Sot Sarush, ha-Schutafa sheli*» – Das ist Sarush, meine Mitbewohnerin. Einige ihrer Freunde sagten sogar: «Wir haben schon viel von dir gehört.» Den ganzen Abend habe ich Hebräisch geredet. Hauptsächlich mit Lolas Cousine, die selbst aus den USA nach Israel eingewandert ist, und ihrem Freund, einem Israeli, der in einem

Start-up arbeitet, das Nutzer per App mit einem Kirmes-Roboter nach Kuschelbären greifen lässt. Gut, vielleicht habe ich nicht alles richtig verstanden. Aber diesmal habe ich mich nicht beirren lassen. Ich habe angefangen, Gespräche zu initiieren, Fragen zu stellen und selbst zu erzählen. Über meine Interviewserie für eine deutsche Zeitung, meine Angst vorm Zusammenziehen mit Itay, über die Gründe, warum ich Aliyah gemacht habe. Und ich habe den Eindruck, ich wurde verstanden, und war sogar unterhaltsam. Der Weißwein und die Arak-Shots haben sicherlich geholfen.

Mir gegenüber sitzt Lolas neuer Freund, er sieht alles andere als glücklich aus. Sein Gesichtsausdruck erinnert mich ein bisschen an Itay, wenn ich ihn zu Treffen meiner Freunde schleife und er in einer Gruppe von Menschen, die er kaum kennt, Smalltalk führen muss.

Ich hingegen fühle mich zum ersten Mal in einer Runde Israelis nicht fremd. Ein großer Schritt. Eine Hürde ist gefallen in den vergangenen Monaten. Mein Hebräisch ist besser, und das macht einen riesigen Unterschied. Plötzlich kann ich verstehen, was Dan von seinem letzten Date erzählt und wie heiß der Typ gewesen ist. Ich verstehe mehr von den Gesprächsfetzen, die mir auf der Straße entgegenwehen. Den fluchenden Autofahrer. Den gemurmelten Spruch der alten Männer auf den Plastikstühlen vor dem Burekas-Laden, wenn man in kurzen Shorts vorbeiläuft: «*Eise joffi*» – welche Schönheit. Ich kann erstmals reagieren, und sei es nur mit Augenverdrehen.

Das Chinesisch, das mich einst umgab, ist heute ein bisschen mehr Hebräisch.

Es gibt weiterhin Momente, in denen ich mit mir selber kämpfe, meiner Ungeduld mit Hebräisch, dieser Sprache, die so viele Regeln hat und so wenig gemein mit Deutsch, Englisch oder Französisch. Dazu kommt, dass die Israelis die Angewohnheit haben, englische Worte mit hebräischem Akzent auszusprechen. «*Eise Kriip*», sagte letztens eine Freundin zu mir. «Was ein *Kriip*», verstand ich und dachte, das Wort Kriip kenne ich nicht. Sie meinte das englische Wort *creep*, also ein nicht ganz geheurer Typ. Mit hartem K und gerolltem R für mich vollkommen unerkennbar. Ebenso *strrrrollerrr* für Kinderwagen oder *friik kontrrrollll* – eine verdrehte Form von Kontrollfreak.

Doch die Momente, in denen ich überfordert aufgebe, verstehen zu wollen, werden weniger. Und das macht mich unheimlich stolz. An Lolas Geburtstagsabend spüre ich diesen Stolz wieder. Ich plappere den ganzen Abend angetrunken vor mich hin, bis wir den Rest der offenen Rechnung zahlen, Lola ihre Geschenke zusammensucht und wir uns zum Ausgang bewegen.

Als wir zur Treppe ins Untergeschoss laufen, spricht mich ein Typ auf einem Barhocker an. Er zeigt auf mich und ruft mir auf Englisch zu: «Are you the tourist friend of these people?» Ich stammele irgendwas von «Nein, ich bin Israeli» und gehe weiter. Ich bin zutiefst niedergeschmettert. Einen ganzen Abend rede ich nur Hebräisch, und trotzdem identifiziert mich dieser Heini als das fremde Element, gar als Touristin. Dabei saß er mehr als zehn Meter von uns entfernt. Woran sieht er, dass ich anders bin? Ich trage doch sogar Lolas Sommerkleid. Liegt es an meinem Gesicht, das so erkennbar un-israelisch ist? An meiner europäischen Gestik? Kann er auf die Entfernung mein fehlerhaftes Hebräisch gehört haben? An diesem Abend gehe ich wieder verunsichert und frustriert nach Hause.

Deutsche Frauen

Das ist ja praktisch, hier gibt es ja so viele reiche Juden», sagt die Frau auf Deutsch, während sie vor mir die Treppe zum Ulpan hochsteigt.

«Was hast du gesagt?», frage ich. Es ist laut im Treppenhaus, ein metallisches Kreischen dringt aus der geöffneten Tür der Schleiferei im Erdgeschoss durchs ganze Treppenhaus. Ich muss mich verhört haben.

«Reiche Juden», wiederholt die Deutsche unbeirrt. «Davon gibt es doch hier so viele.» Ich starre sie an. Sie trägt eine gestreifte Pluderhose, um ihren Arm ranken sich Armbänder aus Leder und Stoff, das Haar hat sie zu einem fransigen Etwas hochgesteckt. Wir kennen uns erst seit wenigen Minuten, nach einem ersten Vorstellen habe ich ihr erzählt, dass ich in einer deutschen Zeitung mal eine Interviewserie geführt habe, in der ich Hamburger Promis zu Geld, Erfolg und Scheitern befragt habe. Dann kommt von ihr dieser Spruch. *Hier gibt es ja so viele reiche Juden.*

«Du weißt schon, dass das ein antisemitisches Stereotyp ist?», frage ich sie und kann mein Genervtsein kaum verbergen.

«Wieso, stimmt doch», entgegnet sie unbekümmert. «Die meisten Juden sind reich.»

Ich bin fassungslos. Ich kann nicht glauben, dass ich hier, in Israel – noch dazu in Florentin, dem Stadtteil von Tel Aviv, in dem sich heruntergekommene Mehrfamilienhäuser in engen Straßen drängen, die im Winter von Regen überflutet werden und im Sommer von Kakerlaken und Ratten, wo es nach Hundepisse stinkt und Hipster in Cafés vor ihrem Laptop über Stunden an einem einzigen Espresso nippen, weil sie sich das Arbeiten im Café eigentlich nicht leisten können, aber in der WG keine Ruhe finden – dass ich ausgerechnet hier eine Deutsche treffe, die mir erzählt, Juden seien hauptsächlich reich. Noch dazu in einer Sprachschule für Hebräisch. Wie tief kann ein Vorurteil sitzen?

Ich treffe in Israel auf überraschend viele deutsche Frauen. Die meisten von ihnen sind keine Jüdinnen. Viele sind gekommen, um zu bleiben, für einen Mann, ein Studium, einen Traum, die Hoffnung auf einen Job. Meist jedoch ist es ein israelischer Freund.

Eine von ihnen, Annika aus Baden-Württemberg, war meine erste Mitbewohnerin, bei der ich einige Wochen zur Untermiete lebte. Am Tag meiner Aliyah begrüßte sie mich mit den Worten: «Willkommen und frohe Weihnachten!» und zeigte mir stolz den Weihnachtsbaum aus Plastik in ihrem Zimmer. Ich habe mich gar nicht getraut, ihr zu sagen, dass dies das erste Mal war, dass ich einen Weihnachtsbaum in der Wohnung stehen hatte.

Annika ist nicht jüdisch, sie hat sich einfach in die israelische Wüste verliebt, dann in ihren Freund. Die beiden entschieden, sich auf ein Partnervisum für Annika zu bewerben. Doch der Weg zum Partnervisum ist langwierig, er kostet Nerven und Geld. Fast ein Jahr lang musste Annika warten, auf Amtstermine, auf Interviews mit Mitarbeitern des Innenministeriums, in denen sie und ihr Freund getrennt befragt wurden, nach gemeinsamen Ausflügen und Besuchen der Familie, nach den Namen einzelner Verwandter. Jedes Jahr müssen sie von nun an dem Ministerium ausgedruckte WhatsApp-Chats vorlegen, die ihre Beziehung beweisen, Fotocollagen, ein Dutzend Briefe von Freunden und Verwandten, die bestätigen, dass die beiden ein Paar sind. Bis zur Erteilung des Visums hatte Annika keine Arbeitserlaubnis. Geld verdienen muss sie trotzdem, meist schwarz oder über deutsche Rechnungen, als Putzfrau, als Babysitter für deutsche Korrespondentenfamilien, in einem Fitnessstudio und indem sie ein Zimmer ihrer WG teuer vermietet an Menschen wie mich und andere Deutsche auf Zwischenstation.

Annika selbst spricht wenig Hebräisch. Vier Jahre lebt sie bereits im Land, vier Jahre, in denen sie mit Englisch ziemlich gut klarkam. «Hast du nie darüber nachgedacht, richtig Hebräisch zu lernen?», frage ich sie. Sie habe schon einen ersten Sprachkurs gemacht, antwortet sie. «Aber die Kurse sind teuer, sie kosten viel Zeit, und so richtig brauche ich Hebräisch im Alltag auch nicht.» Mit ihrem Freund und auf der Arbeit spreche sie Englisch oder Deutsch. Komplexe bürokratische Angelegenheiten regle ihr Freund. Mich wundert, dass das vier Jahre lang so funktioniert hat, meiner Erfahrung nach ist Sprache der wichtigste Weg, um sich wirklich zu Hause zu fühlen. Doch Annika liebt Israel, es ist schon lange ihr Zuhause, auch wenn das Land es ihr als Nicht-Jüdin nicht einfach macht.

Annika und ich verstehen uns gut, obwohl wir so unterschiedlich sind. Wenn ich daran denke, wie genau ich meine Auswanderung geplant habe. Wie viel Hebräisch ich vorab gelernt habe. Wie extrem ich vorausgedacht, versucht habe, mich vorzubereiten und Dinge wie Steuern, Versicherungen, Verträge sauber zu beenden. Annika ist einfach hergekommen und hat sich entschieden zu bleiben. Ich bewundere ihren Mut. Und ihr Durchhaltevermögen, ihre Fähigkeit, sich nicht abwimmeln zu lassen, trotz aller Widerstände und Probleme, die ihr die Bürokratie und die Gesetze des Landes machen. Sie hat einen starken Willen und eine unerschütterliche Zuversicht. Alles, wofür sie noch keine dauerhafte Lösung in Israel gefunden hat, findet weiterhin in Deutschland statt: ein Konto zum

Geldabheben, ihre Krankenversicherung, ihre Steuern. Annika ist sich sicher, dass sich am Ende alles fügen wird. Auch ohne Hebräisch.

In meinen Sprachkursen lassen sich die deutschen Frauen meist in zwei Gruppen teilen: die, die Israel auch nach Jahren lieben und hier aufblühen, wie Annika. Und die, die es absolut schrecklich finden.

In einem meiner Kurse sitzt eine deutsche Ärztin, die immer so leise Hebräisch spricht, dass man sie kaum verstehen kann. Sie ist wegen ihres Freundes und einem gemeinsamen Baby nach Israel gekommen und vereinsamt jetzt in der Mutterrolle, weil sie nach drei Jahren im Land noch immer zu schüchtern ist, laut Hebräisch zu sprechen. Sie findet Israel anstrengend, bei ihren Deutschlandbesuchen füllt sie ihre Koffer mit dm-Kosmetikprodukten und deutschen Topfschwämmen. Oft spricht sie mit leuchtenden Augen davon, in ein paar Jahren wieder nach Deutschland zu ziehen.

In einem anderen Kurs sitzt eine Blonde mit stets zusammengekniffenem Mund, auch sie ist hier wegen eines Mannes. In jedem Unterricht beschwert sie sich, über das Innenministerium, die rücksichtslosen Israelis, über die ständigen Amtsbesuche und hundert Formulare, die sie einreichen muss. Als wir an einem besonders heißen Tag mehrfach den Raum wechseln müssen, weil die Klimaanlage nicht funktioniert, keift sie als Einzige den Lehrer an: «Ich habe für diesen Kurs bezahlt, um zu lernen und nicht, um Zeit zu verschwenden!» In dem Moment schäme ich mich, Deutsche zu sein.

Meine Gefühle gegenüber den nicht-jüdischen Deutschen sind komplex. Wenn ich mit Annika zusammensitze, um ihr die hebräische Buchhaltungssoftware zu erklären; wenn ich sehe, wie sie sich im Alleingang durch ihr Hebräisch-Lehrbuch kämpft, dann empfinde ich Hochachtung für sie. Ich glaube nicht, dass ich mich getraut hätte, diesen Schritt zu gehen, wenn das Land mich nicht willkommen geheißen hätte. Der Status dieser deutschen Frauen mit Partnervisum ist abhängig von dem Funktionieren ihrer Beziehung. Den Druck, den sie spüren muss, kann ich mir kaum vorstellen.

Die nicht-jüdischen Deutschen haben es so viel schwerer als ich. Sie kämpfen darum, in einem Land zu leben, das sie eigentlich nicht willkommen heißt. Israel ist darauf ausgerichtet, Juden aus aller Welt zu seinen Staatsbürgern zu machen, sie zu integrieren, ihnen den Start zu erleichtern, durch subventionierte Sprachkurse, Fördergelder und Steuerrabatte. Alle anderen, alle Nicht-Juden, die in Israel leben wollen, haben es schwer. Und sie sollen es schwer haben.

Viele nicht-jüdische Deutsche wissen, dass sie nie den Status haben werden, den jüdische Israelis haben. «Ich fühle mich oft als Bürgerin zweiter Klasse», sagt Annika. Sie zahlt höhere Versicherungsbeiträge, kann allein schwer ein Konto eröffnen, sie hatte lange keinen israelischen Personalausweis, keine richtige ID-Nummer, die man in Israel für alles braucht – vom Empfangen eines Pakets mit Online-Käufen über das Unterzeichnen von Mietverträgen bis zum Schreiben einer Rechnung. Sie wurde in Ämtern und Behörden ignoriert, abgewimmelt und offen diskriminiert. Annika darf die ersten Jahre im Land nicht wählen. Sie wird immer die unsichtbare Grenze spüren, die sie von jüdischen Israelis unterscheidet. Und doch bleibt sie.

Zum Teil verstehe ich sie. Die deutschen Frauen lieben das Land. Das Meer, seine Wüsten, die Wärme der Menschen, die gierige Lebenslust, die schönen Männer. «Hier kann ich allein am Strand sitzen und mich nicht allein fühlen», sagt eine Journalistenfreundin und erzählt vom Stromern durch Straßen voller Cafés, über Märkte, an der Promenade entlang. Von den Gesprächen, die hier im Alltag aufkommen, ob man will oder nicht.

Von der entwaffnenden Offenheit und Direktheit der Israelis, mit der sie über ihre Schwächen reden. Von der wahnwitzigen Politik, die die Intrigen von Netflix-Serien wie *House of Cards* öde erscheinen lässt. «Es ist hier nie langweilig», höre ich oft von Deutschen, die in Israel leben. Ich kenne dieses Gefühl, mir geht es ähnlich. All das sind Dinge, die auch ich an Israel liebe.

Doch ich muss zugeben, dass ich auch immer eine gewisse Überheblichkeit gegenüber den nicht-jüdischen Deutschen an mir beobachte. Eine Überheblichkeit, die mir unangenehm ist. Ich merke, dass ich mich besonders über zwei Dinge aufrege: Wieso können so viele von ihnen nur gerade so viel Hebräisch, um einen Kaffee oder Hummus zu bestellen – aber beschweren sich gleichzeitig, nicht als Teil der Gesellschaft angenommen zu werden? Es stört mich, dass sie das, was Israel politisch und gesellschaftlich bewegt, wenn überhaupt, aus der englischen Version zweier Tageszeitungen erfahren, durch Gruppen wie «Deutsche in Israel» auf Facebook oder die automatische Übersetzungsfunktion ihres Browsers. Sie erleben ein anderes Israel, ein begrenzteres, englischsprachiges, und es reicht ihnen. Für mich ist das unvorstellbar. Vielleicht tue ich ihnen unrecht, es geht mich schließlich nichts an, wie tief sie in die israelische Kultur eintauchen, und es ist überheblich von mir, zu erwarten, dass sie es wollen. Doch dann ist da noch eine andere Sache: In einem Land mit so vielen Holocaust-Überlebenden und deren Nachfahren, in einer Gesellschaft, in der jeder zumindest die Umrisse der Geschichte seiner Vorfahren kennt und einen Teil seiner Identität darüber definiert – in diesem Land leben diese deutschen Frauen, die meist nie nachgefragt haben, was der eigene Großvater zwischen 1933 und 1945 gemacht hat. Was, frage ich mich oft, hält sie hier? «Ich gehöre hier nicht her», sagt eine deutsche Freundin, als wir über das Thema sprechen. «Du schon.»

Doch so ganz stimmt das nicht.

Ich bin eben nicht nur die Tochter meines Vaters, eines Juden, sondern auch die meiner Mutter, einer Deutschen ohne jüdische Wurzeln. Fast alle in ihrer Familie sind Christen. Wegen meines Vaters und dem Übertritt meiner Mutter hatte ich zwar das Recht, Aliyah zu machen. Ich bin mir aber voll bewusst, dass die Tatsache, dass meine Mutter bei einem liberalen Rabbiner zum Judentum konvertierte, die Konsequenz hat, dass ich voraussichtlich nicht in Israel werde heiraten können.

Liberale Konversionen werden vom Rabbanut, dem Oberrabbinat, nicht akzeptiert. Das könnte mir egal sein, ich habe mit dieser religiösen Instanz in meinem Alltag nichts zu tun. Doch dann ist da die Sache mit der Ehe. Eine zivile Eheschließung beim Standesamt gibt es bisher nicht, Ehe und Scheidung sind in Israel allein durch das Rabbanut geregelt. Paare, die die Voraussetzungen – eine jüdische Mutter oder eine orthodoxe Konversion – nicht erfüllen, finden in Israel keinen anerkannten Rabbiner, der sie amtlich verheiratet. Sie müssen dies im Ausland tun und ihre Ehe in Israel behördlich anerkennen lassen. Für Itay und mich ist das bisher kein Problem. Wir sind beide nicht scharf aufs Heiraten, wir betrachten die Institution des Rabbanut und das Judentum, für das es steht, mit großer Skepsis. Doch welche Konsequenz wird meine Identität für unsere Kinder haben? Sollte sich die Gesetzgebung im Land nicht ändern – werden sie Nachteile haben? Werden sie als Juden anerkannt werden? Oder wird meine jüdische Identität und die liberale Konversion meiner Mutter für sie ein Problem darstellen?

Vielleicht erkenne ich in den deutschen Frauen mehr von mir, als ich sehen möchte.

Hans mit dem langen Schwanz

Ich sehe Schlomo ein Dreivierteljahr später wieder, im Wohnzimmer von Itays älterer Schwester im Osten Tel Avivs. Erneut ein Kindergeburtstag, eine Nichte feiert, Dutzende Verwandte scharen sich um das Buffet. «Heute red'n wir», sagt Schlomo, als er mir zur Begrüßung die Hand reicht. Ich schaufele Schlomo und seiner Frau Nudelauflauf, Salat und ein Stück Lachs auf zwei Teller und bringe sie ihnen. Nach dem Essen setze ich mich neben ihn. Er scheint nur darauf gewartet zu haben und beginnt direkt zu erzählen.

Ich weiß inzwischen, dass er der Urgroßvater väterlicherseits von Itays Neffen und Nichten ist. Bald wird er neunzig Jahre alt. Diesmal rede ich sofort Deutsch mit ihm. Wieder spüre ich die Blicke der Verwandten auf uns, als die ersten deutschen Worte meine und seine Lippen verlassen.

Schlomos Geschichte ist die gleiche wie damals im Garten in Herzliya. Ich frage hier und da ein bisschen nach, doch wie das so ist bei alten Menschen, die eine traumatische Geschichte ihrer Jugend erzählen, allzu viele neue Details gibt es nicht mehr.

«Im Ghetto hieß es immer: Der Jud' sollte nicht geboren werden», murmelt Schlomo, als er bei der Geschichte an dem Punkt angekommen ist, wo er in Bad Reichenhall landete. «Das haben wir Juden selbst gesagt, überleg dir das mal.» Ich sitze da und drücke kurz seine Hand.

Ob er heute noch Deutsch mit jemandem spricht, frage ich.

Nein, winkt Schlomo ab, die meisten Deutschsprachigen, die er in Israel gekannt habe, seien inzwischen nicht mehr am Leben oder zu alt, man sehe sich nicht mehr. Seine Kinder würden vielleicht ein bisschen Deutsch verstehen, aber sprechen könnten sie nicht.

«Weißt du was», sagt er und schaut sich im Raum um, «meinen Kindern habe ich das nie so erzählt. Sie fragen auch nicht. Es ist zu schwer. Da ist viel Schweigen.» Dass er das trotzdem machen sollte, sage ich, die Geschichten könnten doch nur Menschen wie er noch richtig erzählen. Doch ich weiß, wie schwer es ist, die Mauern des Schweigens einzureißen, die sowohl Eltern als auch Kinder um diese Zeit und ihre Gefühle errichtet haben.

«Ich träume noch heute fast jede Nacht von den Deutschen», sagt Schlomo und schaut jetzt angestrengt auf den Wohnzimmertisch vor sich. «Von was genau?», frage ich. «Davon, dass sie mich holen und wegschicken.» Diesmal frage ich nicht, wohin. «Nicht jede Nacht», fügt er hinzu, «aber fast jede Nacht.» «In welcher Sprache träumst du?» «Sie sprechen Deutsch», sagt Schlomo.

Wir sagen beide einige Zeit lang nichts, sitzen einfach da, um uns das Gewusel, Kinderrufe, Gesprächsfetzen der Erwachsenen, ein Handyklingeln, das Öffnen und Schließen der Tür hinter sich verabschiedenden Gästen.

Ob er mir noch einen deutschen Witz erzählen könne, frage ich am Ende. Ich will die Stimmung auflockern. «Kennst du den Witz vom Hans?», fragt Schlomo und schaut mich an. Da ist etwas Schelmisches in seinem Blick. Ich verneine. Plötzlich ruft er laut durch den Raum: «Hans! Hans! Hans! Welcher Hans?» Er beugt sich vor, als wollte er flüstern, und ruft dann doch ziemlich laut: «Der mit dem langen Schwanz!»

Ich muss laut auflachen. Vielleicht aus Erleichterung. Auch, weil jetzt alle Verwandten im Raum auf Schlomo und mich gucken. Ich frage mich kurz, ob sie uns verstanden haben. Aber das Wort Schwanz wird im Hebräischen für etwas benutzt, das unabsichtlich absteht oder herausragt: eine Haarsträhne, ein Teil eines Hemdes, ein Schnipsel.

«Du magst Geschichten», sagt Itays Vater, nachdem ich mich händeschüttelnd von Schlomo verabschiedet habe. Der alte Mann hat mir noch seine Telefonnummer gegeben und mich zu sich nach Hause nach Ra'anana eingeladen. Itays Vater hat unsere Begegnung vom Balkon aus beobachtet, ich habe sein amüsiertes Lachen gesehen.

«Das ist ja auch mein Beruf, Geschichten sammeln», sage ich. Doch ich weiß, dass das nur die halbe Wahrheit ist. Der neunzigjährige Schlomo hat mich auserwählt, seine Geschichte zu hören. Nicht seine Kinder, nicht seine Enkel, die auch schon erwachsen sind. Ausgerechnet auf Deutsch wollte er sie erzählen. In der Sprache der Mörder seiner Mutter, der Peiniger, die seine Kindheit beendeten. Deutsch, das eben auch die Sprache seines Elternhauses war – und meine Sprache.

Vielleicht fällt es ihm leichter, diese Dinge auf Deutsch zu erzählen, denke ich. Vielleicht ist Deutsch ein Stück Heimat für ihn, nach all diesen Jahren. Und vielleicht braucht es eine wie mich, die Fragen stellt, die die eigene Familie nicht zu stellen wagt. Ich, die Journalistin, die weiß, wie man fragt, auch Unangenehmes. Ich, die Deutsche, die weiß, wie es ist, mit dieser Sprache eine Heimat zu verbinden. Ich, die deutsche Jüdin, die nach Israel gekommen ist.

«Nicht alles, was mein Großvater sagt ... also, es kann sein, dass nicht alles so stimmt.» Ein paar Wochen später sitzen wir am Givat Aliyah-Strand in Yafo, Itays Nichte schüttet neben mir Wasser aus einem blauen Eimerchen durch ein Sieb, auf das sie Muscheln gestreut hat. Eran, Itays Schwager, sitzt neben mir auf einer Decke im Sand. Wir unterhalten uns über das Gespräch mit Schlomo, seinem Großvater. Wir sprechen Hebräisch, wenn mir ein Wort nicht einfällt, wechsle ich zu Englisch.

Eran wusste nichts von einem Arbeitslager. «Er ist schon alt, vielleicht will er sich wichtig machen», sagt er vorsichtig. «Weißt du, wie seine Mutter gestorben ist?», frage ich zurück. «Nein», antwortet er. «Er hatte in Israel eine Stiefmutter, das weiß ich.»

«Er hat mir erzählt, seine Mutter sei im Lager an Erschöpfung gestorben», entgegne ich. «Und dass er diese Dinge ungern erzählt. Auch der Familie.» Eran schaut erst betroffen, dann skeptisch. Als könne er nicht glauben, dass sein Großvater ausgerechnet mir solche Dinge erzählen würde und nicht der Familie.

Ich erzähle weiter: «Er sagte, er träume heute noch davon, dass die Deutschen ihn abholen. Und er träume auf Deutsch. Er war sehr bewegt, als er das erzählt hat.» Eran sagt jetzt nichts mehr. Er blickt angestrengt auf den Horizont über dem Meer.

Jede Familie hat ihre Geheimnisse, denke ich. Ihre Mythen, Legenden, Traumata. Manches bleibt unausgesprochen, anderes wird aufgeblasen oder falsch erinnert. Wir können nicht immer mit hundertprozentiger Sicherheit sagen, dass alles stimmt, wie es erinnert, wie es erzählt wird. Wir können uns aber entscheiden, Fragen zu stellen, uns die Version der Erinnerung anzuhören, die unsere Verwandten bereit sind zu erzählen. Mehr bleibt uns nicht. Und am Ende geht es vielleicht mehr um den Moment des Erzählens dieser Geschichten. Darum, einander begegnet zu sein, den Schmerz und gleichzeitig das Glück, am Leben zu sein, zu teilen, miteinander, in dem Moment.

Ein Gedi

Israel ist ein Land voller Farben. Das Grün seiner Laub- und Pinienwälder, das Gelb seiner Wüste, das blaue Meer mit den weißen Schaumkronen – diese Farben kannte ich aus den Urlauben meiner Kindheit. In meinem ersten Jahr als Israeli klettere ich zum ersten Mal über rostrote Gesteinsgeschwülste im Timna-Nationalpark; ich staune über die lila- und fliederfarbenen Steinsäulen von Amram in der Wüste vor Eilat; den Regenbogen, der durch das einfallende Sonnenlicht vor dem gigantischen Wasserfall von Gilabon in den Golanhöhen schillert. Es verschlägt mir die Sprache, als wir vom Berg Yoash auf ein Meer brauner Berge vor Eilat schauen. Auf der anderen Seite sehe ich die Berge von Jordanien aufragen. Ich blicke in wüstenleeres Nichts hinter dem Grenzzaun zu Ägypten. Ich wate durch die Flüsse Nachal Snir, Nachal David und zum Wasserfall von Gamla im Golan und blicke über die beigefarbene Endlosigkeit des Kraters Machtesh Ramon in der Negev-Wüste.

Israel ist atemberaubend. Ich habe noch nie so eine Vielfalt auf so kleinem Raum gesehen. Das Land wird mir nicht langweilig. Und das ist wichtig in dieser Zeit, in der die Politik wegen Corona die Grenzen dichtmacht. Meine Reisepläne – mit Itay zu meiner Familie nach Deutschland, für einen Urlaub nach Georgien und im Winter zu Freunden in die USA – streichen wir aus unseren Träumen. Stattdessen entdecke ich meine neue Heimat und das, was ich zuvor nie gesehen habe. Absurderweise bin ich noch nie so viel gereist wie in dem ersten Jahr der Corona-Pandemie. Und ich erlebe zum ersten Mal, wie gefährlich die Natur sein kann.

«Wait here», sagt Itay. Er biegt vom Weg ab und beginnt, die Böschung hinunterzuklettern. «What are you doing?!», schreie ich ihm hinterher. Ich will hier nicht allein sein, in dieser todbringenden Hitze. «I will fill a bottle from the stream!», ruft Itay mir zu. Und weg ist er. Keine Ahnung, wie weit der Flusslauf von uns entfernt ist. Ich habe keine Kraft zu protestieren, also bleibe ich erschöpft im Schatten sitzen. Ich male mir aus, was wäre, wenn er nicht wiederkommt. Ab wann muss ich Hilfe holen? Und wo rufe ich überhaupt an? Was bedeutet «Mein Freund ist verschwunden und wir sind am Verdursten» auf Hebräisch?

Wir befinden uns nahe der Wüstenoase Ein Gedi am Toten Meer. Fast sechs Stunden Wanderung haben wir hinter uns, die gleißende Augustsonne brutzelt seit Stunden gnadenlos auf uns herab. Der Wanderweg, den Itay ausgesucht hat, führte uns anfangs durch kleine, sprudelnde, klare Flussläufe. Wir badeten an jeder erdenklichen Stelle, um uns abzukühlen. 36 Grad, sagte die App meines Handys, bevor ich es in meinen Rucksack steckte, weil es gefährlich heiß in meiner Hand lag. Der Weg mündete nach drei Stunden in einem Wasserfall, der einen natürlichen Pool aus Quellwasser bildet. Wir rissen uns die Rucksäcke von den Rücken, zogen T-Shirts und Shorts aus und liefen direkt rein ins türkisfarbene Wasser, in dem sich schon Dutzende andere Badende tummelten. Ich glaube, ich habe mich in meinem Leben noch nicht so erfrischt gefühlt. Doch dann kommt der Rückweg. Er führt am Rand eines Canyons entlang, das Wasser ist schon lange nicht mehr in Sicht. Hier und da wachsen ein paar blattlose Büsche, sonst ist hier nicht viel. Die Sonne prallt auf unsere Schultern und Hüte, auf deren Stoff sich weiße Schweißränder gebildet haben.

Eine Stunde laufen wir jetzt schon, immer in Erwartung, dass jetzt doch bald das kleine Holzhäuschen am Eingang des Nationalparks auftauchen müsse. Unser Wasser wird knapp. Sechs Liter haben wir mitgenommen, drei in einem Wasserbeutel mit Trinkschlauch, drei in Plastikflaschen. Es ist nicht genug. Und wir wissen beide nicht genau, wie lang der Weg noch ist. Ich stehe im Schatten eines mickrigen Baumes. Mein Körper ist aufgeheizt, mein Kopf fühlt sich an, als würde er innerlich kochen. Itay hat mich zurückgelassen, auf der Suche nach Wasser.

Die verdammten, lebensgefährlichen Bedingungen israelischer Wanderwege. Wie können Israelis so leichtfertig damit umgehen?

Während unseres letzten Ausflugs rutschte ich auf dem Po Felsspalten hinab und versuchte meine zitternden Knie vor Itays sechs- und achtjährigen Neffen zu verbergen. Die beiden hatten keine Angst. Sie kletterten und hüpften unerschrocken durch jede Schlucht, jeden Abgrund hinab, jeden Hang hinauf. Als ich mich über die steilen Felsen beschwerte, machte die sechsjährige Nichte die Geste, die ich inzwischen sehr gut kenne: Sie hob eine Hand zur Seite mit dem Handteller nach oben, zuckte mit den Schultern und sagte: «*Seh mah she jesch, ein ma la'assot*», Es ist, wie es ist, da kann man nichts machen. Komplett überrumpelt von ihrer Weisheit entschied ich, die Klappe zu halten.

Wie oft bin ich sprachlos, wenn vor uns junge Eltern mit einem Kleinkind auf dem Rücken oder an der Hand über die Wege laufen, die mich zum Weinen bringen. Israel hat unheimlich mutige Eltern und mutige Kinder. Und ihr Mut ist ansteckend.

Während ich anfangs noch jedes Mal angefangen habe zu jammern oder zu weinen, wenn unser Weg zu steil, zu glatt, zu hoch oder zu nass war, Itay verflucht oder mit wütendem Schweigen bestraft habe, so gewöhne ich mich mit der Zeit an die Herausforderungen. Ich beschwere mich seltener, wenn ich mich Abhänge hochziehen oder mit dem Körper ins Unsichtbare hinabrutschen muss. Ich bitte Itay um seine Hand, wenn ich das Gefühl habe, ein Fels ist zu hoch oder zu steil. Ich habe mir Turnschuhe gekauft, die mir Halt geben, und wate mit ihnen durch Flusswasser, Schlamm und reißende Bäche. Erst zaghaft, dann immer selbstverständlicher und ohne es zu kommentieren.

«I am proud of you», sagt Itay jetzt oft. Sein Lob spornt mich an. Doch am meisten motiviert mich, dass ich selbst merke, wie ich mich verändere. Ich fürchte mich weniger, ich mache einfach. Ich sehe mich kaum noch vor meinem inneren Auge abstürzen, sondern denke an all die Wege, die ich schon gemeistert habe. Je öfter ich mich überwinde, desto leichter wird das Überwinden. Auf einmal erscheinen mir unsere Wanderwege gar nicht mehr so extrem, sondern machbar. Und in den meisten Fällen ist Itay in der Nähe oder ein anderer wandernder Israeli, der mir die Hand reicht, mich über Abgründe hebt oder mir über den Baumstamm hilft, der quer über ein Flussbett führt. Je weniger ich spüre, dass mich die Angst zurückhält, desto stolzer bin ich auf mich.

Vielleicht ist es auch das Land, das mich mutig macht. Ich sehe Panzer aus längst vergangenen Kriegen, die auf Feldern vor sich hinrosten. Ich picknicke neben Gedenktafeln, die an Soldaten erinnern, die an dieser Stelle getötet wurden. An den Zäunen auf den Golanhöhen, neben Feldern, auf denen Kühe grasen, sehe ich Schilder, die vor Minen warnen: *Mokschim hisaher!* – Minen, pass auf! Am Nachal Ayun bei Metullah beobachte ich die Flagge der libanesischen Hizbollah an einem Grenzübergang im Wind flattern, vom Berg Bental sehe ich in der Ferne ein Dorf in Syrien, im Dorf Ramot Naftali riechen wir den Rauch eines brennenden Feldes im Libanon, der über die nahe Grenze getragen wird. Es ist unwirklich, an diesen Linien zu reisen, die Grenzen und Gefahr zugleich sind.

Überall begegnen mir Zeugnisse von Leben und Tod, Gefahr und brüchigem Frieden, Erinnerungen an israelische Helden und sinnlosen Verlust. Felder, Strände und Waldwege, hinter denen Raketenabwehrsysteme aufragen, Schilder, die vor Minen warnen, Kriegsdenkmäler und grasende Kühe. Schönes und Schreckliches liegen hier so nah beieinander. Israel ist kein Land für Angsthasen.

Nach fünfzehn Minuten in der sengenden Hitze von Ein Gedi steht Itay wieder vor mir auf dem schmalen Weg. Schweiß rinnt ihm von den Schläfen, sein Gesicht ist jetzt rot wie meines. Triumphierend hält er mir eine aufgefüllte Flasche entgegen. Gierig trinken wir beide. Das Wasser ist lauwarm und hat einen miefigen Beigeschmack. «Itay!», rufe ich. «You know what we are drinking here?!» Wir schauen uns an und lachen laut los, weil wir jetzt aus dem Flüsschen getrunken haben, in dem wir weiter oben gebadet und beide definitiv reingepinkelt haben. Im natürlichen Pool unterhalb des Wasserfalls haben wir Dutzende andere Badende gesehen, die das mit ziemlicher Sicherheit genauso gemacht haben. In den Ekel mischt sich bei mir aber auch die Erleichterung, dass wir diesen Trip hoffentlich ohne Hitzschlag überleben werden.

Und wirklich: Eine halbe Stunde später erreichen wir das Holzhäuschen am Eingang des Nationalparks. Die Rangerin hinter der Kasse informiert uns mit tadelndem Blick, dass es Zeit wurde zurückzukommen, sie wollen jetzt schließen. Im Hochsommer schließt der Nationalpark am frühen Nachmittag, sobald es auf der Strecke zu heiß wird. Itays Mutter hatte uns noch gewarnt, diesen Ausflug nicht in der glühenden Augusthitze zu machen. Doch Itay hatte seinen eigenen Kopf und ich keine Ahnung.

Itays Gesicht ist jetzt kreideweiß, er wankt auf den Wasserhahn zu, der dort auf Wanderer wartet. Wir trinken das kühle Wasser, das aus dem Hahn rauscht, lassen es über unsere Gesichter und Handgelenke laufen. Itay klammert sich an einen Mauervorsprung, seine Beine zittern. Ich helfe ihm auf eine Bank im Schatten. «I feel sick», sagt er, lehnt sich zurück und schließt die Augen. Ich nehme seinen Hut, tränke ihn mit kaltem Wasser und setze ihn meinem Freund auf den heißen Kopf. Wir sitzen einfach da, trinken aus den aufgefüllten Flaschen und ruhen uns aus.

Nach einer Weile sieht Itays Gesichtsfarbe wieder gesund aus. Ich weiß endgültig, dass es ihm besser geht, als er seufzt: «Don't tell my mother she was right.»

Nothing compares to you

It's been seven hours and fifteen days ...», singt es aus dem Lautsprecher. In meinem Kopf singe ich mit. «Since you took your love away ...»

Draußen fließt der Verkehr an meinem Fenster vorbei. Der Taxifahrer dreht sich kurz zu mir nach hinten, zupft seine Maske zurecht, murmelt etwas, das ich nicht verstehe. Am liebsten würde ich ein Gespräch mit ihm anfangen. Mein neues Hobby. Das meiste Hebräisch rede ich in diesen stillen Corona-Tagen mit Taxifahrern. Auch, weil sie, sobald sie meinen Akzent hören, immer wissen wollen, woher ich komme, warum ich Israel mag, und mir anschließend die Welt erklären. Ein Taxifahrer erzählte mir, dass das Leben nirgendwo so kompliziert sei wie in Israel, aber im Rest der Welt sei das Essen schlechter. Ein anderer riet mir von meinem Freund ab, der wegen seiner jemenitischen Wurzeln bestimmt geizig sei. Und einer erklärte mir, dass in diesem Jahr in Israel so viele Frauen von ihren Partnern ermordet wurden, weil die israelischen Mütter ihre Söhne zu sehr verwöhnen. Ich habe gehört, das nennt man Israelsplaining, und Taxifahrer machen es mir gegenüber besonders gern.

«I can eat my dinner in a fancy restaurant ...»

Das Corona-Virus hat auch die Israelis voneinander distanziert, die sich sonst so gern anfassen, umarmen, Körperkontakt aufnehmen. Der Abstand ist notwendig, aber auch ein bisschen traurig. Mein Freundeskreis hat sich in den ersten Monaten im

Land nur um wenige Israelis erweitert. Ich komme zu selten dazu, mein Hebräisch anzuwenden. Die zwei Menschen, mit denen ich am meisten Kontakt habe, Itay und meine Mitbewohnerin Lola, reden noch immer Englisch mit mir. Inzwischen hat auch jeder zweite Taxifahrer eine Plexiglasscheibe oder eine Plastikplane zwischen Rücksitzen und Fahrersitz hochgezogen, um sich zu schützen. Mein Fahrer hier nicht, aber er scheint trotzdem kein Interesse daran zu haben, ein Gespräch mit mir anzufangen. Dabei hatte ich mich so gefreut, endlich wieder ungehemmt Hebräisch zu reden. Vor den Taxifahrern ist mir das weniger peinlich, sie sprechen oft mit einfachem Vokabular und wechseln nicht direkt ins Englische, wenn ich ein Wort nicht kenne. Mein Fahrer scheint keine Lust auf Konversation zu haben und dreht die Musik lauter.

«Tell me baby, where did I go wrong?»

Ich schaue aus dem Fenster in den Berufsverkehr. Langsam fahren wir über die Brücke über dem Ayalon Highway, zwischen den Fahrbahnen sehe ich das fast trockene Flussbett darunter. Diesen Punkt auf der Route mag ich besonders. Junge Soldaten und Soldatinnen in olivgrünen Uniformen und dunklen Stiefeln laufen aus allen Richtungen zum Eingang des Bahnhofs, nach einem Wochenende bei der Familie nehmen sie den Zug oder Bus zu ihrer Basis, die meisten haben ein Maschinengewehr um ihren Oberkörper gehängt. Ich studiere die jungen Gesichter. Die meisten meiner Freunde erinnern sich gern an ihren Militärdienst. «Hier mussten wir Tag und Nacht die Panzer bewachen», sagte Itay, als wir auf unseren Reisen durch Israel an einem Ort vorbeikamen, wo er während seines Militärdienstes stationiert war. «Auf dieser Basis lief immer ein Kamel rum.» «Hier habe ich drei Frauen gleichzeitig gedatet.» Drei Jahre können eine lange Zeit sein.

«Ich habe dort Freunde fürs Leben gefunden», ist der Satz,

den ich häufig höre. Viele meiner Freunde beschreiben die Armeezeit als intensiv. Das Gruppengefühl, das Kennenlernen abgelegener Orte und Grenzgebiete des Landes, das Gefühl von Einheit, Stärke und gleichzeitig absoluter Verwundbarkeit, und oft auch das Aushalten zäher Langeweile. Andere haben unter dieser Zeit gelitten. Dan erzählte mir, dass die Armee der absolute Horror für ihn war. Er habe mehrfach den Einsatzort und die Einheit gewechselt und sei nirgendwo glücklich geworden. Ich bin froh, dass mir das erspart bleibt.

«I know that living with you baby was sometimes hard ...»

Der Taxifahrer murmelt wieder etwas und unterbricht meine Gedanken. «*Mah amarta?*», frage ich. Was hast du gesagt? Er scheint mich nicht zu hören.

«Nothing compares ...», singt er lauter in seine Maske. «... nothing compares ...» Ich muss lachen. Leise singe ich mit, in meine Maske hinein, dann ein bisschen lauter: «... to you ...» Der Fahrer blickt in den Rückspiegel, ich sehe seine Augen über der Maske lächeln, und ich lache mit den Augen zurück. Und dann singt er lauter, und ich singe voller Inbrunst, schief, weil ich nicht singen kann, und weil ich nur den Refrain dieses Liedes auswendig kenne. Aber das ist gerade egal.

«Nothing compares», schmettern der Taxifahrer und ich gemeinsam in unsere Masken, «nothing compares to you, nothing compares ... to youuuuuuuuuuuuuuuuu!»

Schwester

Ich frage mich, wie wir das mal machen, wenn die Eltern älter werden ... Ich mache mir Sorgen. Ich brauche dich als große Schwester. Gerade, was die Eltern angeht. Ich habe Angst, dass ich das nicht allein gebacken bekomme, wenn es denen mal nicht gut geht. Ich weiß nicht, ob ich mir das allein zutraue.

Es ist einfach so krass traurig alles. Du bekommst von deinem Neffen nichts mit. Das macht mich so traurig! Diese Zeit wird niemals wiederkommen.

Du kannst ja nichts machen.

Du fehlst mir so.»

Familiengeschichten

«Wusstest du, dass ich im Studium nach Israel gehen wollte?», fragt mein Vater. Wir telefonieren per Videoanruf, beide am Schreibtisch sitzend, er in Frankfurt, ich rund 3000 Kilometer entfernt in Yafo. Im Hintergrund sehe ich die Bilderrahmen auf seinem Regal, Fotos meiner Schwester und mir als Kinder, ein Familienfoto mit den israelischen Verwandten, ein Porträt meines Großvaters in Schwarzweiß, ein buntes meiner Oma, aufgenommen in Israel.

«Das wusste ich nicht», sage ich. Davon höre ich zum ersten Mal.

«Mein Vater war gestorben, meine Mutter war in Herzliya, meine Schwestern in Berlin und Jerusalem. Niemand war mehr da», erzählt mein Vater. Mit «da» meint er Homburg an der Saar, wo er aufgewachsen ist.

Und mein Vater erzählt. Wie er als Student nach dem Tod seines Vaters nach Israel fuhr zur Beerdigung meines Opas in Hod HaSharon. Mein Vater, der jüngste Sohn, der in diesem Moment der Älteste sein musste. Während seines Besuchs in Israel erkundigte er sich bei Universitäten, überlegte, von der Uni Mainz nach Jerusalem zu wechseln. «Warte lieber bis nach dem Abschluss», rieten ihm die Studienberater in Jerusalem damals. Und sie veränderten damit seine Zukunft und meine. Mein Vater lernte meine Mutter auf dem Campus in Mainz kennen und blieb in Deutschland. Aber das Gefühl der Sehnsucht blieb, nach einem Zuhause, das man ohne Beigeschmack Heimat nennen kann. «Heimat ist ein unangenehm verknüpftes Wort», sagt er, es klinge nach Nationalstolz. Aber es ist mehr als das. «Heimat bedeutet ein Gefühl von Geborgenheit. Die hat Deutschland meiner Familie nicht gegeben. Ich fühle sie bis heute nicht.»

Wenn ich auf meine jüdische Familie blicke, sehe ich viel Sehnsucht. Ich sehe meinen Vater, der nach Israel geschaut hat, später nach Amerika, sich gesehnt hat, nach einem Ort, an dem es ihm weniger schwer fällt, das Wort Heimat für sich auszusprechen. Und der dort geblieben ist, wo er zu Hause ist.

Ich schaue auf meine Großmutter, die ihre Heimat Österreich verließ, ihre Wurzeln, ihre Mutter, weil es zu gefährlich wurde für ein jüdisches Mädchen in Wien. Die dann, zwölf Jahre später, ihre neue zweite Heimat verließ, weil ihr Mann es so wollte, und nach Deutschland zog. Wie oft hat meine Oma in einem Land gelebt, in dem sie sich nicht zu Hause fühlte?

Ich schaue auf meinen Großvater, der aus Deutschland geflohen ist, weil es ihn nicht mehr wollte. Der sich in Israel stets nach den deutschen Wäldern sehnte. Der wiederkam, trotz allem. Der sich arrangierte, in einem neuen Deutschland mit alten Bewohnern. «Mein Vater war radikal, wenn es um Israel ging», erzählt mein Vater auf dem Bildschirm. «Aber er war nicht radikal, wenn es um Antisemitismus ging.» Er bediente die alten Nazis in seinem Geschäft, er saß neben ihnen am Stammtisch des Fußballvereins. «Er sagte mal: Ich weiß nicht, was ich gemacht hätte, wenn ich nicht Jude gewesen wäre», erzählt mein Vater. Es spricht viel Menschlichkeit aus diesem gruseligen Satz, und doch ist es einer, den ich selten von Juden gehört habe.

Die Rückkehr meines Großvaters nach Deutschland, wenige Jahre nach dem Ende des Kriegs, bleibt ein großes Rätsel in meiner Familie. Seine Hass-Liebe zu Israel auch. Ein Bücherregal mit zionistischer Literatur war ihm schließlich nicht genug.

Er sehnte sich zurück nach Israel, das er zuvor als staubig und schwül, zu primitiv empfunden hatte. Warum? Sehnte er sich nach seiner Familie? Danach, einer von vielen zu sein? Jüdisch unter Juden? Oder war es etwas ganz anderes?

«Ich war zu jung, um diese Fragen zu stellen», sagt mein Vater. «Es gab keine Gelegenheit. Und ich habe auch nicht richtig gefragt.» Ich merke, wie ihn die Gespräche über die Geschichte seiner Familie berühren. Die Fragen, die ich ihm stelle, und mehr noch, die Antworten, die er selbst nicht kennt.

Nach dem Tod meines Großvaters blieb eine Levy-Familie zurück, die mit ihrer jüdischen Identität haderte, sie suchte, fand oder ablehnte. Eine meiner Tanten heiratete einen Israeli, zog nach Israel und wurde religiös. Meine andere Tante zog nach Berlin, heiratete einen Deutschen und ließ so ziemlich alles Jüdische hinter sich, was über einen jährlichen Urlaub am Toten Meer hinausgeht. Und dann ist da mein Vater, der sein Leben lang gesucht hat, was eigentlich seine Rolle als Jude in Deutschland ist. Ich denke, in seinem Engagement gegen Antisemitismus hat er es gefunden. Doch dann sagt er plötzlich einen Satz, den ich noch nie von ihm gehört habe.

«Oft finde ich, dass man als Jude hier eigentlich nicht leben sollte.»

Ich stutze. Ist das die Schwermut wegen Corona? Oder die Typen, die mit einem Davidstern auf deutschen Straßen protestieren? Oder sind es vielleicht die antisemitischen Sprüche in seinem eigenen Freundeskreis? Der Angriff auf eine Synagoge in Halle? Ich spüre, wie mich allein die Überlegungen, wie es Juden in Deutschland heute geht, deprimieren. Auch mein Vater hängt seinen Gedanken nach. «Ich meine, was ist mit den Tätern?», sagt er plötzlich und wirkt aufgebracht. «Welcher deutsche Politiker sagt: ‹Mein Großvater war ein hoher Nazi›?»

«Vielleicht ist das alles auch so typisch», sagt mein Vater auf meinem Bildschirm. Seine Gedanken scheinen zu wandern. «Typisch für die Zerrissenheit unserer Familie. Schau es dir an: Ein Teil der Familie in Deutschland, der andere in Israel. Mein Vater liegt in Hod HaSharon begraben, meine Mutter auf dem Friedhof in Frankfurt. Meine Schwester in Jerusalem. Mein Onkel Friedrich und seine Frau Deborah in Givatayim.»

Was er in dem Moment nicht sagt: Sarah lebt in Israel. Wir in Deutschland. Er sagt diese Worte nicht, und doch höre ich sie.

So sehr uns diese Gespräche auch traurig machen, so bin ich doch unheimlich froh, dass wir sie führen. Als ich noch in Deutschland lebte, sprachen wir nicht darüber, ob wir ein Gefühl von Zugehörigkeit zu dem Land empfinden, in dem meine Eltern, meine Schwester und ich geboren und aufgewachsen sind.

Meine eigenen Auseinandersetzungen mit meiner jüdischen Identität, in Israel und in Deutschland, die Tatsache, dass ich dadurch mehr über die Beziehung meiner Familie zu Israel erfahre, verbinden mich mehr mit Israel. Und sie lassen mich meine eigene Identität als jüdische Deutsche besser verstehen.

In den folgenden Monaten telefoniere ich lange mit meiner Tante in Berlin. Ich höre auch ihre Version der Anlässe und Gegebenheiten, die die Entscheidungen meiner Großeltern prägten. Nicht alles ergibt immer Sinn, nicht jede Erinnerung deckt sich mit der meines Vaters und anderer Familienmitglieder. Doch es sind die Gespräche selbst, die wichtig sind. Ich fühle, dass ich in Israel die Widersprüche ihrer Existenzen besser ertragen kann, ich kann sie akzeptieren als das, was sie sind: Entscheidungen, die Leben geformt haben – das ihre und das ihrer Nachkommen. Und schließlich das meine.

Arabische Hochzeit

Ein schwarz gekleideter Mann steht mitten auf der Straße, seine rechte Hand ist in die Luft gestreckt, er feuert mit einer Pistole gen Himmel. Es knallt, einmal, zweimal, dreimal, weiße Schweife folgen den rauchenden Kugeln, die über den Dächern als glühender, dampfender Regen zerplatzen. Die Rauchschwaden über der Straße lichten sich und geben den Blick frei auf einen mit weißen Vorhängen und Stoffrosen geschmückten Türrahmen. Davor drängen sich dreißig, vierzig Menschen, Männer mit kurz rasiertem Haar, dunklen Hosen und T-Shirts, Frauen mit schwarzen Kopftüchern. Etwas abseits auf dem Bordstein steht eine Band in schimmernden Gewändern, ihre lauten, rhythmischen Trommelschläge donnern durch die Straße, dazu schellt ein Tamburin, der Sänger singt Arabisch in ein Mikrofon. Ein Bräutigam in schwarzem Anzug wippt auf den Schultern eines anderen Mannes, er klatscht im Rhythmus der Trommel in die Hände. Unter ihm tanzt seine Braut im weißen Kleid, sie dreht die Handgelenke durch die Luft. Auf den umliegenden Balkonen stehen Nachbarn und beobachten das Spektakel.

Man erkennt deutlich den Unterschied zwischen Arabern, die mitfeiern und klatschen, und Juden, die im Vorbeilaufen bei den Schüssen der Leuchtpistole zusammenzucken oder das Spektakel mit ihrem Handy filmen. Ich filme auch, von der anderen Straßenseite. Jemand tippt mich an. Rivkah steht vor mir.

Rivkah und ich haben eine Zeit lang miteinander gelernt, sie mit mir Hebräisch, ich mit ihr Deutsch. Inzwischen sind wir Freundinnen. Alle paar Tage gehen wir zusammen ans Meer, schwimmen eine Runde früh am Morgen, frühstücken mit Kaffee, gekochten Eiern und Gurkenspalten am Strand oder treffen uns auf eine Runde Meer zum Sonnenuntergang. «*Rak rega*» – nur einen Moment, sage ich zu ihr und filme weiter. Dann sehe ich Rivkahs verkrampftes Gesicht. Im Gegensatz zu mir scheint sie hier schnell weg zu wollen. Ich stecke mein Handy weg, aber ich kann meinen Blick kaum abwenden. Ich habe noch nie eine arabische Hochzeit gesehen. Als wir langsam die Straße hochlaufen Richtung Meer, blicke ich immer wieder zurück auf die feiernde Gesellschaft. Eine weiße Limousine ist vorgefahren, die Türgriffe mit pinken Stoffrosen geschmückt, sie hält vor dem Haus und blockiert die Hälfte der Straße. Eine Polizeistreife nähert sich.

«Das ist doch interessant», sage ich, als wir in die Altstadt von Yafo einbiegen. Rivkah verzieht das Gesicht. «Ich mag keine traditionellen Hochzeiten», sagt sie. «Weder jüdisch noch arabisch.» Ich schaue sie überrascht an. «Warum nicht?» «Es ist, als würde der Mann die Frau kaufen. Wie er sie so umwirbt und abholt, ihr Geschenke machen muss.» Rivkah schüttelt angewidert den Kopf. «Das erinnert mich zu sehr an das, was ich hinter mir gelassen habe.»

Rivkahs Geschichte unterscheidet sich von der meiner anderen säkularen Freunde. Rivkahs Eltern sind Siedler, ihr Dorf wurde auf palästinensischem Privatland im Westjordanland errichtet. Sie leben orthodox.

Wenn Rivkah mir ein Wort auf Hebräisch erklärt, welche Wurzel es hat, in welchem Kontext es benutzt wird, dann zitiert sie oft Textstellen aus dem *Tanach*, der jüdischen Bibel. Oder sie singt mir Gebetsphrasen oder religiöse Lieder vor, in denen die

Ausdrücke vorkommen. Rivkah selbst ist nicht religiös, doch die Welt, in der sie aufgewachsen ist, ist es. Jeder Tag ihrer Kindheit und Jugend war getaktet durch Gebete und Vorschriften. Das begann mit einem 40-minütigen Gebet am Morgen. Bis Rivkah ein Teenager war, hat sie zu jedem Schluck Wasser, den sie zu sich genommen hat, einen Segensspruch gesagt. «Du musst dich bedanken, sonst wirkt es wie gestohlen», erklärte sie mir diesen religiösen Brauch.

Als Teenager begann sie, diese Welt in Frage zu stellen. «Warum durfte mein Bruder bei seiner Bar Mizwa in der Synagoge aus der Thora vorlesen und ich nicht?» Sie sah die Widersprüche, mit denen ihr Vater lebte, an einem Ort, den er für jüdischen Boden erklärte, obwohl er doch mitten im Westjordanland lag, umgeben von palästinensischen Dörfern. Der sagte: «Wir haben keine Angst», darauf bestand, dass die Haustür stets unverschlossen blieb – aber mit einer Pistole neben dem Bett schlief. Der einmal mit dieser Waffe auf Rivkah zielte, bis er merkte, dass es seine Teenager-Tochter war, die sich spät nachts ins Haus geschlichen hatte. «Es war ein rechter Ort, mit doppeldeutigen Botschaften», sagt Rivkah heute.

Mit Anfang zwanzig, nach der Armee, entschied sie, diese Welt hinter sich zu lassen. Sie zog von ihren Eltern weg, wohnte bei verschiedenen Freundinnen, begann zu studieren, Geld verdiente sie als Pizzalieferantin. Sie hatte keine Ahnung, was es hieß, nicht religiös zu sein. Anfangs machte sie vor dem Feiertag Yom Kippur einen Ausflug in den Norden Israels. Den höchsten jüdischen Feiertag hatte sie sonst fastend und betend mit der Familie verbracht. Diesmal wollte sie selbst mit allen Regeln brechen, genau wie die Nichtreligiösen. Zumindest dachte sie das. An Yom Kippur fanden sie und ihre Freundin sich plötzlich gestrandet und allein in einem Ort in Galiläa. Sie wussten nicht, wie sie wieder wegkommen sollten. Denn auch außerhalb ihrer religiösen

Blase steht das Leben an diesem Tag still. In den jüdischen Städten Israels fährt an Yom Kippur kaum ein Auto, kein Geschäft hat geöffnet. Sie kamen nicht zurück nach Jerusalem.

«Sie haben uns immer erzählt, die Säkularen fasten nicht, sie fahren Auto, sie behandeln Yom Kippur wie jeden anderen Tag», erinnert sie sich. Dass es Nuancen des Judentums gab, Traditionen außerhalb des orthodoxen Kosmos, verstand Rivkah erst jetzt.

Die ahnungslosen Mädchen mussten die Polizei rufen und sich zu Bekannten in der Nähe fahren lassen, wo sie den Tag mit einer fastenden Familie verbrachten. «Ich spürte immer mehr, dass ich keine Ahnung hatte», erzählt sie. Die orthodoxe Welt ist eine begrenzte und das ganz bewusst. «Ich war lange auf der Suche.» Doch die Suche nach Struktur, einem neuen Sinn machte sie depressiv. Sie studierte erst Chemie, dann Französisch, dann Hebräisch, sie fing alles an und brach wieder ab. «Mir fehlte ein Gefühl von Geborgenheit, Sicherheit, ich suchte etwas, das mir das gab, außerhalb des Glaubens.» Sie begann eine Psychoanalyse und fand die Kunst.

Heute, fast zwanzig Jahre später, lebt sie als Künstlerin in Yafo, verdient ihr Geld mit Hebräisch-Unterricht und wirkt noch immer ein bisschen so, als sei sie auf der Suche.

Ich helfe Rivkah, die Geburtsurkunde ihrer Großmutter zu bestellen, die in Deutschland geboren und aufgewachsen ist, bis die Nazis sie zur Flucht zwangen. Ich helfe ihr, das deutsche Formular auszufüllen, als sie ihren eigenen deutschen Pass beantragt. Ich erzähle ihr von der Nachbarschaft in Hamburg, in der das Haus ihres Urgroßvaters stand, bevor dieser deportiert wurde. Als dort ein Stolperstein verlegt wird, reist sie hin und schreibt mir, dass sie aufgeregt ist. Später erzählt sie mir von der aufwühlenden Begegnung mit den deutschen Nachbarn, die heute in diesem Haus wohnen.

Ich verbringe gern Zeit mit Rivkah. Ich mag es, dass sie einen so anderen Blick auf die Welt hat als ich. «Ich kann gut mit Menschen, die neu eingewandert sind», sagt sie, als wir darüber sprechen, was unsere Freundschaft ausmacht. «Vielleicht, weil ich weiß, wie es ist, sich von einer Welt in eine andere zu bewegen.»

Rivkah gibt mir einen der seltenen Einblicke in die Welt der Orthodoxie in Israel. Eine Welt, mit der ich in meinem Alltag in Israel keine direkten Berührungspunkte habe. Ich sehe orthodoxe Männer auf der Straße, freitags auf dem Weg zur Synagoge, während ich zum Sonnenuntergang am Meer laufe. Ansonsten sehe ich sie nur im Fernsehen. In Orten wie Bnei Brak, vor Tel Aviv, wo die Mehrheit der Bewohner orthodox ist, oder in Jerusalem bin ich selten. Das eine Mal, wo ich durch die Straßen des ultraorthodoxen Jerusalemer Viertels Mea Shearim gelaufen bin, wurden wir unter Beschimpfungen aus dem abgeschirmten Viertel gejagt.

Trotz dieser Erlebnisse habe ich vor meiner Aliyah keine Vorbehalte gegen die *Charedim*, die Ultraorthodoxen, gehabt. Sie lebten einfach anders als ich, dachte ich. Und sie wollten auch keinen Kontakt zu der Welt von Säkularen wie mir, noch dazu Tochter einer übergetretenen Mutter. Die Vorbehalte, etwas Dunkles, das mich über die Charedim den Kopf schütteln lässt – diese Gefühle kamen erst in Israel.

«Nazi! Nazi!», schreien die ultraorthodoxen jungen Männer in den Nachrichten. Sie schreien die israelischen Polizisten an, als die Beamten während der Corona-Lockdowns mit Gewalt versuchen, die Abstandsregeln in den orthodoxen Vierteln durchzusetzen. Die Menschen dort folgen ihren eigenen Regeln, das wird mir besonders in dieser Zeit bewusst. Im Fernsehen sehe ich Hunderte von ihnen, Männer, gekleidet in schwarze Mäntel, schwarze Hüte und mit Schläfenlocken, wie sie dicht gedrängt in einem Festsaal auf einer Hochzeit in Bnei Brak auf und ab hüpfen und tanzen. Ich sehe Tausende, die den Sarg eines religiösen Oberhaupts zur Beerdigung durch die Straßen Jerusalems begleiten, die meisten ohne Gesichtsmaske. Währenddessen erhalten in Tel Aviv Cafébesitzer Bußgelder in schmerzhafter Höhe von 5000 Schekel, weil sie Kaffee verkauft haben. Andere, nur weil sie im Lockdown am Strand saßen. Ich sehe, wie Säkulare vor Supermärkten auf Orthodoxe losgehen, weil sie sie für die hohen Ansteckungszahlen verantwortlich machen, die das Land in die strengen Lockdowns sperren. Und erstmals kann ich sie verstehen. Auch mich machen diese Bilder wütend. Ich sage plötzlich Sätze wie: «Und die leben von unseren Steuergeldern.» Orthodoxe werden vom Staat unterstützt, sie müssen nicht arbeiten. Es ist nicht viel Geld, die meisten ultraorthodoxen Familien sind bitterarm und leben mit vielen Kindern auf engstem Raum, doch es ist auch mein Geld, das an sie fließt. Und ihr Starrsinn, ihr Gehorsam gegenüber ihren religiösen Anführern, die Tatsache, dass sich viele als außerhalb der Gesetze dieses Landes sehen – das macht mich inzwischen oft wütend. Auch ich teile das Bild, das in Israel in diesen Tagen im Internet kursiert: links ein Foto der ultraorthodoxen Beerdigung, das allein aus Männern in schwarzer Kleidung besteht, Tausende schwarzer Punkte. Daneben hat jemand das Bild eines Mohnkuchens gepostet, der verblüffend ähnlich aussieht.

Die Orthodoxen sind nicht die einzige Gruppe der israelischen Gesellschaft, die ich jetzt mit anderen Augen betrachte, verfärbt von den vielen Stigmata, die hier kursieren und von den Abendnachrichten verstärkt werden. Denn in Israel zu leben, heißt auch, sich durch eine Welt aus Stereotypen und Vorurteilen zu bewegen, die jeder für andere nutzt, zum Teil auch für sich selbst. Die Wurzeln der eigenen Familie, die Einteilung in Schubladen und Kategorien sind für die Israelis wie ein unsichtbarer Ausweis, den jeder mit sich rumträgt. Sie bedeuten Abgrenzung und Zugehörigkeit.

Jede ethnische Richtung hat ihre Schublade: Die Aschkenasim sind hochnäsig und rassistisch, die Marokkaner Putzteufel, gute Köche und Kriminelle, die Jemeniten geizig und stur, russische Männer kleine Prinzen, russische Frauen Prostituierte, die Deutschen überkorrekt und steif, die Franzosen reich und rücksichtslos. Anders als ich das von Deutschland kenne, sind Vorurteile hier vollkommen anerkannt und Teil des nationalen Diskurses. Die wenigsten regen sich darüber auf, wenn sie mit ihnen konfrontiert werden, es wird im Gegenteil sogar noch mit ihnen kokettiert: «Du weißt, ich bin geizig, ich bin Jemenit», scherzt Itay, wenn er keine Lust hat, auf unserem Trip alle Nächte in dem Apartment auf den Golanhöhen mit dem Whirlpool zu übernachten, und stattdessen für eine Nacht ein Zimmer in der Stadt Sfat im Meron bucht, in dem es nicht genug heißes Duschwasser für zwei Personen gibt.

Boaz erklärte mir mal, wie hochmütig Aschkenasim sind, und ist anfangs jedes Mal verstummt, wenn Tom und Dan mit uns am Tisch unseres Stammcafés saßen, als ob er mir die Freundschaft mit den «weißen» Jungs übelnähme.

«Am schlimmsten sind die Marokkaner», sagt mir Itays Vater, «die sind am lautesten.»

Während ich anfangs noch empört bin über diese Kategorisierungen, sie entrüstet zurückweise, verstehe ich nach einiger Zeit im Land doch auch deren Funktion. Israel ist eine Nation von Menschen, die irgendwann mal von irgendwo eingewandert sind. So viele Identitäten lassen sich nicht innerhalb weniger Jahrzehnte verschmelzen.

Ich merke, wie in meinem Kopf Schubladen entstehen. Eines Tages höre ich mich bei einer Reality-Show mit einer laut pöbelnden Frau fragen: «*Mah ha mozah shelah?*» Was ist ihr Ursprung?

Israelisch werden

«*Kaki zeh! Kaki zeh!*» – Kaki, raus mit dir! In der Mitte des Wohnzimmers von Itays Eltern sitzt sein kleiner Neffe mit angestrengter Miene und rotem Kopf auf einem Plastiktöpfchen und versucht, seine Familie nicht zu enttäuschen. Es ist das erste Mal, dass er probiert, Groß wie die Großen zu machen, die ganze Familie sitzt im Wohnzimmer um sein Töpfchen versammelt und feuert ihn an.

«Die Verdauung ist die einzige Religion, an die ich glaube», sagt Itays Vater. Ich muss lachen. Ich empfinde es stets als unterhaltsam, Itays Vater und Mutter zuzuhören, wenn sie über Gott und Glauben diskutieren. Die beiden sind ein interessantes Beispiel dafür, wie Unterschiede und Widersprüche in diesem Land ausgehalten und zelebriert werden können: mit Respekt und Liebe. Sich gegenüber stehen Itays Vater, der sich nach seiner orthodoxen Zeit komplett von der Religion abgewandt hat. Und Itays Mutter, die streng den Schabbat und die Feiertage einhält und sogar mit Gott Zwiesprache hält, wenn sie ein Geschirrtuch verlegt hat: «Gott, du weißt, dass ich an dich glaube, du musst nichts verschwinden lassen, um zu beweisen, dass du existierst ...» Diese Zwiegespräche fasst Itays Vater dann poetisch zusammen und schickt sie in die Familien-WhatsApp-Gruppe zur allseitigen Belustigung. Ich liebe es, den beiden bei ihren Spielchen zuzusehen. Auch jetzt.

Als Itays Vater merkt, dass er ein Publikum hat, führt er

genauer aus: dass das Wasserlassen und Groß-Machen ja ein Glaube für sich sei, schließlich habe er in seinem Leben mehr Zeit auf der Toilette verbracht als in der Synagoge, und dass es wenig gebe, das ihm so einen inneren Frieden verschaffe wie eine gute Klo-Zeremonie. Er beendet seinen Sermon mit einem Schulterzucken und den Worten: «Besser als an nichts zu glauben.»

«Sogar, wenn es Scheiße ist», füge ich trocken hinzu. Er starrt mich entgeistert an, genau wie Itays Schwager neben ihm. Dann fangen beide laut an zu lachen. Als auch die Schwestern den Grund wissen wollen, erzählt Itays Vater meinen Witz nach, zeigt mit dem Zeigefinger auf mich, schüttelt lachend den Kopf, als wolle er sagen: «Die hat ja Humor!» Ich grinse auch. Nicht, weil ich meinen Witz so gut finde, sondern weil es das erste Mal ist, dass ich einen sarkastischen Spruch auf Hebräisch ausgesprochen habe. Ich bin stolz, selbst wenn es nur um Exkremente ging.

Ich bin jetzt ein Jahr lang hier, und fast jeden Tag spüre ich, dass ich mich verändert habe. Neulich in der Apotheke wollte mich die Apothekerin abwimmeln. Sie meinte, sie habe keine Online-Bestellung auf meinen Namen, und wechselte schnell in den Genervt-Augen-rollen-Modus. Ich habe ihr Nein nicht akzeptiert und so lange auf Hebräisch auf sie eingeredet und darauf beharrt, dass sie noch mal nachsehen solle, bis sie nach einigen Minuten endlich theatralisch aufstöhnte, ihre verdrossene Faulheit überwand und noch mal nach meiner Bestellung im Computer suchte. Natürlich wurde sie fündig. Nachdem ich bezahlt hatte, habe ich ihr noch ein schnippisches «Du hättest wenigstens freundlich sein können» entgegengeschleudert, nach meiner Tüte mit Vitamintabletten gegriffen und bin erhobenen Hauptes aus der Tür stolziert. Ich habe mich innerlich ziemlich abgefeiert.

Ich merke jetzt, dass ich anders durch die Straßen gehe. Ich dränge mich selbstbewusster an Menschen vorbei, die mir den Weg versperren, und sage Mitarbeitern von Banken, Mobilfunkanbietern oder Verkäufern in der Befehlsform, sie sollen gefälligst langsamer reden, Hebräisch sei nicht meine Muttersprache. Letztens habe ich einem durchbretternden Autofahrer mit wütend fuchtelnder Hand Flüche hinterhergerufen («*Ben so-nah*», mit gesummtem S, bedeutet Hurensohn).

Auch andere Eigenheiten sind auf mich übergegangen. Irgendwie habe ich mir angewöhnt, im Hebräischen mehr zu gestikulieren und lauter zu reden. Letztens klappte ein Motorradfahrer vor mir an der roten Ampel das Visier seines Helms runter und rief mir ironisch zu: «Kannst du vielleicht etwas lauter reden? Ich habe noch nicht jedes Wort verstanden.» Ich habe verblüfft innegehalten. «Habe ich so laut gesprochen?», fragte ich meine Freundin Rivkah neben mir. Sie lachte und sagte, ja, ein bisschen, aber das sei ja nicht schlimm. Doch! Denke ich, auch wenn mich der Gedanke amüsiert, dass ausgerechnet ich, die ich mich seit meiner Ankunft über die Lautstärke der Israelis beschwere, auffalle, weil ich so laut rede.

Es ist vor allem mein besseres Hebräisch, dem ich mein neues Selbstbewusstsein zu verdanken habe. Ich habe mein erstes Buch auf Hebräisch gelesen: *Harry Potter – Der Stein der Weisen*. Fünf Monate habe ich mich durch die hebräische Übersetzung gequält, obwohl ich das Buch schon auf Deutsch und Englisch kannte. Immerhin, jetzt kenne ich auch die Wörter für Zauberstab (*sharvitt*) und Umhang (*glimah*). Man weiß ja nie, wozu man so was noch brauchen wird.

Egal, ob vor der Apotheke oder bei der Corona-Impfung: Ich bin inzwischen diejenige, die anderen die Optionen auf dem Touchscreen erklärt, an dem man eine Nummer ziehen kann. Ich wähle jetzt die Hebräisch-Option in den Telefonmenüs, weil das meist schneller geht und ich inzwischen fast alles sagen kann, was ich will. Spricht mich jemand auf Englisch an, bleibe ich vehement bei Hebräisch, umschreibe notfalls das, wozu mir die Worte fehlen.

Und ich setze mich mehr durch. Als letztens Itay und seine Schwester in ohrenbetäubender Lautstärke im Wohnzimmer seiner Eltern stritten, Itays Vater sich einmischte, Itays Mutter ihren Senf dazugab, die Kinder vor lauter Krach und Adrenalin im Raum rumhüpften, bin ich aufgestanden, habe mich in die Mitte des Raums gestellt und «*Shekett!*» – Ruhe! geschrien. Sofort war es still in der Wohnung. Sogar die Kinder starrten mich an. Sie hatten mich noch nie schreien gehört. Dann erklärte ich auf Hebräisch, dass Itay und seine Schwester diese Dinge ja auch zu zweit und in Ruhe klären könnten – ohne dass alle durchdrehten. «*Zodeket*», sagte Itays Schwester – du hast recht. Und damit war die Sache geklärt. Noch Tage später machten sie Witze, dass ich die deutsche Disziplin ins Haus bringen würde.

Es gibt viele israelische Eigenschaften, von denen ich mir stets ein bisschen mehr wünsche: Durchsetzungsfähigkeit, Beharrlichkeit, Mut. Und dann gibt es die, die in Deutschland weniger angesehen sind, aber zu denen ich ein anderes Verhältnis entwickelt habe: der lockere Umgang mit der Zeit. Inzwischen komme ich wirklich sehr oft zu spät. Vielleicht, weil ich weiß, dass Israelis sowieso nie damit rechnen, dass irgendwer pünktlich kommt. Obwohl das natürlich nicht stimmt, so wie die meisten Pauschalisierungen. «Hör auf, so israelisch zu sein», schimpft mein Cousin, als ich ihm zum Zeitpunkt unseres Treffens in der Nachbarschaft Neve Sha'anan beichten muss, dass ich noch nicht mal von zu Hause losgelaufen bin.

Seit ich in Israel lebe, fällt es mir schwerer zu planen, vor allem, wenn es um Termine geht, die erst in den kommenden Wochen stattfinden. Ich verzeihe im Gegenzug leichter, wenn mir

Israelis kurzfristig absagen. Mehr noch: Ich rechne eigentlich erst damit, dass ein Treffen wirklich stattfindet, wenn sie mir eine Stunde vorher bestätigt haben, dass sie kommen.

Meine Veränderung nimmt allerdings auch ziemlich unangenehme Formen an. Als mich Lolas Bruder beim Abschied nach einem Schabbat-Dinner fragt, wie man sich in Deutschland verabschiedet, schockiere ich mich selbst. Ich denke nicht lange nach, sondern hebe den Arm zum Hitlergruß. Lolas Bruder guckt überrascht, zeigt dann mit dem Finger auf mich und schüttelt lachend den Kopf. Plötzlich fühlt es sich an, als hätte ich einen Stein im Bauch. Ich schäme mich in Grund und Boden. Was hat mich geritten? Bin ich innerhalb eines Jahres komplett verroht? Wie kann es sein, dass ich plötzlich einen Witz über etwas mache, worüber ich vorher nie hätte lachen können?

Ist es die Sicherheit, als Jüdin unter Juden zu sein, die mich hat abstumpfen lassen? Ein unbewusster Anpassungseffekt? Schlummerte dieser derbe Humor vielleicht schon lange in mir und wurde unterdrückt, weil das Lachen über die Nazizeit ein so großes Tabu in Deutschland ist, dass ich es mir nicht erlaubt habe? In jedem Fall: Was geschieht hier mit mir?

Als ich meiner Schwester von meinem Witz erzähle, ist sie schockiert. «Das kannst du nicht machen», sagt sie. «Was glaubst du, wie hier in Deutschland gerade über Hitlergüße diskutiert wird. Gerade du, als Gründerin einer Website gegen Antisemitismus!» Auch mein Vater hat Bedenken, dass ich dieses Verhalten überhaupt weitererzähle: «Das werden die Leute nicht verstehen.» Eine jüdische Kollegin aus Deutschland rät mir, die Sache nicht in der deutschen Öffentlichkeit zu erwähnen, die Wunden der deutschen Geschichte seien zu frisch, die Leute wüssten mit so etwas nicht umzugehen. Unter nicht-jüdischen deutschen Freunden fällt die erste Reaktion ähnlich aus. Auf Schock folgt Betretenheit, dann Abwinken: Lieber nicht darüber reden. Eine Kollegin sagt sogar: «Das ist zu krass. Damit lieferst du die Blaupause für Nazis.» Lediglich eine nicht-jüdische Freundin aus Deutschland findet: «Das ist auch wieder so typisch. Statt sich mal damit auseinanderzusetzen, was der Opa und die Nachbarn damals gemacht haben, schweigen wir es lieber weg und tabuisieren alles, was sich dem Holocaust nicht mit Betroffenheit nähert.»

Als ich meinen Freunden in Israel von meinem Witz erzähle, finden sie die Auseinandersetzung mit der «dunklen Seite» meiner Veränderung eher interessant. «Es ist spannend zu schauen, warum dir manche Dinge hier leichter fallen als in Deutschland», sagt Lola. «Beobachte das mal.» Dan kann sich nicht mehr einkriegen vor Lachen. Und mein Freund fragt erst, wie der Witz angekommen ist, dann befindet er: «Finally you are becoming Israelized.»

Ich spreche auch mit einer deutschen Freundin darüber, die mit mir die jüdische Grundschule besucht hat und seit mehr als zehn Jahren in Israel lebt. Ihre Perspektive liegt zwischen der deutschen und der israelischen, sie hat Familienmitglieder, die den Holocaust miterlebt haben, und Familie in Israel. «Oh Gott ja, das passiert mir hier auch oft», sagt sie und winkt ab. «Ich hoffe bloß immer, dass mir diese Sprüche nicht in Deutschland rausrutschen. In der Jüdischen Gemeinde in Frankfurt ginge das gar nicht!»

Wer sagt, dass eine Auswanderung einen zum besseren Menschen macht? Ich bin definitiv vorurteilsbeladener, seit ich mich in Israel eingewöhne, habe mehr Schablonen im Kopf, wenn ich neue Menschen kennenlerne. Ich muss mich wieder und wieder selbst daran erinnern, dass diese Schablonen meinen Blick einengen. Mit jedem selbstbewussteren Schritt trete ich vielleicht auch Menschen auf den Fuß, bin an manchen Stellen taktlos und ungezügelt.

Möglicherweise sind dies Schritte im Prozess, sich in einem neuen Land zurechtzufinden: sich anzupassen, auszuprobieren, eben auch mal über die Stränge zu schlagen und sich selbst untreu zu werden. In Israel weiß ich zumindest, dass mir die Israelis im Zweifel zurück auf den Fuß treten und sagen: «Was zur Hölle machst du? Das ist beschissen.» Oder sie lachen, weil sie wissen, dass in jedem Nazi-Witz auch etwas Schmerz steckt, wenn er von einem Juden geäußert wird. In jedem Fall genießen sie den Diskurs, auch über das, was weh tut, was düster ist. Die Grenzen des Sagbaren sind hier andere. Wobei sicherlich keiner Holocaustwitze gegenüber älteren Aschkenasim machen würde, die den Holocaust vielleicht miterlebt haben.

Meine Freundin von der jüdischen Schule erzählt mir noch etwas anderes. Wenn sie mit ihren Kindern auf Spielplätze in Israel geht, vermeidet sie, ihnen auf Deutsch «Schnell!» oder «Raus!» zuzurufen. Tat sie es, wurde sie von anderen Eltern und Großeltern stets schockiert angeguckt. Fast jeder kennt diese zwei deutschen Worte – aus den Erinnerungen in der eigenen Familie, zumindest aber aus Hollywood-Filmen: «Schnell!» und «Raus!» sind bei den Israelis automatisch mit Nazis und der Shoah verknüpft und damit tabu.

Heimaturlaub

Hat es hier immer schon so nach Würstchen gerochen? Ich laufe durch den Ankunftsterminal des Frankfurter Flughafens, vorbei an einer Würstchenbude und noch einer und noch einer, auf dem Weg zur Gepäckausgabe. Mein Koffer ist gefüllt mit israelischen Mitbringseln – Tchina der Marke *Har Bracha* für meine Schwester und ihren Mann, klebrige Rogelach für meinen Vater, eine handgetöpferte Vase aus einer Yafoer Kunstgalerie für meine Mutter, Tupperdosen mit Jachnun und Chubeiza als Kostprobe von Itays Mutter.

Zwei Wochen Besuch in Frankfurt liegen vor mir. Mein zweiter Besuch in Deutschland seit meiner Aliyah. Eineinhalb Jahre lebe ich jetzt in Israel. Dank Corona kennt meine Schwester, die sonst meine engste Vertraute ist, mein neues Leben nur aus Videotelefonaten und Fotos: meine Wohnung, meine Mitbewohnerin, nicht mal meinen Freund hat sie bisher kennengelernt.

Acht Monate sind vergangen seit meinem letzten Besuch. Mein Neffe ist nicht mehr das winzige, runzlige Baby, das ich im vergangenen Sommer nach seiner Beschneidung im Arm gehalten habe, sondern ein Kleinkind mit wachen blauen Augen und einem Lächeln, das mir das Herz öffnet.

Doch neben der Freude, meine Eltern, meine Schwester und ihre kleine Familie endlich im Arm zu halten – mit ihnen zu essen, spazieren zu gehen, mit ihnen zu scherzen und, ja, auch wieder zu streiten – spüre ich in diesen beiden Wochen auch ein komisches Gefühl gegenüber meinem Heimatland. Noch nie habe ich die Kontraste zwischen Deutschland und Israel so stark wahrgenommen wie dieses Mal.

Während Deutschland noch mitten in der Pandemie steckt und Restaurants geschlossen haben, geht das Leben in Israel seit wenigen Wochen schon wieder fast normal weiter: Die Maskenpflicht wurde gelockert, Restaurants, Clubs, Konzertsäle haben für Geimpfte geöffnet, ich darf wieder shoppen, Freunde und Familie treffen, im Meer baden, durch das Land reisen ohne Angst vor einer Ansteckung oder einem Bußgeld.

Bei meinen Eltern spüre ich eine bedrückende Perspektivlosigkeit. Abend für Abend sitzen wir vor einer Nachrichtensendung nach der nächsten, lassen uns erklären, was man alles nicht darf (mehr als einen Haushalt treffen, in Restaurants gehen, in Länder fahren, die auf der roten Liste stehen …) und wer daran schuld ist (unfähige Politiker, der Datenschutz). Eines Tages kommt meine Mutter vom Markt, wo sie sonst Freunde auf einen Kaffee oder einen Sekt trifft, und fängt an zu weinen. «Ich habe das alles so satt», schimpft sie. Sie habe das Gefühl, das Leben ziehe an ihr vorbei. Dabei ist sie doch jetzt offiziell in Rente, die Zeit, für die sie sich vorgenommen hatte, an all die Orte zu reisen, die sie noch nicht gesehen hat, Freunde zu treffen, so viel sie kann, zu machen, wozu sie Lust hat – ohne die Angst im Nacken. Ich bitte meine Eltern, nicht so viel Fernsehen zu gucken, gehe mit ihnen spazieren und wandern. Ich schlage vor, sie sollten sich etwas Marihuana besorgen, falls die Depression ganz schlimm würde.

Gleichzeitig wundere ich mich. In Deutschland gibt es bisher kaum Instanzen, die kontrollieren, ob die Corona-Regeln eingehalten werden. Es wird nicht mal überprüft, ob ich nach meinem Flug nach Frankfurt wirklich in Quarantäne gehe – eine Maßnahme, die mir bescheuert vorkommt, bin ich doch schon seit Monaten zweifach geimpft. Doch so sind die aktuellen Regeln. Nach sieben Tagen Aufenthalt kommt der halbherzige Anruf einer Mitarbeiterin vom Frankfurter Gesundheitsamt auf meinem Handy, ich habe endlich die Möglichkeit, ihr mein Impfzeugnis zu mailen. Sie hat keine Möglichkeit, zu überprüfen, ob ich mich vor ihrem Anruf wirklich in Quarantäne befunden habe – ich hätte ihr sonst was erzählen können.

Warum halten sich so viele Deutsche selbst an die sinnlosesten, nicht überprüfbaren Regeln? Wenn meine Eltern und ihre Freunde sich testen lassen, um dann in gebührendem Abstand miteinander zu wandern – wen kümmert das? Es überprüft ja kein Geheimdienst wie in Israel, ob sich ihre Handys in die nächste Funkzelle einloggen. Keine Streife kommt stichprobenartig vorbei, um zu schauen, ob ich mich auch wirklich nicht aus dem Haus bewege. In ihren Büros sitzen die Deutschen aber weiterhin gemeinsam und müssen sich gegenseitig daran erinnern, die Maske hochzuziehen. Kindergärten werden nicht geschlossen, Naturschutzgebiete und Parks auch nicht. Doch es ist vor allem das scheinbar aussichtslose Warten auf eine baldige Impfung, das meine Familie deprimiert.

Eines Abends, als meine Eltern wieder niedergeschlagen in den Nachrichten hören, dass in Hannover von 600 angemeldeten Personen zu Impfungen für medizinisches Personal 400 nicht gekommen waren, sage ich: «Vielleicht müsst ihr es etwas israelischer angehen.»

Meine Eltern schauen mich fragend an. Ich erzähle, dass in Tel Aviv junge Menschen abends vor den Impfzentren und Krankenhäusern angestanden haben, teilweise über Stunden, um übriggebliebene Impfdosen abzugreifen. Das gehe doch nicht, wie sollten sie das anstellen?, sagen sie, berufen sich auf das seltsame Wort «Impfreihenfolge».

Ich empfehle ihnen etwas Recherche in den eigenen Krankenakten, weit ausgelegte Interpretationen der Regeln und *Chuzpe*, Dreistigkeit. «Und dann meldet euch einfach an, was soll passieren?» Schon beim letzten Heimatbesuch habe ich gemerkt, dass ich mich verändert habe. Diesmal erlebe ich, wie meine Eltern einen Mann ausschimpfen, weil er beim Überqueren einer Straße auf den Boden gespuckt hat. Es macht sie ganz wuschig. Das geht doch so nicht! Man muss doch auf seine Umwelt Rücksicht nehmen …! Das könne man doch verlangen! Ich muss grinsen. Das Erregungspotenzial meiner Eltern ist hoch. Ich erlebe, wie sie Zettel in ihrem Mehrfamilienhaus aufhängen, um die anderen Bewohner dazu zu bringen, die Kellertür abzuschließen, den Mülleimer in der Waschküche nicht zu voll zu hinterlassen und keine Zigarettenstummel in den Vorgarten zu werfen. Ich muss an Yafo denken, wo Trockner im Hausflur stehen. Wo wilde Katzen in Hausfluren gefüttert werden und Vögel nisten. Wo die Menschen oft rücksichtslos und egoistisch handeln, laut und pöbelnd, man aber immer mit ihnen darüber reden und einen Deal aushandeln kann. Wo ich mir oft sage: Was soll's, es geht vorbei.

Nach zwei Wochen in Deutschland habe ich das Gefühl, ich habe mich in Israel zu einem gelasseneren Menschen entwickelt. Interessanterweise bemerken auch andere diese Veränderung.

«So kenne ich dich gar nicht», schreibt meine Schwester, als ich ihr signalisiere, ich würde in den zwei Wochen in Frankfurt alles mitmachen, was sie geplant hat. «Aber finde ich gut! Sehr unkompliziert», ermutigt sie mich dann schnell, vermutlich aus Angst, dass ich meine Meinung wieder ändere.

«Sari sieht richtig gut aus», sagt eine Freundin zu meiner Schwester. «Tel Aviv steht ihr.»

«Sarah, du siehst so erholt aus! So entspannt!», ruft uns die Nachbarin meiner Eltern entgegen, als wir in dicken Winterjacken auf der Straße stehen.

«Bist du deutsch oder was?», fragt der Verkäufer im Dönerladen in Frankfurt, nachdem er mich mehrmals auf Türkisch angesprochen und ich immer auf Deutsch geantwortet habe. Er will nicht glauben, dass ich keine Türkin bin. «Wirkst aber anders», sagt er, «nicht deutsch.» Er sieht fast enttäuscht aus.

Vielleicht ist es die leichte Bräunung, die mein Gesicht selbst im tiefsten Winter aus Israel nach Deutschland mitbringt. Vielleicht ist es wirklich die Gelassenheit, die ich während meiner Besuche in meiner Heimat empfinde. Deutschland, so kommt es mir vor, ist für mich jetzt ein bisschen wie ein Erholungsurlaub vom israelischen Alltag, der eindeutig lauter, chaotischer, wuseliger ist. Wer hätte das gedacht? Als nach zwei Wochen mein Rückflug bevorsteht, sind meine Eltern beide mit der ersten Dosis geimpft. Auch meine Schwester und ihr Mann haben einen Termin bekommen.

Wenige Stunden vor meinem Flug nach Tel Aviv stehe ich im Wohnzimmer meiner Eltern, mein kleiner Neffe schmiegt sich an mich, seine Finger halten sich an meinem Pullover fest, sein Kopf lehnt an meiner Brust. Meine Schwester fotografiert uns mit ihrem Handy, sie schaut sich das Bild auf dem Bildschirm an und beginnt zu weinen. «Ich will nicht Abschied nehmen», sagt sie. Auch ich muss jetzt weinen. Mein Neffe hat in meiner Gegenwart zu krabbeln begonnen und so etwas wie ein erstes Wort gesagt: «Oh lala». Was wird er noch alles lernen, wenn ich nicht da bin? Wird er bei meinem nächsten Besuch noch wissen, wer ich bin?

Wird es sich jemals normal anfühlen, dass ich in einem anderen Land lebe als meine Familie?

Klebstoff

«M*i sot?*» – Wer ist das?, fragt meine Großtante, bestimmt zum siebten Mal, und zeigt auf mich. Ihr Sohn ruft ihr unsere Verwandschaft zu, zum mittlerweile fünften Mal. Meine Großtante ist gerade 95 Jahre alt geworden. Seit fast einem Jahr verlässt sie das Haus nicht mehr, liegt nur noch in einem Bett vor dem Fernseher im Wohnzimmer. Mehr als ein Jahr habe ich sie nicht gesehen. Jetzt bin ich gegen Corona geimpft, Besuche mit Maske und Abstand sind wieder möglich. Ihr Gesicht ist lebendig, sie hat eine gesunde Hautfarbe, nur ihr Kurzzeitgedächtnis macht nicht mehr mit. Die philippinische Pflegerin Racheli bricht Schokolade in kleine Stücke und streut sie auf das Tablett, das an ihrem Bett befestigt ist. Eifrig schiebt sich meine Großtante Schokolade in den Mund und schmilzt ein Stück nach dem anderen auf ihrer Zunge. «*Mi ganaw li et ha schokolad?*», fragt sie dann entrüstet: Wer hat meine Schokolade gestohlen? Ihr Sohn – mein Großcousin –, seine Frau und ich müssen lachen. Doch es ist ein trauriges Lachen.

Spreche ich meine Großtante dieses Mal auf Deutsch an, was ich vorher immer getan habe, versteht sie mich nicht mehr. Sie antwortet nur auf Hebräisch und fragt ihren Sohn, was ich da reden würde, wer ich sei, wieder und wieder.

Ich probiere es ein paar Mal, aber ich weiß nicht, ob sie mich akustisch nicht versteht oder ob sie ihr Deutsch vergessen hat. Irgendwann greife ich einfach nach dem Bild meiner Schwester und mir auf ihrem Regal mit den Familienfotos, direkt neben ihrem Bett. Meine Großtante blickt darauf und sagt: «*Jafefia!*» – Hübsche! «*Sot ani*», sage ich, das bin ich, und zeige auf mein Abbild. Sie schaut darauf und schaut mich an. Und irgendetwas macht klick. «Du bist die Schönste von allen», sagt sie, auf Deutsch.

Es ist seltsam, sie so zu sehen. Es ist das erste Mal, dass sie mir nichts mehr erzählen kann. Was bleibt einem Menschen, wenn er seine Muttersprache vergisst? Meine Großtante ist die letzte Überlebende einer Generation von Menschen in meiner Familie, die aus erster Hand erzählen kann, wie es damals war, vor 1945 und danach. Mit jeder Erinnerung, die sie verliert, verliert auch meine Familie ein Stück Geschichte.

Ich denke an all die Menschen, deren Erinnerungen bereits verloren sind, an meine Großeltern auf beiden Seiten der Familie, meine Leih-Oma S., und irgendwie muss ich in dem Moment auch an den Heimatverein denken, dessen Mitglieder wegsterben. Wissen wir Nachkommen genug, um unseren Kindern und Enkeln davon erzählen zu können, wie es damals war? Werden sie uns glauben? Werden wir alle ihre Fragen beantworten können – wir, die nachkommenden Generationen, die vielleicht nicht genug Fragen gestellt haben?

«*Lehitra'ot*», sagt meine Großtante, als wir uns verabschieden, auf Wiedersehen. «Auf Wiedersehen», antworte ich. Ich verlasse ihr Wohnzimmer. Sie ruft mir hinterher: «Schön, dass du mich besucht hast!» Auf Deutsch.

Mein Großcousin und seine Frau bringen mich noch zum Bus zurück nach Tel Aviv. Wir laufen durch die Straßen von Ramatayim, dem Stadtteil von Hod HaSharon, in dem schon mein Urgroßvater gelebt hat, der Ort, der auf der Heiratsurkunde meiner Großeltern steht und in dem bis heute ein Teil der Levy-Familie lebt. Auf dem Weg, vorbei an flachen Einfamilienhäusern, blühenden Hecken, über stille Gehwege, sprechen wir über die Entscheidungen, die unsere Familie geprägt haben. «Dein Großvater hatte es nicht leicht hier», sagt mein Großcousin. «Hier war ja nichts, nur Sand, ein primitives Land.» In seinen Worten höre ich meine Oma sprechen. «Er wollte finanziell etwas erreichen, er hat hier keine Chance dafür gesehen.»

Obwohl wir Hebräisch miteinander reden, wirkt mein Großcousin unheimlich deutsch auf mich. Er ist so höflich, so zurückhaltend, sein Haus ordentlich, der Rasen in seinem Garten akkurat, die Blumenbeete vorbildlich gestutzt. Kein Blatt liegt, wo es nicht liegen sollte, vor der Haustür plätschert ein Brunnen mit Pumpe, auf einer Steinmauer stehen Figuren aus Ton und Porzellan. Kurz habe ich das Gefühl, in einem deutschen Vorgarten zu stehen, wenn da nicht der Baum mit den orange leuchtenden Wollmispeln gewesen wäre. Es wundert mich nicht, als er sagt, dass die vulgäre, laute Art der Israelis ihn stören würde. «Schau dir die deutschen Gerichte an, die meine Mutter kocht, dann weißt du, was ich gern esse», soll er zu seiner Frau gesagt haben, als die beiden heirateten. Bis heute weigere er sich, etwas anderes zu essen als altmodische deutsche Gerichte – eingelegten Hering, Kartoffeln, Hühnersuppe, erzählt mir seine Frau. Er sagt stolz: «Ein echter *Jecke*.» Als Jeckes bezeichnet man die deutschen Einwanderer Israels, die in den dreißiger Jahren nach Palästina kamen, sie sollen sogar bei der Feldarbeit ein Jackett getragen haben, heißt es.

«Wusstest du, dass meine Eltern eine Zeit lang bei deinen Großeltern in Deutschland gelebt haben?», fragt er mich auf dem Fußweg, kurz bevor wir an der Bushaltestelle ankommen. Ich meine mich zu erinnern, das schon mal gehört zu haben. «Sie haben es versucht, ein halbes Jahr.» Er schüttelt den Kopf. «Es ging nicht. Mein Vater wollte nicht bleiben, vor allem aber meine Mutter konnte es in Deutschland nicht mehr aushalten.»

Ich denke an das, was mein Vater «die Zerrissenheit der Familie» genannt hat.

Wir umarmen uns. «Ich werde versuchen, die gesamte Levy-Familie zu besuchen», sage ich zum Abschied. «Wirklich?», er sieht mich an, als könne er nicht glauben, dass sich jemand tatsächlich die Mühe macht. «Wenn ich schon hier im Land bin, muss ich zumindest alle mal getroffen haben», sage ich. Seine Frau umarmt mich, schaut mich an und sagt: «Vielleicht wirst du der Klebstoff sein, der die Familie zusammenbringt.»

Vermieter

Nach 15 Minuten Warten im Halbdunkel rast ein schwarzer BMW auf uns zu. Was ist das für ein Typ?, frage ich mich, einen BMW kann sich in Israel kaum jemand leisten. Wir sehen ein Handy am Fahrersitz leuchten. Der Fahrer telefoniert, streckt kurz die Hand aus dem Fenster und deutet uns mit den Fingern an, dass wir warten sollen.

Wir kennen ihn nur unter dem Namen Hamudi. Hamudi ist Besitzer einer Wohnung in der Nachbarschaft Ajami von Yafo, die Itay und ich unbedingt mieten wollen. Von der Dachterrasse aus sieht man einen Klecks blaues Meer. Das macht die Wohnung eigentlich unbezahlbar, und doch ist sie mit 6000 Schekel überraschend günstig. Wir müssen sie kriegen. Dafür warten wir auch an einer dunklen Kreuzung in Bat Yam.

Nach langen Minuten steigt Hamudi aus seinem BMW, er ist groß, hat eine Glatze, trägt ein rosafarbenes Polohemd, eine dicke Uhr. Er fängt sofort an zu reden: Die Wohnung sei eigentlich schon vergeben, ein Typ aus Or Yehuda habe schon fast unterschrieben, aber wir klangen nett am Telefon, also wollte er uns treffen. Itay und ich sehen uns kurz an. Itay redet los: Er sei Programmierer, ich Journalistin aus Deutschland, wir fänden die Wohnung super – Hamudi unterbricht ihn: «Der Preis im Internet stimmt nicht, ich könnte die Wohnung für 10000 Schekel vermieten ...» 10000 Schekel sind rund 2500 Euro. Ich schaue Itay an. Sein Blick ist jetzt wachsam.

Hamudi tut, als würde er überlegen. «Für euch mache ich 8000», sagt er dann, gönnerhaft. Itay winkt ab: «Das ist nicht der Preis, von dem wir ausgegangen sind.»

Hamudi scheint uns nicht zuzuhören, mich sieht er nicht mal an. Stattdessen schaut er auf sein Telefon und beginnt zu telefonieren, in gehetztem Arabisch. Hat es überhaupt geklingelt? Itay und ich gucken uns wieder an. Ich will ihm sagen, dass der Preis zu hoch ist und der Typ einen komischen Eindruck macht, doch Hamudi hat aufgelegt und beginnt wieder auf uns einzureden: «Für euch mache ich 7000, das ist mein letztes Angebot.» Itay widerspricht und lehnt ab. Ich glaube, ihm geht es jetzt ums Prinzip. Hamudi beginnt wieder zu telefonieren, nimmt das Handy runter und sagt: «6800, aber das ist mein letztes Angebot.» Itay ringt mit sich, ich sehe es. Sein Gesicht ist leidend verzerrt. Dann sagt er, dass er Hamudi bei dem ursprünglichen Preis von 6000 Schekel die Zusage geben könnte, dass wir zwei Jahre sicher in der Wohnung bleiben. Er bietet Hamudi sogar an, dass wir die Miete für das erste Jahr auf einen Schlag zahlen, und ich fasse schnell nach seinem Arm, um ihm zu signalisieren: Auf keinen Fall. Wer weiß, was der Typ mit unserem Geld macht.

Für einen kurzen Moment scheint es, als hätten wir Hamudis Aufmerksamkeit. «Zwei Jahre?», fragt er nach. «Dann könnt ihr mir nach dem ersten Jahr doch 8000 zahlen.» Er schwafelt etwas von Renovierung, von seinem Bauunternehmen, er schwafelt und schwafelt. Ich werde unsicher. Die Wohnung war so genial, aber dieser Typ ist so furchtbar, die Vorstellung, sich bei jeder Vertragsverlängerung mit ihm auseinanderzusetzen …

Itay faselt irgendwas zurück, davon, dass wir das Geld nicht haben, dass mir als Deutsche feste Zusagen wichtig seien, und überhaupt sei er Jemenit, die gelten in Israel als geizig. Ich muss lachen, ich stelle mir vor, in Deutschland würde man zu einem Vermieter sagen: «Ich bin Schwabe, ich achte aufs Geld.»

«Du siehst gar nicht aus wie ein Jemenit», sagt Hamudi zu Itay. Ich habe das Gefühl, in einem schlechten Film gelandet zu sein. Hamudi hängt wieder am Telefon. Mein Freund sagt leise zu mir: «Wir gehen.» Wir winken Hamudi kurz zu, der ruft mit dem Telefon am Ohr: «Wartet!» Doch wir haben keinen Nerv mehr. Wir überqueren schnell die dunkle Straße und laufen zu Itays Roller. «Der ist verrückt», sagt Itay, als wir einige Schritte entfernt sind. Ich will antworten, aber ich höre ein Auto beschleunigen. Hamudi dreht seinen BMW im U-Turn, kommt wenige Meter vor uns zum Stehen. Er parkt halb auf der Straße und bedeutet uns mit einem Finger, wir sollen warten. Ich steige schnell hinter Itay aufs Motorrad, er fährt langsam an Hamudis Auto vorbei, wir gucken ins Fahrerfenster, doch Hamudi telefoniert schon wieder. Zwischendurch bellt er uns zu: *«Schnijja!»* – Sekunde. Itay fährt vor den BMW an den Straßenrand. Da stehen wir nun, angestrahlt von Hamudis Lichtern, direkt vor seiner Motorhaube. Hamudi ruft uns zum Fenster, seine Hand winkt uns ungeduldig und fordernd heran.

«Ich habe Angst vor dem Typen», sagt mein Freund. «Ich gehe da jetzt hin und sage ihm ab.» Ich nicke, steige vom Motorrad und laufe hinter Itay zum Fahrerfenster. Hamudi nimmt sein Telefon runter, sagt: «6600, aber das ist mein letztes Angebot.» Itay schüttelt den Kopf. «Mein Cousin hat angerufen, ich muss ihn zurückrufen», sagt Hamudi plötzlich und tippt auf dem Handy rum. Die Anrufliste leuchtet auf, alles schwarze, ausgehende Anrufe. Kein entgangener, roter Anruf. Wer auch immer da am Telefon ist, ich habe nicht den Eindruck, dass er weiß, worum es geht. Itay sagt zu mir: «Lass uns gehen. Jetzt.» Wir laufen zum Motorrad, stülpen uns die Helme über den Kopf, da fängt Hamudi wie ein Irrer an, uns mit seinem Fernlicht zu blenden. Noch bevor ich richtig sitze, ist Itay losgerast. Er überfährt eine rote Ampel. «Folgt er uns?», fragt mein Freund gehetzt. Ich halte mich an ihm fest und merke, wie angespannt sein Rücken ist. «Nein», sage ich, aber ich drehe mich auch nicht mehr um. Nach wenigen Minuten sind wir auf dem Ayalon-Highway, Itay rast weiter. «Da ist er!», ruft er plötzlich panisch, als uns ein dunkles Auto überholt. «Quatsch, das ist nicht mal ein BMW», sage ich und muss hysterisch lachen.

In meiner WG in Yafo angekommen, sinken wir erschöpft an den Küchentisch. «Was ein aggressiver Typ», sagt Itay. Ich winke ab: «Was sollte die Nummer mit dem Telefon?»

«Er wollte uns melken!», sagt Itay und guckt auf sein Handy. Eine Sprachnachricht von Hamudi: Er habe mit seinem Partner gesprochen, der hätte 6300 zugestimmt. Itay reibt sich erschöpft übers Gesicht und tippt: «Wir geben auf. Wir nehmen eine andere Wohnung, die wir gesehen haben. Danke, Hamudi, und tut uns leid, dass es so ausgegangen ist.» Itay, zu nett für diese Welt.

Wir erhalten noch eine Sprachnachricht: «Wenn du nicht willst, dann ist das deine Entscheidung, *achi* – mein Bruder. *Hakol beseder* – alles in Ordnung.»

In Israel eine Wohnung zu mieten, ist ein Abenteuer. Nicht immer eines, das Spaß macht. Meine erste Wohnung in Yafo bei Annika war im Winter feuchtkalt, ein Fleck grauen Schimmels fraß sich von der Küchenwand in Richtung Boden. «Da streicht der Vermieter einmal im Jahr drüber», erklärte mir Annika, als ich einzog. Doch es ist nicht nur die Nachlässigkeit mancher Vermieter, es sind nicht nur die hohen Preise für vergleichsweise unfassbare Zustände von Wohnungen, und es ist nicht bloß die Dreistigkeit, mit der sie Verträge verhandeln. Selten werden Vorurteile und Rassismus in diesem Land so sichtbar wie beim Vermieten.

«Keine Homosexuellen», mahnen die Vermieter von Itays Zweizimmerwohnung, ein ultraorthodoxes Paar aus dem Norden Israels, als Itay beginnt, nach einem Nachmieter zu suchen. «Das ist gegen das, woran wir glauben, es bringt uns in Schwierigkeiten, versteh das.»

Als Itay nach Dutzenden Besichtigungen seiner Wohnung endlich einen netten Mann findet, der bereit ist, ihm auch Kühlschrank, Bett und Regale abzukaufen, offenbart der sich im Gespräch als schwul. Itay will ihm helfen. Er rät ihm, seinen Namen nicht englisch-klingend auszusprechen, statt *Roy* solle er ihn hebräischer aussprechen: *Ro-iiii*. «Und sag so was wie: Du hast eine Freundin, aber es ist noch nichts Ernstes, deswegen ziehst du erst mal allein ein.» Mein Freund, der Mann für die perfekten Alibis.

Der junge Mann stellt sich telefonisch bei den Vermietern vor, sie finden ihn nett, die Sache scheint geritzt. «Da stimmt irgendwas nicht», sagt Itays Vermieterin plötzlich am Telefon, der junge Mann ließe mit der Unterschrift seiner Bürgen auf sich warten. Itay ruft ihn an. «Meine Eltern haben arabische Namen», sagt der junge Mann resigniert. «Ich bin arabischer Christ. Das wird ein Problem.» Itay versucht ihn zu beruhigen. Er rät ihm, mit offenen Karten zu spielen. «Was hast du zu verlieren?»

Wenige Tage später ruft Itays Vermieterin an: «Wir haben mit unserem Rabbi gesprochen, und wir haben kein gutes Gefühl mit dem jungen Mann. Such bitte jemand Neues. Ach, und Itay? Keine Araber.»

Wiedersehen

Der *Sabich*-Verkäufer hat Noa mit *Motek* angesprochen, Liebling, und uns Herzchen auf die Papiertüte mit den Pita-Sandwiches mit gebratener Aubergine und Ei gemalt. «Das ist es!», sagt Noa begeistert. «Genau das habe ich vermisst!»

«Willkommen in Israel», sage ich und muss lachen.

Vor zwei Wochen ist Noa nach Israel zurückgekehrt. Nach Jahren des Zweifelns, wo sie leben möchte, nach einem Jahr Corona, vielen verworfenen Plänen und gestrichenen Flügen ist sie hier angekommen, mit zwei Koffern und einer Gitarre im Gepäck. Dies ist ihr erster Besuch bei mir in Yafo, gemeinsam sind wir zum Meer gelaufen.

«Wow, Ssssarah, das ist alles so crazy», sagt Noa. «Ich kann immer noch nicht glauben, dass ich hier bin – und du schon hier bist!» Wir sitzen auf einer Steinmauer. Zwischen uns stehen zwei Plastikbecher mit *Limonada*, Zitronenlimonade mit Minze, und die Papiertüten mit den Resten Sabich. Noa starrt auf die Wellen.

Es ist schön, sie wiederzusehen. Für mich war Noa immer ein Stück Israel in Hamburg, es ist faszinierend, sie hier bei mir zu haben, an dem Ort, der eigentlich ihre Heimat ist, und jetzt auch mein Zuhause. Der Ort, über den wir so viel gesprochen haben, an den wir uns beide gesehnt haben, über Jahre. Noa hat den Schritt gewagt, sie hat ihren neuen Freund in Hamburg verlassen, weil sie wusste, dass sie am Ende zurückgehen wird, in das Land, in dem sie geboren ist. Doch ich sehe auch ihre Überforderung.

Noa hat eine erste Berufsberatung in Israel hinter sich, die ihr das Eingliederungsministerium bezahlt. Sie hat dem Berater von ihren Plänen erzählt, Musiktherapie, vielleicht ein bisschen Gesangsunterricht, Schauspiel – den Mix aus Dingen, mit dem sie in Deutschland als Kleinunternehmerin ihren Lebensunterhalt verdient hat. Doch der Berufsberater will eine «Business-Idee», ein Angebot, einen Finanzierungsplan. In Deutschland ist das Leben für Künstler anders, ja, leichter. Der finanzielle Druck, es aus eigener Kraft schaffen zu müssen, ist nicht so extrem wie in Israel, wo allein Lebensmittel schon das Zwei- oder Dreifache von dem kosten, was Noa in Deutschland gezahlt hat. Und obwohl sie sich oft durch den Dschungel der deutschen Bürokratie gekämpft hat, hat das deutsche System ihr stets Hilfestellungen gegeben: Stipendien, Arbeitslosengeld und Gründerzuschüsse, bis sie auf eigenen Füßen stand, Pandemie-Hilfen für Selbstständige. In Israel sind die Corona-Hilfen ein Witz, 700 Schekel wurden jedem alleinstehenden Bürger unseres Alters gezahlt, das sind nicht mal 200 Euro. In Israel muss Noa es schaffen, mit dem, was sie tut, auf eigenen Beinen zu stehen. Diese Erkenntnis dämmert ihr gerade, es mischt sich Nervosität in ihre Freude. Ich versuche, sie zu beruhigen, erzähle ihr von israelischen Buchhaltungsprogrammen, erkläre ihr, wie man sich als Kleinunternehmerin anmeldet, empfehle ihr Facebook-Gruppen für Secondhandmöbel und Jobs für Menschen, die Deutsch können.

Fast wirkt es, als habe sich im Vergleich zu Hamburg nicht viel geändert, doch es ist so viel passiert in der Zwischenzeit. Wir sind beide an unterschiedlichen Punkten in diesem Land. Noa war fünf Jahre nicht hier, sie muss ihre Heimat neu kennenlernen, ihre Bürokratie, ihre Herausforderungen, im Guten wie im Schlechten. Damit habe ich schon mehr als ein Jahr Vorsprung.

«Du bist so krass hier angekommen, ich spüre es!», sagt sie immer wieder und schaut mich entgeistert an. Ich freue mich über ihre Worte. Schließlich hat sie alles von Anfang an mitbekommen – vom ersten Sehnen nach Israel über meine Entscheidung, meine akribischen Vorbereitungen bis zu meinem Hier und Jetzt in Yafo.

«Sarah ist der Grund, warum ich jetzt hier bin», sagt Noa zu Itay, als die beiden sich kennenlernen. «Wirklich?», fragt Itay, als könne er nicht verstehen, dass ein Israeli einen Grund braucht, nach Israel zu kommen. «Du hast doch Familie hier, dachte ich?»

«Doch, doch, aber das war es nicht», sagt Noa. «Ich habe das Leuchten in Sarahs Augen gesehen, wenn sie von Israel erzählt hat. Und ich wollte das auch.»

Beziehungen und Freundschaften in Israel sind erratisch. Es gibt intensive Zeiten, in denen man sich ständig sieht, alles miteinander macht, tagsüber, abends, nachts. Und dann wieder gibt es Zeiten, in denen man monatelang gar nichts voneinander hört. So geht es mir mit Teilen meiner israelischen Familie, die in den Lockdowns bis auf ein paar Anrufe komplett von der Bildfläche verschwinden. Und so ist es mit ein paar Freunden, die ich seit meiner Einwanderung nicht oder kaum getroffen habe, obwohl wir zuvor unheimlich viel miteinander zu tun hatten.

«Hopppaaaaa!», ruft mir Boaz entgegen, mein Freund aus dem Garten im Kerem HaTeimanim. Meine erste Anlaufstelle, mein erstes Zuhause in Israel. Sein Bart ist lang und grau geworden, er trägt eine helle Jeansjacke, die ich noch nie an ihm gesehen habe. Unter seinem T-Shirt zeichnet sich ein Bauchansatz ab. Er sieht zufrieden aus, aber auch älter, als ich ihn in Erinnerung hatte. Wir treffen uns vor einem Co-Working-Space, wo Boaz seit Monaten an seinem Start-up arbeitet. Mehr als ein

Jahr haben wir uns nicht gesehen. Boaz ist jetzt Vater eines mehr als einjährigen Kindes. Wahnsinn. Ich starre ihn ein bisschen an.

Boaz ist mit Frau und Kind in einen *Moschav* gezogen, eine kleine Dorfgemeinschaft bei Jerusalem, in der viele junge Familien mit jemenitischen Wurzeln leben und in der es nach Pinien duftet. Das war ihm immer wichtig, er sprach oft darüber, dass er in die Natur will, die Mieten in der Stadt waren ihm zu hoch.

Boaz und ich trinken zusammen Kaffee, wir tauschen uns aus, was wir machen, wie es gemeinsamen und ehemaligen Freunden geht. «Or heiratet bald», sagt er. Or, der Freund mit dem Motorrad. Er habe die Drogen hinter sich gelassen und werde wohl bald eine Familie gründen. Ich muss an Or denken, rauchend und schüchtern in Boaz' Garten, zugedröhnt und anhänglich-liebevoll am Tresen der Nachbarschaftskneipe. Ich habe keinen Kontakt mehr zu Or, aber ich bin froh, dass es ihm besser geht.

Boaz und mir gehen bald die Gesprächsthemen aus. Obwohl wir beide im vergangenen Jahr kaum feiern und nicht mehr in unserer Stammkneipe waren, merke ich, dass Boaz' und mein Leben sich noch weiter voneinander entfernt haben. Boaz ist jetzt Familienvater, mit allem, was dazugehört: Heirat, Umzug aufs Land. Sein Tag ist getaktet, er bringt die kleine Tochter zu seiner Mutter, um ein paar Stunden an seinem Start-up zu arbeiten. «Du und Itay, wann macht ihr endlich ein Baby?», fragt er mich mehrfach, und ich winke lachend ab. «Erst mal ziehen wir zusammen, mal gucken, wie das klappt», sage ich. «Lasst euch nicht zu viel Zeit», warnt Boaz, der mit Mitte vierzig Vater geworden ist. Ich verdrehe die Augen.

Boaz will mich noch nach Hause fahren. Als ich in sein kleines Auto steige, räume ich Kinderspielzeug und eine Packung Windeln vom Beifahrersitz. Er setzt mich an einer Ecke vor meinem Haus ab, verabschiedet sich. Wir gucken uns beide noch mal an, in unseren Blicken das tiefe Verständnis über die gemeinsam erlebte Zeit im Kerem HaTeimanim, als wir beide im Zustand tiefer Sehnsucht waren – Boaz nach einer Familie, ich nach einem Leben in Israel. Wir haben beide erreicht, was wir wollten. Und wir haben uns beide auf dem Weg verändert. Dann werfe ich die Autotür zu, und Boaz fährt los, zu seiner Mutter, die Tochter abholen.

Besuch bei Doron

Die Sarah hat Aliyah gemacht!», ruft Doron seiner Frau auf Deutsch zu. Wir stehen auf der Terrasse hinter seinem Haus, im Garten hängen riesige Zitronen am Baum, daneben Avocados, Pomelos, Grapefruit. In einem Gewächshaus sprießen Erdbeeren aus Hochbeeten, Tomaten, Gurken und Zitronengras. Doron führt mich herum. Zur Begrüßung hat er mich herzlich gedrückt. Dabei haben wir uns heute erst kennengelernt.

Doron ist ein weiterer Cousin meines Vaters, er geht auf die achtzig zu, wirkt aber zwanzig Jahre jünger. Ein großer, stämmiger Mann, dem man ansieht, dass er zupacken kann. Ein weißer Schnauzer verläuft in einem dicken Streifen zwischen Oberlippe und Nase, in seinen Augenwinkeln liegen Falten, die davon zeugen, dass er entweder gern lacht oder viel Zeit seines Lebens damit verbracht hat, gegen die Sonne zu blinzeln.

Meine Tante hat mir von ihm erzählt, und ich konnte nicht fassen, dass ich noch nie von einem Cousin Doron in unserer Familie gehört habe. Er lebt nur wenige Kilometer von Yafo entfernt in Azor, einem kleinen Vorort. «Doron hat mir damals das Familienalbum gestohlen!», rief meine Tante in Berlin empört ins Telefon. Ich musste Doron kennenlernen. Ich schrieb ihm eine WhatsApp-Nachricht auf Hebräisch, er rief mich sofort zurück und sprach Deutsch: «Komm mich besuchen!»

Dorons Haus sieht aus wie ein deutsches Heimatkunde-Museum. Auf einer dunklen Kommode liegt silbernes Besteck, in dunklen Holzschränken stehen Porzellan und Messinggefäße, an der Wand hängen Ölgemälde mit Landschaften und Kerzenlampen. Im Wohnzimmer steht der größte Fernseher, den ich in meinem Leben gesehen habe, mehrere Meter lang und hoch. Auf einem Regal lehnt ein Album mit dem Familienfoto, das mein Vater im Arbeitszimmer hängen hat. «Ich hab das Buch deiner Tante gestohlen», sagt Doron und grinst wie ein kleiner Junge im Körper eines alten Mannes. «Das Album gehört nach Israel.»

Auf der schattigen Terrasse tischt Dorons Frau israelischen Salat auf, gebratene Aubergine, bulgarischen Käse, Oliven, Rührei. «Dein Großvater kam nach dem Sechs-Tage-Krieg wieder mal her», sagt Doron auf Deutsch. «Ich bin mit ihm durch das ganze Land gefahren. Irgendwann ist er wiedergekommen und hat ein Haus gekauft. Er hat verstanden, dass das der Platz ist, wo er hingehört. Aber es war zu spät. Bis heute kann ich keinen verstehen, der als Jud' nach Deutschland zurückgehen konnte. Ich kann die Deutschen nicht ausstehen, obwohl ich Deutsch spreche.»

Doron hat zu Hause Deutsch geredet, wie so viele seiner Generation, deren Eltern vor den Nazis nach Palästina geflohen und geblieben sind. Seine Anekdoten und Erinnerungen an die Levy-Familie erzählt er auf Deutsch, alles, was das Hier und Jetzt angeht, auf Hebräisch. «Ich wollte auch deine Tante nach Israel holen, doch sie wollte nicht», sagt er.

Doron erzählt viel, manches davon ist gnadenlos: «Deine Großmutter war nie zufrieden. Sie hat deinem Großvater das Leben verdorben.» Und, dass meine Oma nicht kochen konnte. Einmal habe sie eine Aubergine in die Suppe geworfen. «*Chazil!* In die Suppe!» Ich erzähle ihm von Itay, der auch Hobbygärtner ist. «Du hast einen Freund hier?», sagt er, schlägt mit der Hand auf den Tisch und ruft triumphierend: «Das heißt, du bleibst!»

Es ist eine Freude, Zeit mit Doron zu verbringen. Er ist anders als meine restlichen Verwandten, er meckert nicht, er ist so wenig deutsch und so israelisch – geradeheraus bis zu einem Punkt, an dem es wehtut –, er lacht gern und viel, und es scheint, als sei er genau da glücklich, wo er heute ist. Seine Freude darüber, dass ich jetzt auch in Israel lebe, bricht immer wieder aus ihm hervor: «Das Rad dreht sich, die Sarah ist hier!»

«Wusste ich's doch!», ruft meine Tante in Berlin empört, als ich ihr erzähle, dass das Fotoalbum in Dorons Wohnzimmer steht. Sie bittet mich um seine aktuelle Telefonnummer, noch am selben Tag telefonieren die beiden, zum ersten Mal seit Jahren.

Nach den vielen Gesprächen mit der Familie habe ich oft das Gefühl, als wäre meine Auswanderung nach Israel nur ein logischer Schritt in unserer Familiengeschichte. Ich ziehe aus, um dort zu leben, wo Familienmitglieder verschiedenster Generationen vor mir gelebt und geliebt haben. Es konnte nur ich sein, die Tochter, die Enkelin, die schon in anderen Ländern gelebt, andere Sprachen gelernt hat, die sich sehnte, all die Jahre, und nicht wusste wonach. Die das, was mein Großvater vorhatte, was mein Vater erwog und doch nie getan hat, einfach gemacht hat. Und die jetzt die Familiengeschichte aufarbeitet und Wissenslücken füllt, Verbindungen knüpft, bevor es zu spät ist.

Heimat in sich selbst

«Meine Therapeutin hat etwas gesagt, worüber ich nachdenken muss», sagt Lola leise, und ihr Blick schweift die Straße entlang, weg von mir, weg von dem Tisch des Cafés, vor dem wir sitzen. «Sie hat gesagt, ich sei heimatlos.»

Ich runzle die Stirn. Lola hat vor Kurzem die Therapeutin gewechselt, sie wollte tiefer in sich schauen. Manchmal denke ich, dass sie das noch mehr verunsichert. «Was soll das heißen?», frage ich und höre die Skepsis in meiner Stimme.

«Ich bin mir nicht sicher», sagt Lola. Sie sieht traurig aus. «Dass ich nicht gefestigt bin, nicht in mir ruhe. Nicht in mir zu Hause bin.» Wir schweigen.

Ich spüre, dass sie sich mit der Einschätzung quält. «Ist das nicht jeder mal?», frage ich und nehme einen Biss von meinem Sandwich mit Avocado und Tomaten. Lola schweigt.

«Ich meine, ich bin auch oft voller Befürchtungen und Ängste», sage ich. «Das ist doch ganz normal.»

Lola guckt mich lange an, dann sagt sie: «Nein, Sarush. Du bist nicht heimatlos. Du bist zu Hause in dir selbst. Sonst wärst du niemals in der Lage gewesen, diesen Schritt zu gehen und Aliyah zu machen.»

Das Hebräische schenkte mir fünf Wörter für Sehnsucht. *Kmi'ha, Ga'agua, Hischtokkekut, Kissuffim, Ergah*. Jedes Wort, lernte ich, hat seine eigene Richtung und Tiefe.

Kmi'ha ist poetisch, es ist ein starkes Gefühl, physisch wie seelisch, und lässt sich am ehesten mit Sehnsucht übersetzen.

Ga'agua ist das Sehnen nach jemandem oder etwas, das Vermissen von etwas Bekanntem, das wir bereits aus der Vergangenheit kennen.

Hischtokkekut bedeutet hingegen, sich nach etwas zu verzehren, leidenschaftliche Gelüste zu haben, ein körperlich spürbares Verlangen nach etwas, das man in dem Moment nicht hat, aber was in der Zukunft durchaus möglich sein kann.

Ergah stammt aus dem Tanach, der hebräischen Bibel, ist hochpoetisch und nicht alltäglich. Es wird oft im religiösen Kontext verwendet, in Gebeten, in der Poesie und in Liedern. *Ergah* sagt man, wenn das Sehnen tief ist, leidenschaftlich, von einer unvorstellbaren sinnlichen Kraft, die man sich schwer erklären kann.

Kissuffim ist ein gehobenes Wort für andauernde Sehnsucht, die kaum erfüllt werden kann. Es hat eine spirituelle Bedeutung, bezieht sich oft auf die Sehnsucht der Juden aus der Diaspora nach Israel. Kissuffim ist auch der Name eines Kibbuz direkt an der Grenze zum Gaza-Streifen, dessen zionistische Gründer ihn mit «die, die Sehnsucht nach Israel haben» übersetzten.

Ein Volk, das fünf Wörter für das Sehnen hat, weiß, was es bedeutet, nicht dort zu sein, wo es sein möchte. Vielleicht braucht es fünf Wörter, um dem gerecht zu werden, was meine Familie bewegt hat und bis heute bewegt. Und was ich gefühlt habe und heute fühle.

In Israel ist es, als hätte sich die Sehnsucht für mich gewandelt. Von der starken Sehnsucht nach etwas Unbestimmtem, für mich Unentdecktem, ein Verzehren nach etwas weit Entferntem, manchmal unerreichbar Scheinendem. Über eine Art Verlangen, eine Lebenslust, zu einer Sehnsucht nach Israel. Bis hin zum Vermissen. Heute vermisse ich meine Schwester, meine Eltern, ich fühle mich oft schlecht, dass ich nicht spontan bei ihnen sein kann. Doch ich habe keine Sehnsucht mehr. Ich bin da, wo ich sein möchte. In mir zu Hause.

Teil 3:
Yafo

Yafo, störrische Schönheit am Meer. Heimat Tausender Seelen und Gefühle, muslimisch, jüdisch, christlich, atheistisch, reich und arm, feindlich und herzlich zugleich. Unvereinbar und doch vereint, hier, am unteren Zipfel von Tel Aviv.

Yafo, eine Stadt, so eigen, dass sie nicht einverleibt werden konnte in die jüdische Stadt am Meer, sondern nach einem Bindestrich verlangte. Tel Aviv Bindestrich Yafo. Dazugehörig und doch getrennt.

Oh Yafo. Wie du lachst über deine jüngere, jüdische Schwester Tel Aviv im Norden, so viel älter bist du, so viel mehr Geschichte hast du erlebt – Eroberung, Zerstörung, Flucht, neues Leben in alten Häusern. Du bist immer wieder aufgestanden. Doch es ist ein bitteres Lachen, denn du bist heute das Anhängsel hinter dem Bindestrich, zu arabisch für die Unabhängigkeit, zu geschichtsträchtig, um dich zu ignorieren, zu umstritten, um dich nicht ernst zu nehmen.

Yafo, drei Namen, drei Schreibweisen; Yafo in Hebräisch, Yaffa in Arabisch, und Jaffa für Touristen. Drei Namen, als könnte man sich nicht auf einen einigen, unentschieden wie Jerusalem, Jeruschalajim, Al-Quds. Drei Namen, die widerspiegeln, dass jeder in Yafo findet, was er sucht.

Deine Postkarten-Küste, an die sich ein rostiger Hafen schmiegt, den hellen Stein deiner renovierten Altstadt, aus der Minarette und Kirchtürme hervorspitzen.

Der Norden mit seinen europäischen Cafés, Antiquitätenläden und überteuerten Kaffeeröstereien. Kurz danach, das arabische Dorf mit seinen rissigen Hauswänden neben prunkvollen Palästen, bezahlbaren Mieten neben unerschwinglichen, hier, wo noch Hütten stehen, von Wellblech bedeckt und Wäscheleinen umspannt, mit krähenden Hähnen und weißen Plastikstühlen am Straßenrand. Dahinter die flachen Riegelbauten der ärmsten Familien, Vorgärten, die keiner mäht, Friedhöfe, bei denen der Tod auf das Meer blickt, wo alles begann und alles endet.

Mit der aufsteigenden Sonne grüßt hier ein anschwellender Chor aus Vogelgezwitscher und der Ruf des Muezzin, fünfmal am Tag. Das Bersten von Feuerwerk gelangweilter Jugendlicher. Die Sirenen der Polizeistreife.

Jeder kennt deine Backgammon spielenden Teppichverkäufer, doch wer hier wohnt, trifft auf Gangster hinter getönten Autoscheiben, die Glitzeruhr am Handgelenk. Auf schläfrige Katzen und nervöse Hühner, die durch deine Gassen zickzacken. Der sieht die ewig blühende Bougainvillea, zerfranste Palmen zwischen schmutzig beigen Häuserblöcken, Eukalyptusbäume, in denen grüne Papageien krächzen, Orangenbäume im Vorgarten, Ratten, die aus den Ritzen der Strandmauer hervorwuseln und genauso schnell wieder verschwinden.

Auf deinen Plätzen zerbröseln alte Männer Weißbrot für Tauben- und Krähenscharen, in Cafés sitzen die Ziellosen vor Hafuch mit Mandelmilch, Jungen auf Elektrorollern und E-Bikes brettern an ihnen vorbei, ohne dass sich die Blicke treffen.

In deinen Straßen herrschen sie, die kleinen Jungs, in ihren eigenen Uniformen: schwarzes T-Shirt, schwarze Hose, das Haar millimeterkurz geschoren, den Blick voller Trotz und Testosteron, wenn sie auf fetten Reifen durch die Gassen rasen. Mit «Allahu Akbar» – Allah ist groß – schrecken sie Nachbarn aus dem Weg.

In Yafo leben sie alle, Juden, Muslime, Christen, eng beieinander und doch in anderen Welten. Nur an einem Ort kommen sie zusammen: an deiner Promenade, wo die Musikerin mit der E-Gitarre zarte Popsongs singt und hinter ihr die Sonne im Meer versinkt. Dort halten sie inne, hören zu: Hipster in knappen Sporthosen; junge und nicht mehr junge Eltern; die Frau mit dem Kopftuch, die mit dem Handy filmt; das junge Paar, er mit Schläfenlocken, sie mit langem Rock, das sich zaghaft auf einer Bank annähert; daneben die Familie, die am Schlauch einer Schischa zieht; Passanten, deren Hundeleinen sich verheddern; das Mädchen mit den verweinten Augen, das auf den Horizont schaut; die Frau, die im Sand Kopfstand übt; die Braut in flimmerndem Hochzeitstüll, während der Bräutigam in seinen Anzugkragen schwitzt; die Männer mit dem grauen Brusthaar beim Matkot-Spiel – pong-pong-pong; die verhüllte Frau mit den nackten Füßen, deren Gewand durch das Wasser schleift, da, wo die Wellen am Sand lecken.

In diesem kurzen Moment berührt sie, was ihren Nachbarn berührt: die Stimme der Musikerin, die warmen Töne ihrer Gitarre, das Spiel der Wolken, der Sonne, des Meeres. Kurz bevor sich die Dunkelheit auf dem Himmel ausbreitet wie Tinte in Wasser, neigt sich das Lied der Musikerin seinem Ende zu, und sie alle strömen fort, in ihre Häuser, ihre Nachbarschaften, ihre Familien, die unterschiedlicher nicht sein könnten, aber einen Ort ihr Zuhause nennen: Yafo.

Zu Hause

Unsere beiden Kinder sind in der Wohnung entstanden», sagt Galli und lächelt, halb zu Itay und mir, halb zu ihrem Baby, das sie in einem Tuch schräg über der Brust trägt. Es ist Ende Januar, die Sonne scheint, die Luft ist frisch und angenehm. Wir sitzen vor einem Café im Norden Yafos, Itay, Galli und ich.

«Die jetzigen Mieter bekommen ein Baby», fügt Galli hinzu und zieht das Tuch weiter über den Kopf des Babys. «Das ist eine sehr fruchtbare Wohnung.» Sie sieht uns auffordernd an. Itay und ich lachen verlegen. Itay sagt irgendwas von, das sei der Plan, mal schauen, ich sage: «Wir gucken erst mal, ob wir zusammen wohnen können.»

Itay und ich haben eine Wohnung gefunden. Wenige hundert Meter von Lolas Wohnung entfernt, zweieinhalb Zimmer, offene Küche, großer Wohnraum, zwei Balkone. Die Decken sind mehr als vier Meter hoch, die hohen Fenster mit Oberlichtern zum Aufklappen rahmen Läden aus Holz. Den Boden bedecken kunstvoll gemusterte Fliesen, an die Decke flutet Sonnenlicht durch ein Spitzfenster, das typisch ist für die alten Häuser in Yafo. Flügeltüren aus gebeizter Eiche führen in die kleinen Nebenräume, die zwei Balkone und viele Fenster sorgen für einen steten Luftzug. Die Wohnung ist der absolute Hammer. Jetzt müssen wir nur noch die Vermieterin überzeugen.

Ich schätze Galli auf Ende dreißig, Anfang vierzig, ihr Nachname weist auf aschkenasischen Ursprung hin. «Sehr gut! Den Aschkenasim kann man bei Vertragssachen vertrauen», hat Itays Vater zufrieden festgestellt. Die Wohnung in Yafo gehörte einst Gallis Vater, sie hat sie renoviert und viele Jahre selbst darin gewohnt, bis ihre eigene Familie größer und die Wohnung zu klein wurde. Von den aktuellen Mietern, einem jungen Paar wie wir, wissen wir, dass es sich die Wohnung nicht mehr leisten kann. Sie arbeitet als Lehrerin, er als Anwalt. Doch da es in Tel Aviv Anwälte wie Sand am Meer gibt, heißt das hier nicht, dass man ausreichend Geld verdient, um eine Familie ernähren und sich eine renovierte Wohnung im nördlichen Yafo leisten zu können. Für Tel Aviver Verhältnisse sind die 6200 Schekel für zweieinhalb Zimmer und zwei Balkone noch bezahlbar. Dass das umgerechnet rund 1700 Euro ohne Nebenkosten sind, darüber will ich gar nicht nachdenken. Sie ist günstiger als alles, was wir bisher in Yafo besichtigt haben. Und ich will unbedingt hier bleiben.

Yafo, das nur ein Zwischenstopp sein sollte, eine erste Unterkunft, bis ich etwas Zentraleres finden würde, ist zu einem Ort der Geborgenheit geworden. Yafo ist Zuhause geworden, mein Zuhause. Das liegt zum einen an den Menschen, den Israelis, die ich kennengelernt habe und die es mir leicht machen, mich willkommen zu fühlen. Es liegt aber auch an diesem Stadtteil, dessen Abenteuer, Absurditäten und Abgründe ich entdecken und lieben lerne, und der mir ermöglicht, eine Art Zuhause zu fühlen, wo nicht meine Heimat ist.

Yafo ist besonders. Auch seine komplizierte Geschichte.

«Vor fünf Jahren hat es an der Tür geklopft», erzählt Galli gegen Ende unseres Treffens. «Ein älteres Paar hat plötzlich vor der Tür gestanden», erinnert sich Galli. «Die beiden kamen aus Amerika. Sie waren Palästinenser, sprachen aber auch ein bisschen Hebräisch. Sie baten darum, das Haus zu sehen, in dem einst ihre Familie gelebt hatte. Das war ihr Zuhause. Vor 1948. Bevor sie vertrieben wurden.»

Itay und ich schauen Galli an.

«Und wie war das?», frage ich, nachdem wir einige Sekunden geschwiegen haben.

«*Murkav*», sagt sie. *Murkav* bedeutet sowohl kompliziert als auch komplex. «Die beiden waren sehr nett und freundlich. Aber die Sache an sich war berührend. Wir lebten dort, wo ihre Familie einst gelebt hatte.» Galli hört auf zu reden. Ich sehe Itay an. Die Geschichte berührt mich auch. Schließlich, so zeichnet es sich gerade ab, würden wir bald in dieser Wohnung wohnen. Was bedeutete das für uns? Änderte das irgendetwas? Unser Bewusstsein für diesen Ort, für seine Vergangenheit? Wie wohl wir uns in der Wohnung fühlen würden? Ich wische die Zweifel weg. Die Vertreibung der arabischen Bewohner von Yafo ist Teil der Geschichte dieses Landes, des Stadtteils. Auch wenn sie unangenehm ist, denke ich, ist es besser, sich dessen bewusst zu sein, als ahnungslos hier zu leben.

Sicherheit

«Fühlst du dich hier nicht unsicher?», fragt Itays Vater. Wir fahren in seinem SUV durch Yafo. Er hat darauf bestanden, mich zu allen Erledigungen zu kutschieren, die ich heute vorhabe. Wir sind von Itays und meiner neuen Wohnung 400 Meter zu meiner alten WG gefahren, von dort aus 300 Meter weiter zum Baumarkt, dann wieder 100 Meter zurück zu meiner Krankenkasse, wo ich die zweite Corona-Impfung erhalten habe, und wieder zu unserer Wohnung. Vermutlich hätte ich diese Strecke zu Fuß schneller erledigen können, doch ich spüre, dass es Itays Vater wichtig ist, mit mir durch Yafo zu fahren, durch die Stadt, die ich seit mehr als einem Jahr mein Zuhause nenne.

Itays Vater kennt Yafo in erster Linie als Ort aus den Nachrichten. Noch vor wenigen Jahren galt der Stadtteil als Drogenumschlagplatz, in dem organisierte Kriminalität und Bandenkriege herrschten. Wie für viele Israelis ist es für Itays Vater unvorstellbar, dass hier jemand freiwillig hinzieht, dorthin, wo die Touristen sonst die Altstadt beherrschen und die arabische Kultur so sichtbar ist wie sonst in keinem Teil von Tel Aviv. Ich weiß nicht, wie ich ihm seine Vorbehalte und Vorurteile nehmen soll – ich kenne Yafo ja nur jetzt.

Harlem in New York City, Tarlabaşı in Istanbul, St. Pauli in Hamburg: Ich hatte immer eine Vorliebe für Orte der Vielfalt, Kontraste und Widersprüche. Orte, an denen die Menschen etwas zu erzählen haben, ziehen mich an. In Yafo prallen Luxusbauten und Bruchbuden aufeinander, Modernes findet sich neben Jahrhundertealtem, Tradition trifft auf Techno, bärtige Hipster auf wilde Hühner, und das alles vor einem Hintergrund muslimischer, jüdischer und christlicher Gläubiger, ihrer Bräuche, Gotteshäuser und Mentalitäten. Die Häuser sind zusammengeflickter und heruntergekommener als in den nördlicheren Stadtteilen, die Gehwege dreckiger, neben überfüllten Mülltonnen türmt sich öfter der Müll als in den reicheren Gegenden. Doch die alten, orientalischen Häuser mit ihren weißen Säulen, die vergleichsweise günstigen Preise, die verschiedenen Kulturen, Gerichte und Gerüche machen Yafo besonders. Für mich ist Yafo in erster Linie ein Ort von merkwürdiger Schönheit. Heruntergekommen und abenteuerlich, seltsam und magisch zugleich. Im Frühling filme ich ein junges Paar, das in Pelzmänteln auf einem Dachfirst tanzt. Im Sommer grast ein Pferd einsam auf den Grünflächen in unserer Nachbarschaft. Ich habe Kutschen durch die Gassen fahren sehen, ich habe Pfauen fotografiert, die durch die Nachbarschaft Ajami stolzieren. Einen Kakadu, der sich an eine Regenrinne klammerte und von einer Nachbarin gefüttert wird. Hier gibt es noch einen Laden, in dem nur Eier verkauft werden! Täglich fährt ein älterer Mann die Sderot Jeruschalajim auf seinem Fahrrad auf und ab und imitiert das Geräusch einer Ziege! Dazu die lauten arabischen Hochzeiten mit den ohrenbetäubenden Trommeln und dem Gesang, und die noch lauteren Feuerwerke, die hier täglich in die Luft geschossen werden. So vieles ist so seltsam und zauberhaft hier. Jeden Morgen, wenn ich mit einer Tasse Kaffee auf dem vorderen Balkon sitze, beobachte ich einen Schwarm weißer Tauben, der von einem Dach zum nächsten flattert. Ich vermute, es sind trainierte Tauben, die so viele Menschen hier bei Heiratsanträgen und Hochzeiten fliegen lassen. Wenn die Vögel ihre Kreise ziehen, ihre weißen Flügel durch die Luft flattern, im

Hintergrund das tiefe Blau des Himmels – ich kann mir in diesen Momenten schwer vorstellen, dass es einen schöneren Ort als Yafo gibt.

Gut, das Haus, in das wir gezogen sind, sieht von außen aus wie eine Bruchbude. Die Vorderseite ist teils verputzt, teils mit verschiedenen Farben gestrichen, hier mit Holzlatten verkleidet, da mit hellen Steinplatten. Die unterschiedlichen Materialien und Anbauten wirken ohne System, mal rund, mal eckig, da ein Balkon, hier ein Vorsprung, dann wieder etwas, das aussieht, als sei es einst ein Balkon gewesen, der zugemauert wurde, um einen weiteren Raum zu schaffen. Im Hausflur klafft ein riesiges Loch, wo einst ein Fenster war. Rostbraune Kabel sprießen gefährlich aus alten Stromkästen, die aussehen, als wäre hier Frankenstein zusammengesetzt worden. Eine Familie Schwalben nistet direkt über der Tür unserer Wohnung.

«Bitte entfernt das Nest nicht», bittet uns unsere Vermieterin Galli. «Die Vögel nisten seit Jahren im Hausflur.» Itay ist pikiert. Er wurde schon angeschissen, als er die Wohnungstür aufgeschlossen hat. «Ein Schwalbennest bringt Glück», sagt Galli. Wir lassen es hängen. Itay befestigt eine Metallplatte über unserer Wohnungstür, damit der herunterfallende Kot der Vögel nicht auf unseren Köpfen landet. Alle paar Tage überziehen wir die Platte mit einer frischen Plastiktüte, wenn die alte vollgeschissen ist. Wir nennen es fortan *Gag Kaki*, «Kaki-Dach».

In unserem Haus wohnen zwei arabische Familien und mit Itay und mir vier jüdische Bewohner. Auf unserem Stockwerk scheinen alle nett miteinander umzugehen, man schwätzt im Hausflur, keiner regt sich über Krach oder Vogelkot auf oder über die Katze, die im Hausflur wohnt. Auf den ersten Blick erscheint mir unser Haus als positives Beispiel des Zusammenlebens von Muslimen und Juden. Als ob das Nebeneinander hier ein bisschen mehr Miteinander ist.

«Sehe immer die schönen Bilder», schreibt mir mein Cousin aus Deutschland über meine Fotos auf Instagram. «Israel ist viel schöner, als man denkt, so vielseitig und harmonisch.» Ich stimme ihm zu. Das Bild, das durch deutsche Nachrichten von Israel entsteht, ist oft kriegerisch, konfliktbeladen, unsicher. In meinem ersten Jahr in Yafo habe ich das Gegenteil erlebt. In Yafo treffe ich zudem selten auf Betrunkene, wie das oft in St. Pauli der Fall war. Nur selten verirrt sich ein Junkie von der Gegend um den Tel Aviver Busbahnhof so tief in den Süden. Nachts laufe ich hier allein nach Hause. Es gab Ecken in Hamburg, in denen ich mich unsicherer gefühlt habe.

In Gesprächen mit Israelis begegne ich dennoch vielen Vorbehalten gegenüber dem Stadtteil und seinen Bewohnern. Auch Itays Mutter war nicht gerade glücklich über unsere Wahl. «Warum musstet ihr ausgerechnet nach Yafo ziehen?», fragt sie öfter besorgt. «Es ist dort nicht sicher.» Ich schiebe ihre Ängste darauf, dass sie sich sowieso um uns alle Sorgen macht, immer.

Dann sehe ich, wie Itays Schwager zusammenzuckt, als bei einem Familientreffen in unserer neuen Wohnung der Ruf des Muezzins aus den Lautsprechern einer Moschee um die Ecke erklingt. Er sagt, das erinnere ihn an Gaza. Mein erster Reflex ist es, irritiert abzuwinken. Ich höre den Ruf seit mehr als einem Jahr vier-, fünfmal am Tag. Außerdem: Was soll das, wir befinden uns immer noch in Tel Aviv, wenige Kilometer von dem Stadtteil entfernt, in dem Itay und seine Schwestern aufgewachsen sind und in dem seine Eltern seit Jahrzehnten leben. Yafo ist nicht Umm al-Fachem, eine der israelischen Städte, in denen in erster Linie arabische Israelis leben, und auf deren Demonstrationen stets ein Meer palästinensischer Fahnen geschwenkt wird. Doch ich sage nichts. Ich weiß, dass Itays Schwager in seiner Armeezeit in Gaza war, doch welche Erinnerungen er mit Gaza verknüpft, weiß ich nicht. Wir haben noch nicht darüber geredet.

Itay hat mir mal erzählt, sein ehemaliger Chef habe gesagt: «Ich bekomme immer Angst, wenn ich Arabisch höre.» Wie tief muss die Kluft sein, wenn Arabisch nicht als Sprache des Nachbarn gesehen wird, sondern als Sprache des Feindes? Ein Feind, mit dem die meisten im Alltag kaum direkten Kontakt haben. Und wenn doch mal Kontakt entsteht, so ist dieser oft gefärbt von den Vorurteilen und Erfahrungen, die der Armeedienst, Dutzende kriegerische Auseinandersetzungen und die politische Propaganda bei den Menschen hinterlassen haben.

Meine Freundin Aviv arbeitet in ihrem Unternehmen mit Programmierern aus Ramallah im Westjordanland zusammen. Bei einem Abendessen in einem vietnamesischen Restaurant am Rabin-Platz erzählt sie Dan und mir von der Begegnung mit einem palästinensischen Programmierer im Videochat. «Das war total verrückt, da saß er vor mir, wir redeten über das Projekt. Ich hätte fast gesagt: ‹Du bist also der Feind.› Das war so unwirklich.» Als sie meinen irritierten Blick sieht, fügt sie schnell hinzu: «Ich meine, so wird es uns eingetrichtert, oder? Das erzählen sie uns immer.» Der palästinensische Kollege sei richtig gut gewesen, merkt sie dann noch an, viel besser als einige der hauseigenen Programmierer.

Palästinenser in den besetzten Gebieten und Israelis begegnen sich im Alltag außerhalb des Armeedienstes kaum, dafür hat eine Politik des Mauerbaus gesorgt. Und damit leben die meisten Israelis nicht schlecht, zumindest ist ihnen die Abschirmung größtenteils egal, solange sie sich sicher fühlen.

Doch auch rund 20 Prozent der israelischen Bevölkerung sind Palästinenser. Sie sind jene oder Nachkommen jener, die nach 1948 im neugegründeten Israel blieben oder zu ihren Familien dort zurückkehren durften. Sie sind israelische Bürger, Nachbarn. Rund zwei Millionen Menschen mit israelischem Personalausweis und, falls sie wollen, israelischem Pass.

Doch obwohl arabische und jüdische Israelis in Tel Aviv und Yafo nur wenige Meter oder Kilometer voneinander entfernt leben, scheint es im Gespräch mit jüdischen Israelis oft, als wären die arabischen Bewohner dieser Stadt Fremde eines Nachbarlands mit unsichtbaren Grenzen. Zu oft vermischt sich das Bild des «Feindes» mit dem des Nachbarn.

An einem Abend im Frühling kommt das Thema zwischen mir und Itay auf. Wir liegen auf dem Gras im Park haMidron am Meer und schauen einer arabischen Familie zu, die ihre Decke neben uns aufgeschlagen hat. Drei kleine Mädchen, die Haare zu Zöpfen gebunden, legen sich mit ausgestreckten Armen und Beinen aufs Gras, der Vater stupst sie vorsichtig an und sie rollen sich jauchzend den flachen Hügel hinab. Ich höre Itay neben mir schnauben. Dann sagt er mit belegter Stimme: «Und uns erzählen sie, die Araber würden ihre Kinder nicht lieben.»

«Wer sagt das?», frage ich zurück.

«Die Politiker.»

«Rechte Politiker?»

«Im Kampfmodus kannst du diesen Satz von allen hören, rechts wie links. Sie sagen, Araber lieben ihre Kinder nicht, weil sie sie als Attentäter losschicken und ihren Märtyrertod feiern.»

Ich verstehe in diesem Moment, dass es auch für meinen Freund nicht selbstverständlich ist, in Yafo zu leben. Dass er zwar nicht ernsthaft glaubt, dass Araber ihre Kinder nicht lieben – doch allein die Tatsache, dass ihm diese Aussage einfällt, als er die arabische Familie beim Spielen beobachtet, zeigt mir, dass auch er Berührungsängste hat, Vorbehalte, die zu selten herausgefordert wurden, einfach, weil er zuvor noch nie in einem arabisch geprägten Viertel gewohnt hat. Weil sein Kontakt mit Palästinensern gering ist. Und weil er als Nachrichtenjunkie sehr vertraut mit der politischen Propaganda ist, die Araber und Juden voneinander entfernt. Sie vertieft Gräben, die schon immer da waren. Es ist erstaunlich, wie wenig natürliche Berührungspunkte es zwischen Arabern und Juden gibt, selbst wenn sie nebeneinander wohnen, wie in Yafo.

«Doch, natürlich kennen wir Araber», sagt Lola. Ich bin zum Kaffee bei ihr vorbeigekommen, sie führt mich durch die neu eingerichtete Wohnung, die einst unsere gemeinsame WG war. «Ich war gerade bei Nadia und habe mich sehr gut mit ihrer kleinen Tochter verstanden», erzählt meine Freundin. Nadia ist die Vermieterin von Lolas Wohnung, auch meine ehemalige Vermieterin.

Ich grinse spöttisch. «Lola, nur weil du da warst, um die Verlängerung des Mietvertrags zu unterschreiben, heißt es doch nicht, dass du mit ihr befreundet bist. Außerdem ist Nadia christliche Araberin. Kennst du auch arabische Muslime?»

Lola denkt nach: «Nein.»

«Findest du das nicht komisch?», frage ich. «Du wohnst so viele Jahre in Yafo und hast keine Berührungspunkte mit Muslimen?»

«Doch, ich hatte diese eine arabische Freundin», widerspricht Lola, «in meinem Yoga-Kurs, die ist ... ach nein, die ist auch Christin.» Sie sieht jetzt nachdenklich aus.

Ich kenne diese Argumentation schon. «Mein arabischer Freund ...» ist ein Ausdruck, den ich schon von vielen meiner Freunde in Israel gehört habe. Der «arabische Freund» hat meist keinen Namen, jedenfalls wird er nicht genannt. Stattdessen wird von ihm nur als «mein arabischer Freund» gesprochen. Meist gibt es auch nur den einen, deswegen sind Verwechslungen unmöglich.

Die gemeinsamen Aktivitäten meiner Freunde mit ihren arabischen beschränken sich auf zwei, drei Grillabende im Jahr, gemeinsame Sportkurse, Hochzeiten von Freunden aus der Schulzeit. Von Besuchen zu den Familien des jeweils anderen habe ich noch nie gehört. Die Anna Loulou Bar, in der Flora und ich einst mit Boaz, Or und Ovadia zwischen jüdischen und arabischen Israelis tanzten, ist inzwischen geschlossen.

Aber ich muss ganz ruhig sein, ich bin ja nicht besser: In meinen ersten 14 Monaten in Yafo habe ich mich mit keinen muslimischen Arabern angefreundet. Ich weiß nicht mal, wo ich das tun könnte. Klar, ich smalltalke mit meiner muslimischen Nachbarin und ihren Töchtern über das Wetter, das Vogelnest im Treppenhaus, die Bezahlung der Putzfrau, die den Flur reinigt. Ich gratuliere der Nachbarin zur Hochzeit ihrer Tochter und filme amüsiert die arabische Band, die bei der Feier zwei Stunden lang auf eine Trommel schlägt und ohrenbetäubend in ein Mikrofon singt – in unserem Hausflur, der für die Festlichkeiten mit pinkfarbenem Teppichläufer und weißen Vorhängen geschmückt ist, mit kitschigen Stoffrosen. Ich beobachte mit Itay das Feuerwerk, das die Hochzeitsgesellschaft am Ende der Zeremonie von unserem Dach in den Himmel schießt.

Aber ich kenne meine muslimischen Nachbarn nicht und sie mich nicht. Ich höre sie durch die Wand in unserem Arbeitszimmer husten und manchmal streiten, doch außer «*Schalom*», «*Mah nischmah?*» – Wie geht es? – und «Wem gehören die Fahrräder, die im Flur angekettet sind?» entsteht kein Kontakt. Hebräisch ist nicht meine Muttersprache, ihre auch nicht. Arabisch kann ich nicht.

«Ich kann einen Satz auf Arabisch!», sagt Lola triumphierend. Sie reißt ihre Hände durch die Luft, als würde sie ein unsichtbares Maschinengewehr auf mich richten, und schreit: «*Waquef wallah-ana batuchak!*»

Ich starre sie an. Lola lacht laut los: «Das bedeutet ‹Stopp! Sonst erschieße ich dich!› Den Satz lernt jeder in der Armee.»

Mich wundert hier gar nichts mehr.

Samurai

Itay steht in unserem Flur auf den gemusterten Fliesen, aus einer schwarzen Lederhülle zieht er ein langes silbernes Schwert, schwenkt es durch die Luft und beobachtet sich dabei im Spiegel.

«Ich werde das Samurai-Schwert unter meine Seite des Bettes legen.»

Ich muss mich verhört haben. «Was hast du gesagt?», frage ich nach.

«Unters Bett», antwortet mein Freund. «Das Schwert.» Er winkt mir mit dem Ding zu. «Wenn jemand nachts ins Haus einbricht, kann ich es schnell greifen.»

Ich starre ihn an. Er scheint das komplett ernst zu meinen. Das Schwert hat er in seiner alten Wohnung gefunden, ein Vormieter hatte es dagelassen, warum auch immer. Zu meinem Groll hat Itay es sich nicht nehmen lassen, das Schwert mit in unsere neue Wohnung zu nehmen. Er betrachtet weiter sein Spiegelbild und spielt Jedi-Ritter. Dann streift sein Blick meinen.

«Baby, das ist Yafo», sagt Itay.

Ich richte mich auf dem Sofa auf. «Du willst ein Samurai-Schwert unter unser Bett legen, um dich im Notfall damit zu verteidigen?! Was, bitte, meinst du, wirst du dann damit tun? Den Einbrechern einen Arm oder ein Bein abhacken?» Ich habe selten so eine schwachsinnige Idee gehört.

Mein Freund seufzt und sieht mich an: «Es ist priviligiert zu sagen, ich ziehe nach Yafo und mache mir keine Sorgen.»

«Was soll das denn heißen?» Ich spüre, wie ich wütend werde. Will er mir jetzt etwas über kriminelle Araber erzählen?

«Ich sage nur, viele Leute in Israel haben einen Baseballschläger neben dem Bett. Yafo war früher wirklich gefährlich. Das ist noch nicht so lange her.» Ich schnaube: «Genau, vor fünfzehn, zwanzig Jahren. Ich wohne doch schon ein Jahr hier, bisher wollte keiner in meine Wohnung einbrechen, und ich habe das auch noch nie von Freunden gehört, die hier leben. Da ist Florentin gefährlicher.»

«Und was machst du, wenn doch jemand einbricht?»

«Dann ergebe ich mich und sage, sie sollen alles nehmen, was sie wollen, Hauptsache mir passiert nichts. Das sind ja nur Sachen. Ich werde nicht zum Mörder.» Itay hat das Schwert gesenkt. Er nimmt sich die Hülle, steckt es wieder rein und lehnt es an die Wand im Flur. Dann sagt er lange nichts.

Mich ärgert das Gespräch. Klar, Yafo ist nicht Ramat Gan, der schnarchige Vorort, in dem Itay zuvor gewohnt hat. Die Menschen, die hier leben, sind eher nicht reich, die Parks nicht so beleuchtet und gepflegt. Die Bewohner Yafos haben andere Sorgen als jene, die in den flachen Villen um den Park Leumi leben. Aber mich stört der Gedanke, dass mein Freund davon ausgeht, er würde hier überfallen werden – einfach, weil es Yafo ist. Ein Samurai-Schwert unterm Bett, also bitte.

«Hör mir zu», sagt Itay nach langen schweigsamen Minuten, in denen jeder von uns seinen Gedanken nachgehangen hat. «Unsere Unterschiede liegen sicher auch daran, dass ich mit anderen Ängsten und Befürchtungen aufgewachsen bin. Aber es ist eben auch ein Mentalitätsunterschied.»

Ich unterbreche ihn nicht. Mich interessiert immer, wenn Itay Verhalten an uns beobachtet, von dem er auf unsere unterschiedlichen Herkünfte schließt.

«Wir Israelis glauben daran, dass man sich, wenn man angegriffen wird, wehren sollte», führt mein Freund aus. «Wir nehmen es nicht hin zu sagen: Nimm mein Zeug, aber lass mich leben. Wir verteidigen unseren Besitz.» Ich bin mir jetzt nicht sicher, ob er gerade von unserer Wohnung spricht oder vom Land Israel selbst. Deutsche, denke ich, haben weniger zu verlieren, ihr Land ist ihr Land, keiner stellt das ernsthaft in Frage. Israel hingegen befindet sich im ständigen Verteidigungsmodus. Gegen Terror von innen, gegen Feinde aus der Nachbarschaft, gegen Antisemitismus und anti-israelische Propaganda aus der ganzen Welt. Die Menschen hier wachsen mit einer anderen Notwendigkeit auf, sich zu wehren.

Wehrhaftigkeit. Das Wort schwirrt mir durch den Kopf. Deutschland, ein Land ohne Wehrpflicht, mit einer vergleichsweise kleinen Bundeswehr – das ist schon etwas anderes als ein Land, in dem die meisten Bürger mit achtzehn rund drei Jahre ihres Lebens beim Militär verbringen, danach Reservedienst leisten und erst ab einem gewissen Alter aus dieser Pflicht entlassen werden. Jeder meiner Freunde und Verwandten kennt hier jemanden, der als Soldat traumatisiert, verletzt oder getötet wurde.

Einer der bekanntesten Politikkommentatoren des Landes trägt ein Gesicht voller Narben, aus seiner Zeit bei der Armee. Jeder, der halbwegs regelmäßig Nachrichten guckt, kennt seine Geschichte, eine Heldengeschichte, wie er im Libanonkrieg unter Feindesbeschuss geriet und in einem brennenden Panzer so lange weitergefahren ist, bis das Fahrzeug und seine Kameraden in Sicherheit waren.

Eine Gesellschaft, die mit solchen Geschichten aufwächst, hat ein anderes Selbstverständnis, ein anderes Empfinden von Wehrhaftigkeit als jemand, der in Deutschland aufgewachsen ist, einem Land mit einer schwierigen militärischen Geschichte, aber auch ein Land, das schlichtweg nicht von Feinden umgeben ist.

Itay verstaut das Schwert im Schrank. Und ich stimme zu, dass wir die Tür immer abschließen, selbst wenn wir uns in der Wohnung befinden.

Doch es ist nicht nur unsere Einstellung zur Wehrhaftigkeit, die mich und Itay unterscheidet. Ich sehe, dass mein Freund, der Mann, mit dem ich mein Leben teile und meine Zukunft plane, Ängste hat, die ich nicht nachvollziehen kann.

«Möchtest du, dass wir ein paar *Mesusot* aufhängen?», fragt er mich eines Tages. *Mesusot*, oder in der Einzahl *Mesusa*, sind die kleinen länglichen Kapseln, meist festlich dekoriert, die in den Türrahmen jüdischer Häuser hängen. Innen befindet sich ein Stück Pergament, auf dem ein Ausschnitt des wichtigsten Gebets im jüdischen Glauben geschrieben steht, das *Schma Israel*. Die Mesusa soll das Haus beschützen, daran glauben sogar weniger religiöse Juden wie mein Freund. Ich stimme zu, auch wenn mir das Aufhängen einer Mesusa nicht so wichtig ist. Ich weiß aber, dass es Itays Mutter wichtig ist. Gerade jetzt, wo wir in Yafo wohnen. Doch damit entsteht auch ein Problem.

«Soll ich sie draußen aufhängen?», fragt Itay und sieht mich mit zweifelndem Blick an. Mesusot hängen normalerweise in den Türrahmen der Räume, in denen geschlafen wird, und in der Tür, die ins Haus hineinführt. Draußen, für alle sichtbar. Ich zucke die Schultern: «Warum nicht?»

Itay windet sich. «Dann wissen die Nachbarn, dass hier Juden leben.»

Ich muss lachen. «Das wissen die doch sowieso. An unserer Tür hängt ein Schild mit unseren Namen auf Hebräisch.»

Ich kann mir schwer vorstellen, dass unsere muslimische Nachbarin oder ihre Töchter, die immer freundlich grüßen, das bisher nicht erkannt haben. Warum sollte das plötzlich ein Problem sein?

Doch Itay quält sich mit der Entscheidung. Und so bleiben die schmalen, goldenen Mesusot, die seine Mutter besorgt hat, erst mal auf unserem «Muss-irgendwann-demnächst-erledigt-werden»-Tisch im Flur unserer Wohnung liegen.

Yom HaSikaron

Um 11 Uhr heulen die Sirenen. Ein Heulen wie ein Schmerzensruf.

«Baby!», ruft Itay. «I know», sage ich und stehe von meinem Schreibtisch auf. Itay steht im Wohnzimmer, sein Blick ist gesenkt, die Hände vor seinem Bauch gefaltet, er schweigt, wie es die Gedenkminute vorsieht.

Morgen ist Yom HaAtzma'ut, der Feiertag, an dem die Unabhängigkeit des Staates Israel gefeiert wird, mit Kampfflugzeugen, die über dem ganzen Land Formationen fliegen, mit Paraden, mit Partys und Barbecues. Der Tag heute, 24 Stunden vorher, gehört den Gefallenen. An Yom HaSikaron wird der toten israelischen Soldaten und Terroropfer gedacht. Mit zwei Sirenen, eine am Vorabend des Feiertags, eine am Vormittag.

Ich laufe auf den Balkon raus und tauche in das gleißende Sonnenlicht des nahen Sommers. Ich bin überrascht, dass ich auf der Straße unter unserem Haus fahrende Autos sehe. Normalerweise steht das Land still für diesen kurzen Moment, Fahrzeuge bleiben auf den Autobahnen stehen, es herrscht eine andächtige Bewegungslosigkeit. Nicht in Yafo. Ein Essenslieferant radelt auf seinem Fahrrad vorbei, während das Heulen der Sirenen das ganze Land durchdringt. Nur auf dem Balkon des Nachbarhauses gegenüber steht ein junger Mann und starrt nach unten. Das Sonnenlicht wirkt plötzlich unpassend.

Nach einer Minute ist alles vorbei. Die Sirenen verstummen.

Der junge Mann gegenüber öffnet die Balkontür und verschwindet im Haus. Ich gehe ins Wohnzimmer zurück.

«Die Leute fahren hier Auto», sagt Itay, mehr Feststellung als Frage. Ich nicke. «Verständlich», seufzt mein Freund, «für sie bedeutet das alles ja genau das Gegenteil.» Ich weiß, er meint die arabischen Bewohner von Yafo, und die Tatsache, dass die israelischen Soldaten, derer gedacht wird, höchstwahrscheinlich im Kampf gegen ihre palästinensischen Widersacher gefallen sind.

Ich verstehe, was Itay meint, aber ich widerspreche. Ich kann mir schwer vorstellen, dass alle Araber in Israel noch aus dieser Sicht auf Tage wie diesen gucken. «Was ist mit der jungen Generation?», frage ich. Es gebe schließlich auch israelische Araber, die zur Armee gingen, Seite an Seite mit jüdischen Soldaten. Wenige, aber es gibt sie.

«Es ist die Erinnerung an 1948», beharrt Itay. «Sie werden nicht für gefallene Juden aufstehen.»

So gern ich es auch täte, so weiß ich doch, dass ich Itay nicht widersprechen kann, was die unterschiedlichen Narrative von Juden und Arabern angeht. Palästinenser und Israelis blicken verständlicherweise unterschiedlich auf das, was 1948 geschehen ist. Für die einen war es die Chance, ein Land zu schaffen, das Juden ein sicheres Zuhause bietet. Sie sehen Städte wie Yafo als rechtmäßig eroberte Orte nach einem Krieg, den die Juden nicht angefangen haben. Für die anderen war es Vertreibung, Landnahme, der Verlust von Heimat. Und beide haben recht. Doch das Narrativ des jeweils anderen anzuerkennen, erfordert politischen Willen – weitaus größeren, als ihn Politiker beider Seiten bisher aufbringen.

Das Festgefahrene dieses Konflikts ist mir besonders deutlich geworden, als ich im Ulpan das hebräische Wort *Kibusch* lerne. *Kibusch* bedeutet Besatzung – es ist zugleich aber das Wort für Eroberung. Und während Besatzung für Deutsche aus ihrer eigenen Erfahrung nach dem Zweiten Weltkrieg etwas Temporäres ausdrückt, schwingt bei «Eroberung» doch eher etwas Dauerhaftes mit, zumindest im Deutschen. Im Englischen gibt es *occupation* und *conquest*, zwei Wörter mit unterschiedlichen Bedeutungen. Im Hebräischen gibt es nur Kibusch. Wie soll dieser Konflikt jemals gelöst werden, wenn die Wörter, die wir benutzen, um ihn zu beschreiben, so wenig eindeutig sind? Wenn die hebräische Sprache selbst impliziert, dass für die Israelis der Status quo kein temporärer ist, sondern von unbegrenzter Dauer?

Reden Israelis und Palästinenser, Europäer, Amerikaner überhaupt über dasselbe, wenn sie von Occupation/Besatzung/Kibusch sprechen?

«Im Arabischen sagt man *aistilal*, es gibt auch nur ein Wort, ohne zeitliche Komponente», erklärt mir Nadia, meine ehemalige Vermieterin. Es gibt im Arabischen noch ein weiteres Wort, *fath*, es bedeutet Eroberung, finde ich heraus. Es bezieht sich allerdings auf die Zeit des frühen Islam, als das islamische Imperium von Indien bis Spanien reichte. Diese Eroberung wird als rechtmäßig betrachtet, weil Muslime dies als die Verbreitung des Islam als rechtmäßige Religion sehen. Deswegen gibt es für diese Eroberung einen anderen Namen als *aistilal*.

Palästinenser im Ausland sprechen übrigens eher von Kolonisierung, *colonization*, statt eines der anderen Wörter zu benutzen. Und linke Israelis von *diku'i* – Unterdrückung.

Es sind nur Begrifflichkeiten, Wörter, die die Realität vor Ort, in den besetzten Gebieten, in Gaza, in gemischten Städten wie Yafo nur unzureichend beschreiben, für beide Seiten. Doch Wörter können alles verändern. Selbst den Blick auf das eigene Zuhause.

Naksa

Der Regisseur nimmt das Mikro in die Hand, denkt kurz nach und sagt dann mit ruhiger, tiefer Stimme: «Es gibt im palästinensischen Narrativ zwei einschneidende Erlebnisse.» Er hebt einen Finger. «Das eine ist die *Nakba*, die Katastrophe, die Geschehnisse um 1948, als Hunderttausende Palästinenser von den Juden und Briten aus ihren Häusern, ihrem Zuhause vertrieben und sogar ermordet wurden.» Er hebt einen zweiten Finger. «Und dann gibt es die *Naksa*.» Er blickt in den Raum und macht eine Kunstpause.

Ich schaue zu Itay, der neben mir sitzt. Ich bin mir nicht sicher, ob er noch zuhört. Mein Freund scheint eher überrascht davon, wie freundlich und harmlos der berühmt-berüchtigte Regisseur auftritt. Wir haben uns mit Rivkah zu einem Filmabend in einem Theater in Yafo verabredet. Gezeigt wurde der Dokumentarfilm eines arabischen Regisseurs, der in Israel lebt. Seine Filme beschäftigen sich mit dem Leben der Palästinenser, in Israel, in den besetzten Gebieten, in den palästinensischen Flüchtlingslagern.

Rivkah hat die Veranstaltung vorgeschlagen, zu meiner Überraschung hat Itay gesagt, er würde gern mitkommen. Von dem Regisseur hat er gehört. Seit wir zusammen in Yafo leben, spürt auch Itay, dass es wichtig ist, sich mit der palästinensischen Sicht auf den Konflikt zu beschäftigen, auch wenn er mir vorab sagt, dass der Regisseur mit Vorsicht zu genießen sei. Ihm wird vorgeworfen, in einem seiner Filme das Vorgehen der israelischen Armee übertrieben zu haben und mehr Aktivist als Künstler zu sein.

Doch dann sitzen wir da, schauen eine Stunde lang den Film, den der Regisseur mitgebracht hat, sehen ältere Palästinenser, die 1948 aus ihren Heimatdörfern vertrieben wurden, die kämpften oder ihre Kinder packten und einfach losrannten, auf der Flucht vor Übergriffen der jüdischen und britischen Kräfte auf arabische Dörfer, aber auch vor Gerüchten darüber, die gezielt im Radio verbreitet wurden.

Wir hören ihre Erzählungen über Flucht, Durst und die Aussichtslosigkeit, von keinem der arabischen Nachbarn mit offenen Armen aufgenommen zu werden. Wir hören ihre Klagelieder, ihre ungebrochene Sehnsucht nach ihrem Zuhause oder dem, wie sie es in Erinnerung haben, den großen Wunsch der Selbstbestimmung. Es sind niederschmetternde Aussagen. Sie stammen von echten Menschen, normalen Palästinensern, sie erzählen von einer Seite der Geschichte, die ich nur aus Büchern oder von politischen Aktivisten kenne.

Mich berührt vor allem eine Szene. Ein palästinensischer Mann mit Schnauzer erzählt von seinem Haus in Yafo, aus dem seine Familie vertrieben wurde, als er noch ein Kind war. Als er es Jahrzehnte später besucht, fragt er sich: Ist dieser Ort all die Opfer wert? Als er in das Haus tritt, das jetzt leer steht und verwittert, sieht er die gemusterten Fliesen auf dem Boden. Das Spitzfenster. Er sieht eine Tür, in die sein Vater und seine Onkel als Kinder ihre Namen geritzt haben. In dem Moment entscheidet er: «Ich sollte zurückkehren und die Geister, die sich hier noch aufhalten, wiederbeleben.»

Ich muss schlucken. Die Fliesen, die auf der Leinwand auftauchen, sind jenen ähnlich, die in unserer Wohnung den Fußboden bedecken. Die Spitzfenster, die dann erscheinen, sehen aus wie das Spitzfenster unserer Wohnung.

«Lassen Sie mich ein Wort über die Naksa verlieren», führt der Regisseur nach seiner Kunstpause aus, als er nach der Vorführung auf der kleinen Bühne Fragen beantwortet. Ein großer, bedrückt wirkender Mann, in dunklem Anzug und mit ergrauten Haaren. Mit ruhiger Stimme spricht er weiter zum Publikum. «Die Naksa ist einerseits die zweite Eroberung, im Krieg von 1967, bei dem Israel Ost-Jerusalem, das Westjordanland, den Gazastreifen und die Golanhöhen besetzte. Doch nicht nur.»

Er lässt den Blick lange über die Stuhlreihen schweifen. Im Publikum sitzen Israelis, ihre Fragen stellen sie auf Hebräisch und Englisch, die meisten sind etwas älter, weiß und gut angezogen. «Hauptsächlich Aschkenasim», flüstert mir Itay zu, und ich verdrehe die Augen, weil er schon wieder die Schubladen in seinem Kopf öffnet. Doch mir fällt auch auf, dass, obwohl dies als arabisch-jüdischer Filmabend angekündigt ist, nur eine Frau mit Kopftuch im Publikum sitzt, deren Hebräisch einen arabischen Akzent aufweist.

«Die Naksa ist auch», führt der Regisseur in ruhigem Ton fort, «was seitdem in Städten wie Yafo passiert. Die stetige Vertreibung von Palästinensern aus den Städten, durch Gentrifizierung, durch Armut, durch Diskriminierung und Polizeigewalt. Und durch Juden, die sich die Wohnungen leisten können, die sich die Araber nicht mehr leisten können.»

Ich halte die Luft an. «Das sind wir», flüstere ich meinem Freund zu. «Wir sind die Gentrifizierung.» Er sagt nichts.

Je mehr ich mich mit dem beschäftige, wie meine arabischen Nachbarn auf die vergangenen mehr als siebzig Jahre blicken, auf die Gründung Israels, ihr eigenes Schicksal, auf ihren Alltag in Israel, desto klarer wird mir, dass mein Wunsch, nach Yafo zu ziehen, naiv war.

Yafo ist eine arabisch geprägte Stadt, die schleichend, aber unaufhaltsam gentrifiziert wird. Reichere Israelis, meist Juden, kaufen, renovieren und vermieten die alten arabischen Häuser, hinter deren baufälliger Fassade sich oft arabische Paläste verstecken. Auch die Wohnung, in die ich mit Itay gezogen bin, ist so eine. So gut ich es auch meine, so sehr meine Absichten keine Verdrängung sind, so bin ich dennoch die personifizierte Gentrifizierung. Die langsame Verwandlung einer arabischen Stadt mit wenigen Juden in eine zunehmend jüdische Stadt – mit immer weniger Arabern. Die arabischen Menschen, die in Yafo wohnen, sind sichtbar weniger wohlhabend als die Juden, die von Norden hineindrängen. Das liegt an Bildungsunterschieden, so viel weiß ich bisher, aber auch an Chancenunterschieden.

Die Ungleichheit beginnt im Alltag. Bei jüdischen Eigentümern, die nicht an Araber vermieten, wie Itays ehemalige Vermieter. Bei Juden, die keine Araber einstellen wollen oder sie anders behandeln, wenn sie ein Geschäft betreten. Bei Arbeitgebern, die bei Bewerbungsgesprächen den Rang in der Armee abfragen – etwas, das die meisten Araber nicht vorweisen können. Bei der Polizei, die bei Straßenkontrollen und Identitätsüberprüfungen härter gegen Araber vorgeht als gegen jüdische Israelis – Verkehrskontrollen, die wir von unserer Wohnung aus beobachten können, da sie in direkter Nähe einer Polizeistation liegt. Bei staatlichen Wohnungsunternehmen, die in Städten wie Yafo vornehmlich Häuser arabischer Familien zwangsräumen lassen, in die dann jüdische einziehen. Bei arabischen Familien, die jahrelang auf subventionierte Sozialwohnungen warten. Dann wird die Ungleichheit zur Diskriminierung.

In Yafos Wohnstraßen beobachte ich auch eine Vernachlässigung, die vermuten lässt, dass hier einfach weniger investiert wird als in den nördlichen Stadtteilen: Bürgersteige und Straßen sind brüchig, Müllcontainer fehlen, stattdessen liegt der Inhalt von Müllbeuteln, die Straßenkatzen aufgerissen haben, an vielen Ecken. Das sind die Ungleichheiten, die ich in meinem

Alltag wahrnehme und vor meiner Haustür sehen kann. Und nicht immer haben sie mit finanziellen Mitteln zu tun.

Hier in Yafo bin ich Teil eines Problems. Doch was das genau bedeutet, werde ich erst vollends begreifen, als ich zum ersten Mal nackte Angst in Israel verspüre. Angst um mein Leben.

Ramadan

Hallo, hier ist der Lieferant, ich wollte fragen, wie die Situation in Yafo ist?» Die Nachrichten plärren aus dem Fernseher im Wohnzimmer, ich flüchte mit meinem Handy ins Arbeitszimmer: «Wie, die Situation?», frage ich. «Wir sind zu Hause. Bist du im Treppenhaus?»

«Ich bin noch gar nicht losgefahren», antwortet der Fahrer. «Ich wollte nur wissen, ob es sicher ist, jetzt nach Yafo zu fahren? Wegen der Aufstände.»

Ich verdrehe die Augen. «Hier ist alles okay, die Proteste waren viel weiter westlich. Fahr über die Straße Schlabim nach Yafo rein», sage ich.

«Ist der Fahrer da?», ruft Itay aus dem Wohnzimmer, er klingt ungeduldig. Ich höre den Hunger in seinen Worten.

«Nein, er hat Angst, nach Yafo zu kommen.»

Mein Freund guckt mich an: «Echt?»

Zwanzig Minuten später ruft der Fahrer wieder an: «Kannst du runterkommen? Ich lasse mein Fahrrad hier nicht stehen, das ist mir zu gefährlich.» Ich eile zur Wohnungstür, laufe die Treppe runter ihm entgegen. Er steht da, in der einen Hand die Tüte mit unserer bestellten Sabich, die andere klammert sich an sein elektrisches Fahrrad. Auf der Straße fährt ein Polizeiwagen mit Blaulicht vorbei. Der Fahrer blickt sich nervös um. «*Al tefached*», höre ich mich sagen, hab keine Angst. Ich lache auch ein bisschen über den ängstlichen Fahrer.

«Man hört das überall in den Nachrichten, die Proteste, die Gewalt!», verteidigt er sich. Sein Blick schweift immer wieder aus unserem Eingangsbereich zur Straße, er hält mir die Tüte hin, tippt auf seinem Handy rum, greift sich sein Fahrrad und eilt nach draußen. «Aber hier ist es sicher, die Proteste sind woanders!», rufe ich ihm hinterher. Aber er scheint einfach nur froh zu sein, hier schnell wegzukommen.

Es sind seltsame Zeiten. *Ramadan*, der Fastenmonat der Muslime, fällt in diesem Jahr mit dem israelischen Unabhängigkeitstag Yom HaAtzma'ut zusammen. Während die arabische Hälfte Yafos mit bunten Ramadan-Lichtern geschmückt ist, flattern auf der anderen Straßenseite blau-weiße israelische Flaggen von Laternenmasten.

Als Itay und ich zu einer Veranstaltung laufen, sehen wir eine Gruppe Männer beim *Iftar*, dem abendlichen Festmahl der Muslime, vor ihrem Haus sitzen. «*Ramadan kareem!*», rufe ich ihnen zu, fröhlichen Ramadan. Sie schauen mich schweigend an. Itay zieht mich an der Hand. «Lass das lieber», sagt er zu mir, als wir die Gruppe passiert haben, «das hat so etwas Koloniales.»

«Was? Was soll das denn schon wieder?», sage ich und ziehe verärgert meine Hand weg.

«Ich kann mir nicht vorstellen, dass sie das gut finden», sagt mein Freund.

«Ich habe es nur nett gemeint, und ich denke, das verstehen unsere Nachbarn auch so», sage ich.

«Ich will keinen Streit anfangen», winkt mein Freund ab. «Ich weiß, dass du viele Dinge anders siehst als ich.» Seine Worte wurmen mich. Auch sein genervtes Seufzen.

Ich setze noch mal an: «Du weißt nicht, wie es ist, in einer Minderheit aufzuwachsen. Ich habe mich immer gefreut, wenn einer meiner nicht-jüdischen Freunde mir Frohes Pessachfest oder Happy Chanukka gewünscht hat.»

Itay schaut mich von der Seite an, ich sehe, dass sein Gesicht sich verdüstert. «Israel ist nicht Deutschland», sagt er. Den Rest des Weges schweigen wir, beide angespannt, jeder in seinen Gedanken.

In diesen Wochen des Ramadan ist es, als würde ein unheilversprechendes Vibrieren durch Yafo gehen. In der Facebook-Gruppe für Anwohner von Yafo werden in diesen Tagen mehr Palästina-Flaggen gepostet. Und Schwarz-Weiß-Bilder von Arabern mit gepackten Bündeln, die Richtung Meer fliehen, aus dem Jahr 1948. In den Kommentarspalten darunter flammen Diskussionen zwischen Juden und Arabern auf, Beschimpfungen, rassistische Aussagen. Es geht um das Schicksal der Palästinenser, in den besetzten Gebieten, in Gaza und auch in Yafo. Im Kleinen prallen die unterschiedlichen Narrative plötzlich häufiger und hasserfüllter aufeinander, Menschen versuchen sich mit ihren Familiengeschichten zu übertrumpfen: Wessen Großeltern länger im Stadtteil wohnen, wer 1948 mehr gelitten hat, ob das Zusammenleben zwischen Juden und Muslimen in Yafo überhaupt gewünscht ist.

Eine seltsame, knisternde Ruhe liegt über dem Stadtteil.

Vor wenigen Tagen wurde ein orthodoxer Jude in der Nachbarschaft Ajami von zwei Arabern zusammengeschlagen. Der Jude ist Leiter einer Jeschiwa, einer orthodoxen Schule, und befand sich auf dem Weg zu einem Haus in Ajami, das er zu kaufen gedenkt, um die Religionsschule und deren Aktivitäten auszuweiten. Vor Ort traf er auf arabische Nachbarn, sie schrien: «Ihr dürft hier nicht weiter!» und dass Siedler dort nicht willkommen seien. Als der Orthodoxe mit seinem Handy die Polizei rief, griffen zwei Männer ihn an, schlugen und traten ihn zu Boden. Jemand fotografierte die Szene, das Foto der tretenden Araber und des gebückten Orthodoxen entflammte das Internet.

Es folgten Nächte voller Proteste und Gewalt, zwischen orthodoxen Siedlergruppen von außerhalb, die nur gekommen schienen, um ihrem Hass auf arabische Menschen freien Lauf zu lassen, zwischen den arabischen Bewohnern Yafos und der Polizei.

«Siedler raus aus Yafo!», schrien die Protestler auf der arabischen Seite. Aber auch: «Im Geiste und Blut werden wir Yafo erlösen!»

Die Siedler schrien rassistische Beschimpfungen zurück.

«Was wollt ihr uns noch alles nehmen?», schrie ein Araber im religiösen Gewand in die Fernsehkameras. «Ihr habt uns doch bereits alles genommen!»

Der Frieden in Yafo ist brüchig. Es braucht nur einen kleinen Riss, und schon quillt hervor, was von einer dünnen Hülle friedlichen Zusammenlebens verdeckt und unterdrückt wird. Misstrauen, Frust, Rassismus, Hass.

Zum Teil knallt es direkt vor meiner Haustür. Wenige Tage vor dem Übergriff auf den orthodoxen Juden habe ich vom Balkon aus beobachtet, wie es zu einem handfesten Streit kam zwischen einem orthodoxen Juden mit Schläfenlocken und zwei arabischen Männern, die mit ihrem Lastwagen das Auto des Juden geschrammt hatten. Nachbarn kamen aus den Häusern geeilt, es kam zu Schubsereien, plötzlich stand ein älterer Mann mit zerrissenem Hemd auf der Straße und musste gestützt werden. Die beiden Fahrer rannten zum Lastwagen, stiegen ein und brausten davon.

In den Nachrichten sehen wir jeden Abend, wie sich die Spannungen zwischen Arabern und Juden im Land und im Westjordanland zuspitzen:

Das Haus einer arabischen Familie in der Nachbarschaft Sheich Jarrah in Ost-Jerusalem soll geräumt und jüdischen Siedlern übereignet werden.

An einer Kreuzung im Westjordanland schießt ein vorbeifahrender palästinensischer Terrorist auf trampende Jeschiwa-Studenten, ein Mensch wird getötet.

Die israelische Polizei sperrt das Damaskus-Tor, mitten im Ramadan, angeblich aus Sicherheitsgründen. Tausenden Muslimen wird der Weg zum Gebet in der Al-Aqsa-Moschee abgeschnitten.

Polizisten und Muslime liefern sich Straßenschlachten, auch am Tempelberg. Zur gleichen Zeit erlaubt die Polizei jüdischen orthodoxen Jugendlichen, den Festtag Yom Yerushalajim vor der Klagemauer zu feiern – am sogenannten Jerusalem-Tag zelebrieren vornehmlich rechte Zionisten die Wiedervereinigung Jerusalems im Sechs-Tage-Krieg.

«Ach du Scheiße, Bubi, guck!», rufe ich aufgeregt und zeige auf den Fernseher. Itay blickt von seinem Handy auf. Wir sehen Hunderte orthodoxe Jugendliche, blau-weiß gekleidet, die auf dem Platz vor der Klagemauer tanzen und israelische Flaggen schwenken. Im Hintergrund, wo sich die Al-Aqsa-Moschee direkt hinter der Klagemauer befindet, schlagen hohe Flammen hervor. Bei den Protesten von Muslimen und Polizisten ist ein Baum in Brand geraten. Es sieht gruselig und grausam aus, als würde die Moschee brennen und die Jugendlichen mit ihren israelischen Flaggen dazu feiern. «Das Bild wird um die Welt gehen», sage ich ernst. «Das wird schlimme Folgen haben.» Ich habe mir nie mehr gewünscht, falschzuliegen.

Krieg

Als der Krieg Tel Aviv erreicht, lege ich gerade Frikadellen auf Itays Teller. Ein Jaulen durchdringt plötzlich unsere Wohnung. Lauter als die Sirenen am Gedenktag Yom HaSikaron. Es klingt, als würde ein Tier leiden. Itay flucht, stellt den halbvollen Teller ab und sagt: «Lass uns gehen.» Das Heulen schwillt an und wieder ab, nach jedem Abebben geht es von vorn los.

So unglaublich laut, denke ich. Ich habe meinen Teller in der Hand und weiß nicht, wohin mit mir. «Los! Los!», ruft Itay jetzt mit Nachdruck. Er steht schon im Wohnungsflur. «Wohin?», frage ich verwirrt. Das Heulen der Sirenen betäubt mein Gehirn. «Hausflur!», ruft Itay und steht schon an der offenen Tür. Ich greife nach meinem Handy, schlüpfe in meine Flip-Flops, schnappe mir meinen Schlüssel vom Haken und renne aus der Tür, Itay hinterher. Draußen überlege ich kurz, drehe um und schließe die Tür ab. «Los, wir haben keine Zeit!» Itay steht schon auf der Mitte der Treppe. Mein Hirn schaltet immer noch nicht, was jetzt passiert. Mein Blick schweift über das Fenster im Flur, oder besser gesagt, das große klaffende Loch in der Hauswand. Scheiße.

Ich renne die Treppe runter. Ich muss plötzlich an die Broschüre denken, die ich in der ersten Woche in Israel bei meinem Besuch im Eingliederungsministerium mitgenommen habe. Was stand da? Großraum Tel Aviv eineinhalb Minuten Zeit, um zum Schutzraum oder Bunker zu rennen? Wir haben keinen Bunker im Haus und keinen *Mamad*, wie man die gesicherten Panzerräume nennt, die in neuen Häusern gebaut werden. Ich weiß nicht mal, wo der nächste öffentliche Bunker ist. Tel Aviv wird so selten angegriffen, bisher habe ich einfach keine Notwendigkeit gesehen, diese Information zu recherchieren.

Als ich den Fuß der Treppe erreicht habe, steht Itay dort mit unserer Nachbarin Zippi. Sie wohnt gegenüber unserer Wohnung und hat sich uns bei unserem Einzug vorgestellt. Mehr weiß ich nicht über sie. Zippi trägt ein braunes, gemustertes T-Shirt mit Glitzersteinchen auf der Brust, eine passende kurze Hose. Die Sirenen heulen immer noch unfassbar laut.

«Bleibt hier stehen», sagt Zippi, «das ist der sicherste Ort.» Sie zeigt auf den kurzen Flurabschnitt zwischen Eingang und Treppe, der von links, rechts und oben von Hauswänden umgeben ist. In dem Moment knallt es. BOOM. Itay, der zum Hauseingang gelaufen ist, schreckt zurück und raunt: «Wow, das war nah.»

BOOM. Es knallt wieder. Die Sirenen heulen ununterbrochen.

«Geh nicht so weit raus, Itay!», rufe ich und höre, wie meine Stimme sich überschlägt. Mein Herz klopft wie verrückt, ich habe kein Gefühl in den Händen. Itay kommt zurück, greift meine Hand und streicht mir über den Rücken.

«Es sind ihre ersten Raketen», erklärt er Zippi, die auf der untersten Treppenstufe sitzt und uns neugierig mustert.

«*Mazal tov*», sagt Zippi und lacht. Ich starre durch den Flur auf die Straße. Auf der anderen Straßenseite sehe ich eine Nachbarin am hell erleuchteten Fenster im dritten Stock, sie filmt mit dem Handy den Himmel über ihr. Der leuchtet immer wieder gelb, orange auf, mal links, mal rechts.

«Keine Sorge, der *Iron Dome* beschützt uns», sagt Itay zu mir. Iron Dome ist das Raketenabwehrsystem, das Israel Millionen kostet. Geld, das in erster Linie aus den USA kommt. Raketen schießen Raketen ab, so der Gedanke hinter dem System. Die Geschosse des Iron Dome haben eine Treffgenauigkeit von 90 Prozent. Allerdings muss man sich vor herabstürzenden Trümmern in Acht nehmen.

«Ich hatte gerade meine Beine aufs Sofa gelegt», jammert Zippi. «*Hamas*, ich bin müde, macht nicht so lang.» Hamas sind die Terroristen, die den Gazastreifen kontrollieren.

«Wir wollten gerade essen», sagt Itay zu ihr. «Frikadellen. Danke, Hamas!» Die beiden scherzen weiter. Ich sage nichts. Stattdessen starre ich in den aufleuchtenden Himmel. Plötzlich sehe ich dort etwas fliegen. Es sieht aus wie eine Sternschnuppe, nur viel größer und länger leuchtend. Langsam schiebt es sich über den dunklen Abendhimmel. Ich muss an Feuerwerk denken. Dann ist der Schweif nicht mehr zu sehen. BOOOM. Ein dumpfes Grollen erfüllt den Flur. Ich habe das Gefühl, die Erde bebt. Ich kralle mich an Itay fest. Auch Zippi schweigt jetzt. Wir starren alle zum Ende des Flurs, wo der Himmel zu sehen ist. BOOM.

Wie lange wir da stehen, kann ich nicht sagen. Zwanzig Minuten? Eine Stunde? Ich habe kein Zeitgefühl mehr. Ganz plötzlich ist es ruhig. Die Sirenen sind verstummt, irgendwo höre ich einen Krankenwagen. Itay beginnt, die Treppe hochzulaufen.

«Zehn Minuten warten!», ruft Zippi ihm hinterher.

«Ich habe Hunger!», ruft Itay zurück und verschwindet die Treppe hoch. Ich bleibe unten stehen. Wie versteinert. Mein Herz klopft immer noch wie verrückt. Zippi redet irgendetwas, das ich nicht verstehe. Ich höre auch nicht zu. Ich merke, wie meine Hände zittern. So fühlt sich das also an, Raketenalarm.

«Es ist vorbei», höre ich Zippi irgendwann sagen. «Sollen wir hoch?» Ich nicke. Langsam hievt sie sich Stufe für Stufe hoch. «Ich habe es im Knie», sagt sie.

«Dann habe ich das jetzt auch mal erlebt», sage ich. «Raketen.» Zippi dreht sich auf der Treppe halb zu mir um, lacht trocken, und sagt: «Wir sehen uns später wieder. Das war es sicher nicht für die Nacht.» Ich will gar nicht so genau wissen, was das heißt, und öffne unsere Wohnungstür.

Itay sitzt am Tisch, schaufelt sich Frikadellen und Linsensalat rein und starrt auf den Fernseher. Ich setze mich an den Tisch. «Iss, Bubi», sagt Itay, den Blick immer noch auf den Fernseher geheftet. Vor mir steht mein leerer Teller. Mir ist nicht nach Essen zumute. Es fühlt sich an, als hätte ich einen fetten Kloß im Hals.

«Das war krass», sage ich. Ich fasse mir an die Brust. Mein Herz schlägt immer noch schnell.

«Lass uns nach Deutschland gehen, wenn wir Kinder haben», sagt Itay. Ich höre Resignation in seiner Stimme. Ich sehe ihn an. Meint er das ernst?

In dem Moment geht es wieder los.

Lautes, durchdringendes Jaulen, das langsam abklingt und sofort wieder ansetzt. Diesmal renne ich zuerst zur Tür, die Flip-Flops trage ich noch, das Handy habe ich in der Hand. Ich muss kurz an meinen Computer denken. Sollte ich den nicht mitnehmen? Wann habe ich die letzte Sicherung gemacht? Vielleicht noch meinen Pass holen? Dann schiebe ich die Gedanken weg, dafür bleibt keine Zeit.

Draußen im Flur sehe ich Zippi, die mit steifen Gelenken die Treppe runterläuft. Ich laufe langsam hinter ihr her. Als wir unten angekommen sind, sehe ich mich nach Itay um. Wo ist er? Dann kommt er die Treppe runter. In der Hand hat er den Teller mit Frikadellen und Salat.

«Ist das dein Ernst?», rufe ich fassungslos.

«Ich hatte Hunger!», entgegnet mein Freund abwehrend.

«*Bete'awon!*», guten Appetit, sagt Zippi, lacht und nickt ihm zu: «Lass dir von Hamas nicht das Abendessen ruinieren.» BOOM. Nach einigen Minuten, in denen Itay kaut und ich Hausflur und Himmel mit dem Handy filme, kommen zwei weitere Gestalten die dunkle Treppe runter. Zwei Männer, die nichts tragen außer Boxershorts. «Aloni! Seid ihr gerade erst aufgewacht?», fragt Zippi. «Wo wart ihr vorhin?»

«Vorhin? War das vorhin schon mal?», sagt der mit den dunklen Haaren und gähnt. Er stellt sich uns als Alon vor. Der andere Mann ist sein Freund Rami. Die beiden haben den ersten Raketenalarm verschlafen. Ich kann nicht glauben, dass jemand bei dem Krach schlafen kann. Wo sind eigentlich unsere arabischen Nachbarn?

Alon trägt die Katze auf dem Arm, die bei uns im Hausflur lebt. Sie heißt Waschti und gehört zu ihm, erfahre ich jetzt. «Sie ist eine Überlebenskünstlerin, sie hat auch die Runde 2014 überstanden», erzählt er. 2014 wurde Tel Aviv das letzte Mal massiv beschossen. Hier spricht man schon nicht mehr von Krieg, sondern von «Runde», *sevev* auf Hebräisch.

BOOM. BOOM. BOOM. Ich habe wieder das Gefühl, die Erde bebt.

BOOM. BOOM. Plötzlich hören wir Klatschen. Es kommt von ganz oben, von der Dachterrasse. «Unsere Cousins», sagt Zippi und zeigt mit dem Finger nach oben. Als «Cousins» bezeichnen viele Israelis die palästinensischen Nachbarn.

«Sie klatschen?!», frage ich fassungslos. Itay schnaubt.

«Willkommen in Yafo», sagt Alon und lacht.

Ich blicke ungläubig in die Runde.

«Das muss man verstehen, die ganz oben sind ein bisschen radikaler», sagt Zippi. Dann sieht sie meinen Blick und schiebt schnell hinterher: «Vielleicht haben sie ja wegen etwas anderem geklatscht?»

Mir wird klar, dass hier im Hausflur nur jüdische Israelis

stehen. Keine arabischen. Haben die arabischen Nachbarn keine Angst? Was sollte dieses Klatschen? Freuen sie sich vielleicht sogar?

BOOM.

Draußen auf der Straße ruft jemand laut *Allahu Akbar*, Allah ist groß auf Arabisch. Itay und ich halten uns an den Händen.

Nach unendlichen Minuten ist es wieder ruhig. Alon, sein Freund Rami und Itay gehen wieder hoch. Zippi und ich bleiben im Flur stehen. «Noch ein bisschen», sage ich zu ihr. Die Anwesenheit der älteren Frau wirkt beruhigend auf mich. Zippi macht ein paar doofe Sprüche, aber sie scheint nicht allzu erschüttert zu sein. Gemeinsam laufen wir schließlich still die Treppen hoch. Oben im Flur kommt unsere Nachbarin aus ihrer Wohnungstür. Amal ist arabische Israeli, sie trägt Kopftuch und wohnt in der kleinen Wohnung zwischen uns und Zippi. In Amals Wohnung ist immer viel los, zu Ramadan sind ihre erwachsenen Töchter, ihr Sohn, eine Schwiegertochter und ihre Enkelin fast jeden Abend zum gemeinsamen Fastenbrechen da.

Jetzt steht Amal im Flur, sie trägt ein helles Kopftuch und ein langes Gewand und gähnt.

«Warum bist du nicht runtergekommen? Gerade mit der Kleinen?», ruft Zippi ihr entgegen, als wir oben am Treppenabsatz angekommen sind. Die Kleine ist Amals Enkelin, die öfter im Flur spielt und nach den Schwalben im Nest schaut.

Amal gähnt noch mal. «Ich war so müde von dem ganzen Essen nach Ramadan, dass ich auf dem Sofa eingeschlafen bin. Wieso habt ihr im Hausflur gestanden?»

Zippi schimpft: «Weil der Hausflur der sicherste Ort ist. Ihr habt doch auch zwei Außenwände. Das nächste Mal kommt ihr mit runter, auch wegen der Kleinen.»

Amal lacht. «Ich habe im Koran gebetet. Für uns alle – auch für euch.» Sie wedelt mit dem Arm in unsere Richtungen. «Weil, ich bin ja geschützt, aber ihr ...» Sie hebt eine Augenbraue und grinst. Zippi und Alon, der in seiner offenen Wohnungstür steht, lachen auch. Ich finde die Situation absurd. Der Gedanke an die klatschenden Nachbarn von oben beschäftigt mich.

Auf dem Weg zu unserer Wohnungstür fällt mein Blick auf das Schwalbennest an der Decke. Es sieht leer aus. Doch dann höre ich ein Zwitschern aus der Ecke über Amals Wohnung. Eine Schwalbe sitzt auf einem Stromkabel und singt.

Itay und ich rennen vor Mitternacht insgesamt viermal in den Hausflur. Die Zeiten zwischen den Angriffen verbringen wir mit dem Abwasch und dem endlosen Schauen von Nachrichten im Fernsehen und auf unseren Handys. Wir hören die Drohungen der israelischen Regierung, mit voller Wucht zurückzuschlagen. Wir hören die Drohungen der Hamas, weitere Raketen abzuschießen. Auf dem Bildschirm nehmen die Einblendungen der beschossenen Orte kein Ende. Sderot, Oteff Aza, Nachal Oz, Be'er Scheva, Ashkelon, Ashdod, Cholon, Rischon leZion, Givatajim, Ramat Gan. Im Internet kursieren Bilder vom Raketenbeschuss aus Städten in ganz Israel. Sie zeigen leuchtende Punkte, die über den nachtblauen Himmel gleiten und bei Abschuss kurz aufblitzen. Irgendjemand hat unter ein Video von besonders vielen Raketen die Titelmusik von *Krieg der Sterne* gelegt.

Gegen 23 Uhr erhalte ich eine WhatsApp-Nachricht meines Fitnessstudios: «Achtung! Aufgrund der Lage bleibt das Sportzentrum morgen für alle Aktivitäten geschlossen.»

Als Itay und ich gegen ein Uhr morgens im Bett liegen, kann ich nicht einschlafen. Mein Puls rast, meine Gedanken auch. Unser Haus ist nicht sicher, denke ich dauernd. Wir haben drei Außenwände. Unser Schlafzimmer hat zwei Außenwände. Wir haben keinen Mamad. Ich google den nächsten öffentlichen

Bunker. Etwa 300 Meter Luftlinie, 90 Quadratmeter groß, allerdings ohne Elektrizität. Zwischen uns und dem Bunker liegt die Großbaustelle für die neue Straßenbahn, die müssten wir erst mal umrunden. Nie im Leben schaffen wir das in eineinhalb Minuten. Also doch der Flur.

«Es ist wahrscheinlicher, im Lotto zu gewinnen, als von einer Rakete getroffen zu werden», versucht mich Itay zu beruhigen. Aber ich war noch nie gut in Mathe und bin immer fest davon überzeugt, zu gewinnen, wenn ich alle zehn Jahre mal einen Lottoschein ausfülle. Ich liege mit offenen Augen im Bett und lausche. Mehrmals schrecke ich auf, weil ich mir die Sirenen einbilde. Doch es war nur ein Auto, das den Motor hat heulen lassen. Ein Rettungsfahrzeug, die Feuerwehr. Nur ein Geräusch im Obergeschoss.

Morgens um 3 Uhr 30 geht es wieder los. Ich muss gerade eingedöst sein. Als es laut aufheult, sitze ich aufrecht im Bett und muss mir erst ins Gedächtnis rufen, was los ist. Ach ja, Krieg. Ich rüttele Itay wach, der komischerweise nicht aufgewacht ist. Wir springen aus dem Bett, ich greife mir eine Vliesjacke, die ich vorsichtshalber neben dem Bett habe liegen lassen, wir eilen zur Tür und laufen in den Flur, die Treppe runter. Zippi steht schon unten. «Ich bin schon länger hier», sagt sie mit wacher Stimme. «Vorhin war schon Alarm, aber ganz leise. War wohl weiter weg. Da bin ich schon mal runtergegangen.»

«Lass uns schlafen, Hamas. Seid ihr nicht müde?» Diesmal mache ich mit bei den blöden Witzen. Ich gucke auf mein Handy. Mein Cousin schreibt, er fragt, wie es mir geht, und schickt ein paar Herzen. Freunde aus Deutschland haben geschrieben, ich antworte, dass alles okay ist, und schicke ihnen ein paar Videos aus dem Hausflur. Schon verrückt, durch WhatsApp können sie live dabei sein. Meiner Familie habe ich vorm Schlafengehen ausführlicher erzählt, was los ist, damit sie nicht allein mit den

Eilmeldungen sind, die inzwischen auch Deutschland erreicht haben. Ich will sie beruhigen. Und mich auch. Ich habe Angst. Eine Angst wie ein kaltes, zähes Gefühl in der Brust. Eine, die ich so noch nicht kenne.

In dem Moment laufen einige Personen von der Straße ins Haus rein. Es sind zwei Frauen und ein junger Mann, die Frauen tragen Kopftuch. Ich habe sie noch nie gesehen. Sie laufen an uns vorbei, sie sehen uns an, ohne ein Wort zu sagen. «Schalom.» Sie reagieren nicht, als wir grüßen, laufen weiter, nach oben.

«Sind das die Nachbarn?», frage ich Zippi.

«Ich glaube, das ist die Familie der Nachbarn von ganz oben», antwortet Zippi. Ich schaue die Treppe hoch und schüttle den Kopf.

«Du musst das verstehen, sie sehen das hier», Zippi zeigt mit dem Finger auf das Stück Himmel, das am Ende des Hauseingangs zu sehen ist, «mit anderen Augen.» Das Klatschen, die kühlen Blicke im Hausflur. Ich fühle mich plötzlich sehr unwohl.

Kriegsmodus

Liebe Neueinwanderer,
    in Anbetracht der aktuellen Situation bietet das Ministerium für Aliyah und Eingliederung in Zusammenarbeit mit dem ‹Community Stress and Prevention Center› ein Callcenter für Ihr Wohlbefinden an, in Ihrer Muttersprache. Wenn Sie die aktuellen Umstände als schwierig und etwas bedrückend empfinden, dann sind wir für Sie da. Rufen Sie uns unter 04-xxxxx an, um sich mit erfahrenen Fachleuten zu beraten, die Ihnen zuhören und Ihnen Ratschläge geben können. Wir sind in dieser schwierigen Zeit für Sie da. Sie sind nicht allein. Wir werden dies gemeinsam durchstehen,
    Das Ministerium für Aliyah und Eingliederung

Am nächsten Morgen scheint die Sonne wieder. Als sei nichts gewesen. Während die israelische Armee Gaza mit voller Wucht aus der Luft angreift, erhalte ich SMS-Nachrichten meiner Bank, die ihre Kunden bittet, möglichst alle Tätigkeiten online auszuführen. Auch meine Krankenkasse meldet sich und erklärt, wie man in diesen Tagen am besten Kontakt mit den Ärzten aufnimmt. Auf den Fernsehsendern laufen rund um die Uhr Nachrichten. In den Werbepausen zeigen sie jetzt Spots über Beratungsangebote bei Panikattacken.

    In den kommenden Nächten stehen wir immer wieder mit Zippi und Alon im Flur. Leicht bekleidet gemeinsam rumstehen verbindet. Nach einem morgendlichen Raketenregen zeigen wir uns gegenseitig unsere Wohnungen und vereinbaren, bald zusammen zu Abend zu essen. Zippi lädt mich jetzt öfter tagsüber zu sich ein, tischt mir Guavensaft auf, saftige Riesen-Pfirsiche und knackige Äpfel aus dem Kibbuz ihrer Cousine, die ausgerechnet an der Grenze zum Gazastreifen wohnt, und lässt mich mit der Babykatze ihres Sohnes spielen, die gerade bei ihr wohnt. *Cipralex* haben sie das kleine grau-schwarz gemusterte Tier genannt, nach einem der gängigsten Antidepressiva in Israel.

Ich beginne, in Yogahosen zu schlafen, damit ich nicht im Nachthemd im Flur stehen muss. Ich packe eine Tasche mit unseren Pässen, meinem Laptop, einer Festplatte, meinem Teddybär. Die Tasche stelle ich neben die Eingangstür. Als es dann allerdings so weit ist und die Sirenen erklingen, vergesse ich die Tasche im Wohnungsflur, und zwar jedes Mal.

Die Angriffe ereignen sich am häufigsten abends oder spätnachts, und so sitzen wir ab 17 Uhr vor dem Fernseher und warten, lesen angespannt die orange-gelb unterlegten Einblendungen der Städte, in denen vor Raketen gewarnt wird. Sobald sie auf dem Bildschirm erscheinen, versuchen wir, den Angriff auf Tel Aviv vorauszusehen. Immer, wenn besonders viele Raketen auf Ashdod angezeigt werden, wissen wir: Gleich ist es so weit. Ashdod liegt etwa 30 Kilometer südlich von Tel Aviv.

Um uns zu erholen, verbringen wir einen Nachmittag in Herzliya im Garten von Itays jüngerer Schwester. Die Neffen und Nichten spielen im Planschbecken, wir Erwachsenen sitzen auf Gartenstühlen daneben und unterhalten uns leise über den Krieg. Es überrascht mich, wie entspannt alle wirken. Ich habe seit Tagen das Gefühl, als liefe Strom durch meine Adern. Als ich Itays Schwester darauf anspreche, sagt sie: «Wir sind alle angespannt. Wir zeigen es nur nicht vor den Kindern. Und wir sind es inzwischen einfach gewöhnt.»

Als sich die Kinder mit nassen Haaren und in Handtücher gewickelt zu uns setzen, hören wir auf, über die Raketen zu reden. Plötzlich erklingen Sirenen. Leise, nicht durchdringend, irgendwo in der Ferne. Der kleinste Neffe, knapp zwei Jahre alt, sitzt kerzengerade da, guckt seinen Vater an und sagt: «*Miklat?*» – Bunker? Itays Schwager sieht auf sein Handy und prüft die Warn-App. Dann nimmt er den Kleinen auf seinen Schoß und sagt: «Nein, die Raketen sind zu weit weg. Wir müssen nicht in den Bunker.» Wir schauen alle auf den blauen Himmel. In gar nicht so weiter Ferne tauchen zwei weiße Flecken am Himmel auf, Rauchwolken abgeschossener Raketen. Itays siebenjährige Nichte krallt sich an seinem T-Shirt fest. Nachdem der Alarm verstummt ist, spielen die Kinder weiter.

Bürger gegen Bürger

Eines späten Abends wenige Tage nach Kriegsausbruch riecht es in unserer Wohnung plötzlich verbrannt. Der Geruch kommt von draußen. Itay und ich laufen auf den hinteren Balkon, wir hören die Sirenen der Feuerwehr, hinter einer Bougainvillea, die aus der angrenzenden Straße hervorragt, leuchtet es rot-weiß-blau flackernd auf. «Das ist direkt bei uns um die Ecke», sage ich. Auf Twitter lesen wir, dass Unbekannte einen Brandsatz in eine kleine Synagoge geworfen haben, 60 Meter von unserem Haus.

In diesen Tagen überschlagen sich die Nachrichten. Araber und Juden gehen aufeinander los. Innerhalb Israels. In unserer Nähe.

In Bat Yam, wenige Kilometer von unserem Haus, versucht ein Mob jüdischer Hooligans einen arabischen Autofahrer zu lynchen.

In Yafo wird ein israelischer Soldat von Arabern zusammengeschlagen, sodass er mit einer Schädelverletzung ins Krankenhaus muss.

In der Nachbarschaft Ajami brennen Autos. Unbekannte werfen Molotowcocktails in Häuser ohne blinkende Ramadan-Beleuchtung. Ein Brandsatz landet in der Wohnung einer arabischen Familie, die ihre Stromrechnung nicht bezahlen konnte. Ein arabischer Junge wird lebensgefährlich verletzt.

In Akko, Lod, Haifa, Yafo explodiert die Gewalt. Alles Städte, die bisher positive Beispiele waren für *Du-Kijum*, die Co-Existenz von Arabern und Juden. Synagogen brennen, Menschen werden auf offener Straße brutal zusammengeschlagen. Die Medien sprechen von Bürgerkrieg.

Die Grenzpolizei patrouilliert jetzt bewaffnet durch Yafo, durchsucht Häuser und nimmt auf Verdacht Menschen fest, hauptsächlich arabische Bewohner.

In den Facebook-Gruppen Yafos erklären arabische Bewohner, sie seien keine «arabischen Israelis», sondern «Palästinenser mit israelischem Pass».

Der scharfe Ton in den Diskussionen nimmt zu, Juden verlangen von den Arabern, sich von der Gewalt zu distanzieren, Araber verlangen von Juden, die Besatzung zu beenden. Jede noch so harmlose Diskussion endet in wütenden verbalen Schlagabtauschen. Der Hass, das Misstrauen, der Frust werden plötzlich sehr sichtbar.

Ich bin nervös in diesen Tagen. Abends kann ich lange nicht einschlafen, weil ich Angst habe, die Sirenen zu verpassen. Nachts schrecke ich auf, bilde mir ein, ich hätte sie gehört. Tagsüber, wenn ich allein in der Wohnung arbeite und Itay im Büro ist, laufe ich von Zimmer zu Zimmer, räume auf, putze wie eine Wahnsinnige und habe Schwierigkeiten, mich auf die Arbeit zu konzentrieren. Zu meinen Interviewpartnern sage ich einführend: «Wenn Sie Sirenen im Hintergrund hören, werde ich dieses Interview ohne Erklärung verlassen und von meinem Computer weglaufen. Ich versichere Ihnen, dass es nichts Persönliches ist, wir haben hier eine kleine Situation.»

Ich verlasse das Haus kaum und schaue endlos Nachrichten. Viel zu viel. Ich scrolle mich zu oft durch die Twitterfeeds von Israelis und Palästinensern, sehe Menschen zweier traumatisierter Völker und einen Krieg, der die Traumata verstärkt. Im Fernsehen laufen jetzt Werbefilme, in denen Juden und Araber händeschüttelnd in die Kamera lächeln. Geschaltet wurden sie von der Regierung und von Branchen, in denen Araber und Juden zusammenarbeiten: Medizin, Bildung, die Stromgesellschaft, ein TV-Anbieter.

Lola kommt bei mir vorbei. Wir wollen gerade beide nicht allein sein. Wir laufen über den leeren Boulevard *Sderot Jeruschalajim*, kaufen uns Falafel in Pita und Traubensaft, setzen uns auf meinen Balkon und reden. Lolas Handy klingelt. Nadia ruft an, Lolas Vermieterin.

«*Mah nischmah, banot?*», Wie geht es euch, Mädels?, fragt sie, als sie hört, dass Lola bei mir ist. Mir fällt wieder ein, was ich über Nadia weiß: christliche Araberin, Lehrerin, Mutter. Ich frage Nadia, wie der Konflikt für sie ist. Sie erzählt, ihre Tochter habe sich beim Raketenalarm vor Angst eingenässt.

«Im Fernsehen sprechen sie davon, dass ‹die Araber› Synagogen anzünden», erzählt Nadia. «‹Wir sind doch auch Araber›, sagte meine Tochter. Erklär das mal einem Kind.» Sie seufzt. Lola und ich schweigen betroffen. «Ich sagte ihr: Es gibt solche und solche», schiebt Nadia hinterher, «in beiden Gruppen.» Ich habe den Eindruck, sie sagt das auch ein bisschen zu uns.

Ständig brummt mein Handy: «Wie geht es euch?» «Wie fühlst du dich?» «Wie ist die Lage in Yafo?» Alle fragen, keiner möchte uns besuchen. Die Straßen sind wie ausgestorben. Die Besitzer stehen vor ihren leeren Geschäften und warten auf Kundschaft. Keiner traut sich nach Yafo.

Itay und ich beginnen, schräge Gespräche zu führen. Ich plädiere dafür, jetzt immer die hohen Fensterläden der Balkontür zu schließen. «Lieber nicht», sagt mein Freund, «die sind aus Holz. Wenn sie einen Molotowcocktail auf den Balkon werfen, fangen die vielleicht an zu brennen.» Ich bewege den Kerzenleuchter Chanukkia auf dem kleinen Vorsprung in der Küche jetzt ein bisschen zur Seite, damit man ihn nicht sofort durchs

Fenster sieht. Ich fühle mich in meiner eigenen Wohnung nicht mehr sicher. Yafo erscheint mir plötzlich anders. Feindlicher. Bedrohlicher. Bin ich überhaupt willkommen hier?, frage ich mich.

An den stillen Morgen stehe ich auf dem Balkon und blicke hinab in unsere Straße. Dort, wo sonst stetiger Verkehr fließt, ist es wie ausgestorben. Die weißen Tauben vom Nachbardach sind verschwunden. Sind sie vor dem Krach der Raketen geflohen? Wurden sie von Trümmern getroffen? Hat sie jemand rechtzeitig in Sicherheit gebracht? Hoffentlich kommen sie wieder, denke ich, sobald sich die Lage beruhigt.

Mamad

Im Autoradio läuft «Young folks» von Peter Bjorn and John, das Lied mit dem sorglosen Pfeifen im Refrain. Itay und ich fahren durch die Nacht, vorbei an einer Straßenkontrolle der Polizei, die Rollerfahrer anhält, die nach Yafo reinwollen. Wir wollen nicht rein, wir wollen raus.

Wir fahren vorbei an leeren Straßen, wir stoppen an Ampeln, die einsam auf leeren Kreuzungen stehen und trotzdem rot sind. Das Pfeifen aus dem Radio wirkt wie ein unwirklicher Soundtrack zur Situation, ich hole mein Handy raus und beginne unseren Fahrweg hinter der Windschutzscheibe zu filmen.

Im Fernsehen sind den ganzen Tag wieder die orange-gelben Einblendungen aufgetaucht:

Sderot.

Nachal Oz.

Ashkelon.

Ashdod Industriegebiet.

Ashdod 1, 2, 3, 4.

Wir sahen die Raketen näher an den *Gush Dan* rücken, an die Metropolregion um Tel Aviv. Die orange-gelben Kästen erscheinen immer schneller, sie scheinen gar kein Ende zu nehmen. Dann erscheint eine Bauchbinde unter den Nachrichten: «Hamas droht: ‹Möge sich Tel Aviv auf Mitternacht vorbereiten.›» Ich tippe eine Nachricht an Zippi, meine Beruhigungsquelle im Hausflur. «Süße, ich bin zu einer Freundin nach Cholon gefahren», antwortet sie per Sprachnachricht, «die hat einen Mamad in der Wohnung. Ich bleibe die Nacht hier. Amal von nebenan ist auch weg, sie wollte zu ihrer Familie.»

Das ganze Haus ist leer, denke ich. Nur wir sind noch hier. Und die klatschenden Nachbarn von oben.

Eine Stunde vor Mitternacht bitte ich Itay, dass wir zu seinen Eltern fahren. Die haben einen Mamad. Itay, der eigentlich dagegen ist, die Wohnung zu verlassen, als seien wir auf der Flucht, sieht mich an, als würde er abwägen, wie groß meine Angst ist. Dann stimmt er zu. Wir packen ein paar Sachen und setzen uns ins Auto.

Itays Eltern empfangen uns im Schlafanzug, wir haben sie mit unserem Anruf geweckt. Während Itays Vater sich über unsere Pyjamaparty amüsiert, rast seine Mutter von Zimmer zu Zimmer, wo sie bereits sieben Decken und zehn Handtücher auf zwei Betten in getrennten Räumen verteilt hat, zeigt uns das Geheimfach für den Vorrat an gerösteten Nüssen, und erklärt mir das Vorgehen bei Sirenenalarm. «Erst wenn alle im Mamad sind, die Stahltür zuziehen und mit dem Eisenrohr verschließen. Und das Fenster luftdicht verschließen. Dann kann auch nichts bei einem Giftgasangriff passieren.» Itays Vater grinst nur. Er findet das alles höchst unterhaltsam. Mal ein bisschen unerwartete Action in der Wohnung. Nachdem wir noch ein bisschen Schokolade geknabbert haben, verabschieden sich die beiden nach oben in ihr Schlafzimmer.

Itay und ich sitzen im Mamad auf einem schmalen Bett und einer Matratze, die Itays Mutter auf dem Boden ausgebreitet hat. Meine Tasche mit meinem Laptop, unseren Pässen und meinem Teddybär verstaue ich sicherheitshalber schon mal unter einem Regal. Itay will noch etwas hierbleiben, der Mamad ist sein einstiges Kinderzimmer. Das Zimmer mit den verstärkten Wänden aus Stahl ist klein, gemütlich und vollgestopft mit Kinderspielzeug für die Enkel. Die Vorstellung, hier längere Zeit drinzusitzen, ist gar nicht so schlimm. Besser als unser Hausflur. Im Fernsehen droht die Hamas: «Wir erneuern den Beschuss auf Tel Aviv um Mitternacht.»

Doch um Mitternacht passiert nichts. Itay und ich warten ein paar Minuten, sagen uns gute Nacht und legen uns in getrennte Betten.

Um 00 Uhr 11 heulen die Sirenen. Itays Eltern kommen die Treppe runtergelaufen, wir drängen uns nacheinander in den kleinen Raum. Itays Mutter verschließt das Fenster, Itay verriegelt die Stahltür mit dem Eisenrohr. Ich hoffe, jetzt pupst keiner, es ist ganz schön eng hier.

Itays Vater witzelt nach einer Sekunde: «Jetzt können wir raus, ist doch nichts, oder?» BOOOM. Leise dringen die Explosionen des Iron Dome durch die Wände. Viel durchdringender ist allerdings das Heulen aus dem Handy von Itays Mutter. Sie hat einen nervtötenden Ton für die Warn-App eingestellt, die jetzt alle fünf Sekunden laut losplärrt. Itays Vater macht einen Witz nach dem anderen, fragt nach jedem Heulen der App erneut: «So, das war's dann jetzt, oder?» Itays Mutter widerspricht jedes Mal: «Nein! Hörst du die Booms nicht? Ach, stimmt, du hörst ja schlecht.» Dann kabbeln sich die beiden, wer von ihnen besser hört. Itay kichert die ganze Zeit vor sich hin. Im Fernsehen erscheinen die orange-gelben Einblendungen: Cholon. Petach Tikva. Rischon LeZion. Tel Aviv-Ost.

Zu dem nervigen App-Heulen mischen sich jetzt lautere Sirenen von draußen.

Azor. Bat Yam. Givatajim. Tel Aviv-Stadtmitte. Tel Aviv-Nord. Tel Aviv-Süd und Yafo.

Es ist erstaunlich, wie gelassen alle bleiben. Mir ist klar, dass das Blödeln und die Witze auch eine Art sind, mit der Angst umzugehen und mir zu zeigen: Alles ist gut, hier sind wir sicher, gleich ist es vorbei. Ihr Mut macht mir Mut. Hier fühle ich mich sicher.

Nach einer unruhigen Nacht wache ich morgens mit dem Geruch von Hühnersuppe in der Nase auf. Itays Mutter hat sie aufgesetzt, sie hatte das Gefühl, ich bräuchte das jetzt.

Den Topf im Schlepptau, fahren Itay und ich am Nachmittag zurück in unsere Wohnung nach Yafo. Das Haus liegt still und verlassen da, alles sieht aus wie zuvor. Es fühlt sich gut an, wieder zu Hause zu sein. «Wir bleiben jetzt hier», sagt Itay, «Das ist unser Zuhause, keine Raketen vertreiben uns.» Ich schaue ihn irritiert an. «Wir leben hier in Yafo, weil wir uns das ausgesucht haben. Da rennt man nicht gleich weg, nur wegen ein paar Raketen.»

«Was ist das für ein Machospruch?!», sage ich. «Die Nachbarn sind auch alle weggefahren. Und die leben teils schon mehr als vierzig Jahre hier.» Wir zanken noch ein bisschen. Wir sind beide übermüdet und angespannt.

Am selben Tag hängt Itay die Mesusot, die er von seiner Mutter bekommen hat, in unsere Türrahmen. Er habe das Gefühl, wir bräuchten diesen Schutz jetzt, sagt er. Die für die Wohnungstür hängt er nicht nach draußen in den Türrahmen, sondern nach innen, an die Wand neben der Eingangstür. «Das ist okay», sagt mein Freund, «meine Mutter hat es nachgeschlagen und gesagt, im Ausnahmefall kann die Mesusa auch innen aufgehängt werden, wenn das sicherer ist.»

Ich, Israel

«Keine Worte der Welt können erklären, was wir fühlen!», schreit die junge Frau mit dem Kopftuch in die Kamera. «Wir können nicht mehr, was können wir schon tun?! Vielleicht bombardiert ihr uns lieber an einem Ort und löscht uns aus, damit wir alle auf einmal sterben.» Sie steht in Gaza, hinter ihr säumen haushohe Betontrümmer eine staubige Straße. In diesen Tagen sehen und hören wir viele Stimmen aus Gaza im israelischen Fernsehen. Mütter, die über ihre Kinder weinen. Jugendliche, die keine Hoffnung mehr haben. Alte, die das Ganze schon zu oft gesehen haben. Dann wiederum werden israelische Familien in der Grenzregion des Gazastreifens interviewt. Mütter, die bei Alarm nicht wissen, welches Kind sie sich zuerst greifen sollen, um in den Bunker zu rennen. Kinder, die Angst haben einzuschlafen, die ins Bett machen, die sich in der Schule nicht mehr konzentrieren können. Es ist Wahnsinn.

Mitten im Krieg sehe ich auf Facebook den Post einer Bekannten aus Deutschland. Sie schreibt: «Als Deutsche bin ich groß geworden mit einem Gefühl der Schuld und der Scham über den Holocaust ... Deutschland ist mitschuldig am anhaltenden Völkermord an den Palästinensern. Unser passives Schuldgefühl ermöglicht einen Apartheidstaat ... Unser Schweigen und unsere blinde Loyalität nutzt einer ethnischen Säuberung ... Deutschland muss aufhören, den Zionisten-Siedler-Kolonialismus zu finanzieren, und Israel für seine Kriegsverbrechen zur Verantwortung ziehen ... Israel massakriert palästinensische Zivilisten mit unserer Unterstützung ...»

Der Post endete mit diversen Hashtags, einer davon #freepalestine. Als ich den Text der Bekannten lese, bin ich müde. Zermürbt von dem Stress der vergangenen Tage, dünnhäutig, genervt von den vielen Nahostkonflikt-Experten, zu denen sich Menschen überall auf der Welt in diesen Tagen wieder besonders häufig selbst ernennen. Chelsey Manning, Edward Snowden, John Oliver. Influencer und Musiker. Und eben auch jene Bekannte.

Jeder hat eine Meinung zu dem Konflikt, dessen Komplexität ich seit so vielen Jahren zu begreifen versuche, und zu dessen Überwindung, die für mich mit jedem Tag, den ich in Israel lebe, komplexer und aussichtsloser wird. Auch ich sehe das Leiden der Bevölkerung von Gaza im israelischen Fernsehen, im Twitterfeed von palästinensischen Aktivisten, Journalisten und Bürgern. Ich sehe die Übermacht der israelischen Armee und ihre Angriffe, die immer auch Zivilisten treffen. Doch die Einseitigkeit, mit der diesmal auf der gesamten Welt über den Krieg hier diskutiert wird, ist schwer zu ertragen. Und die Überzeugung, mit der sich Menschen in den sozialen Medien auf die eine oder andere Seite schlagen, erschöpft mich.

Mein Umgang mit Diskussionen über den Nahostkonflikt war in den vergangenen Jahren eher einem Vermeiden gewichen. Klar, wenn man mich in Israel fragt, spreche ich mich gegen die Unterdrückung, *diku'i*, der Palästinenser aus, gegen jüdische Siedlungen im Westjordanland. Für eine palästinensische Selbstbestimmung. Ich sehe auch keinen anderen Weg, diesen Teufelskreis der vergangenen Jahrzehnte zu durchbrechen. Es ist jedoch schwer vorstellbar, dass die Bitterkeit über 1948, das Misstrauen auf beiden Seiten, die unterschiedlichen Narrative und deren Früchte des Hasses einfach vergessen und verschwinden werden.

Die Auseinandersetzung darüber mit Menschen, die nicht in Israel oder den palästinensischen Gebieten leben – seien das Freunde oder Bekannte oder jene, die öffentlich im Internet diskutieren – versuche ich weitestgehend zu vermeiden. Statt zu einem konstruktiven Austausch führt sie allzu oft zu Unterstellungen, die vor antisemitischen Vorurteilen strotzen. Ich schreibe auch keine journalistischen Texte mehr über den Nahostkonflikt und äußere mich in den sozialen Netzwerken möglichst selten dazu – ich habe einfach nicht die seelische Kraft, mit Menschen außerhalb Israels über einen Konflikt zu diskutieren, wenn dieser als schwarz-weiße Angelegenheit gesehen wird. Opfer – Täter. Gut – böse. Wenn es so leicht wäre.

Doch in dieser Nacht mache ich einen Fehler. Ich tippe #freepalestinefromhamas als Kommentar unter den Post. Dann entferne ich die Bekannte von meinen Facebook-Freunden. Keine Ahnung, was mich geritten hat, mich diesmal dazu zu äußern und dann auch noch so inkonsequent zu sein, mich der Diskussion nicht zu stellen. Ich bin einfach zu müde, zermürbt von diesen anstrengenden Tagen.

Als ich in den frühen Morgenstunden aufwache, weil ich in diesen Tagen immer wieder aus dem Schlaf schrecke, wische ich wie jede Nacht über mein Handy. Auf Facebook sehe ich eine Reihe von Kommentaren als Antworten auf meinen. Ich werde als «Lügnerin» bezeichnet und der zionistischen Propaganda beschuldigt. Fremde werfen mir persönlich die Besatzung vor. Ich, Sarah Levy, seit kurzem Israeli, bin plötzlich die personifizierte Unterdrückung des palästinensischen Volkes.

Ich schreibe zurück, um drei Uhr morgens. Ich antworte, dass ich glaube, die Palästinenser in Gaza hätten keine Wahl, solange Hamas sie regiert und mit dem Geld, das sie aus dem Ausland erhält, auch Terrortunnel und Raketen finanziert statt ein funktionierendes Gesellschaftssystem mit regelmäßigen Wahlen.

Dass die israelische Regierung aber auch nichts dafür tue, den Konflikt zu lösen, stattdessen spiele sie neue «Runden des Krieges» mit der Hamas, zum Leidwesen der Bevölkerungen – auf beiden Seiten.

«Ein Besatzer hat kein Recht auf Selbstverteidigung. Punkt», schreibt eine Nutzerin mit arabischem Namen zurück, auf Englisch. Ich tippe mich um Kopf und Kragen. Neben mir wacht Itay auf, er sieht mich hektisch auf dem Handy rumtippen und sagt: «What are you doing in the middle of the night?» Ich erkläre es ihm. «Noooo, baby, don't go into that now. It will never end.» Doch ich kann nicht anders. In den Posts des Freundeskreises meiner Bekannten geschieht etwas, das ich vorher nicht erlebt habe: Ich werde zu Israel. «Dann solltest du eben kein Land und kein Volk besetzen!», schreibt jemand. «Deine Sicherheit ist nicht unsere Verantwortung.»

Ich diskutiere noch zwei Tage, kämpfe einen Kampf, den ich bereits verloren habe. Niemand in dieser Diskussion will meine Meinung hören. Israel ist der Aggressor, und ich bin Israel. Ich bin die Besatzung, ich bin die Armee, ich bin Netanyahu. Nach zwei Tagen und Dutzenden Nachrichten, die mehr und mehr in anti-israelische Beschimpfungen münden, lösche ich meine Kommentare und entscheide, die Seite der Bekannten nicht mehr anzusehen.

In diesen Tagen versuche ich mich zu erinnern, ob ich in meinem Leben schon mal von Menschen aus dem Ausland direkt für die deutsche Politik verantwortlich gemacht wurde. Bisher hat keiner zu mir gesagt: «Du hast die Flüchtlinge reingelassen», «Du belieferst die Golfstaaten mit Waffen.» Doch mit Israel ist das anders, Juden in aller Welt werden für die Taten und Entscheidungen der israelischen Politiker persönlich verantwortlich gemacht und angegriffen. Am Times Square in New York City schlägt in diesen Tagen eine Gruppe pro-palästinensischer

Demonstranten auf einen Mann mit Kippa ein, besprüht ihn mit Pfefferspray und beschimpft ihn. In Los Angeles werden Juden in einem Restaurant angegriffen. In Deutschland demonstrieren sie mit palästinensischen Flaggen – nicht vor der israelischen Botschaft, sondern vor deutschen Synagogen. Es sind anstrengende Zeiten, jüdisch zu sein.

Natürlich bin ich nicht neutral. Ich bin Jüdin, aus freien Stücken nach Israel eingewandert, Bürgerin dieses Landes. Ich zahle hier meine Steuern, finanziere die Armee mit und deren Entscheidungen, die mich auch schützen. Wenn ich mir nicht aus tiefstem Herzen wünschen würde, dass es diesem Land gut geht, dass es existiert und möglichst in Frieden, wäre ich nicht hier. Ohne das Land Israel würde die Familie meines Vaters, ja, würde ich nicht existieren.

Wer die Entscheidung, in Israel zu leben, jedoch auf «die ultimative Unterstützung der zionistischen Besatzung» reduziert, der hat keine Vorstellung davon, was es heißt, Israeli zu sein, Jude in Israel, Jude in dieser Welt zu sein. Dass es mehr Gründe gibt, in Israel zu leben, als die Unterdrückung der Palästinenser zu unterstützen, geht in viele Köpfe nicht rein. Und wer allein eine Seite des Konflikts sieht, hat die Lebensrealität hier noch nicht verstanden.

Für viele im Ausland ist nicht mal greifbar, dass in Israel einerseits nationalistische Parteien im israelischen Parlament sitzen, die öffentlich zu einer Vertreibung der Araber aus der Region aufrufen, und gleichzeitig Parteien, die leidenschaftlich für einen palästinensischen Staat eintreten. Israel hat eine Meinungsvielfalt, die erschlagend ist und das politische System oft blockiert. Es gibt keine Mehrheit hier, es regiert, wer Koalitionen bilden kann. Und bisher war das Netanyahu mit seiner Politik der Spaltung.

Nach all meinen Reisen hierher, nach all den Gesprächen und

Begegnungen und nach eineinhalb Jahren als israelische Bürgerin lerne ich noch immer jeden Tag dazu, was es heißt, Israeli zu sein. Was es heißt, Palästinenser zu sein, erahne ich nicht mal. Wie sich da draußen alle zu Nahost-Experten erklären, könnte unterhaltsam sein, wenn es nicht so anstrengend wäre.

Doch da ist noch eine andere Gewissheit, die in diesen Tagen an mir nagt. Ich habe erstmals das Gefühl, meine Entscheidung, hier zu leben, rechtfertigen zu müssen.

Waffenstillstand

Sobald die Verhandlungen um den Waffenstillstand beginnen, fährt Israel wieder hoch. Die wegen des Kriegs abgesagte Hochzeit von Itays bestem Freund erhält einen Ersatztermin, die Familie macht wieder Ausflüge, Itays Neffen und Nichten kommen uns wieder in Yafo besuchen. Die Schnelligkeit, mit der dieses Land vom Ausnahmezustand zur Normalität wechselt, ist erschreckend.

Doch einige Wunden bleiben. «Was tun wir, wenn jetzt Raketenalarm ist?», will Itays Nichte wissen, als wir im Park spazieren gehen. Sie greift nach meiner Hand. Meine Beschwichtigungen, dass jetzt Waffenstillstand sei und es sicher nicht passieren wird, beruhigen sie nicht. «Ist denn hier ein *Miklat*? Wo denn?», fragt sie weiter. Das Thema lässt sie nicht los. Am Abend beginnt das kleine, sonst so mutige Mädchen unvermittelt zu weinen und möchte zum ersten Mal von seinen Eltern abgeholt werden.

Auch die Stadt hat sich verändert. Auf dem Weg zum Metzger komme ich an der Synagoge vorbei, direkt bei uns um die Ecke, die während der Unruhen angezündet wurde. Um ein hohes Fenster frisst sich ein Rahmen aus Ruß. Ein Mann kommt aus der Synagogentür, er sieht aus, als habe er schlechte Laune, seine Mundwinkel sind nach unten gerichtet, seine Augen umranden dunkle Ringe. «Das waren Bürger dieses Landes!», sagt er zu mir, als er sieht, wie ich die Brandreste betrachte. Er zeigt mit dem Finger auf das verrußte Fenster. «Bürger! Das muss man sich mal vorstellen.» Sein Blick fällt auf meine leere Einkaufstasche. «Wenn du jetzt einkaufen gehst, kauf nicht bei ihnen. Kauf nicht bei ihnen!» Ich weiß nicht, was ich sagen soll, verabschiede mich und laufe weiter.

Beim Metzger ist viel los. Der arabische Besitzer ist auch da, er nimmt Bestellungen auf, läuft geschäftig durch den Laden. Obwohl etliche Kunden an der Geflügel- und der Rindfleischtheke anstehen, ist es für israelische Verhältnisse überraschend ruhig. Ein korpulenter Mann mit überdimensionalem Davidstern an einer Kette um den Hals spricht den Besitzer vorsichtig an: «Verrückte Zeiten, oder?» Seine Stimme klingt etwas unsicher, als wüsste er nicht ganz, wie er das, was er sagen will, sagen soll. Plötzlich ist es noch stiller, es scheint, als ob alle Kunden und Mitarbeiter zuhören. Der Ladenbesitzer sieht von einer Bestellung auf, die er gerade zusammenpackt. «Ich konnte auch nicht schlafen», sagt er bedrückt, aber doch für alle hörbar. «Zwei Wochen lang hatte ich Angst. Ich habe Kinder.»

Der Mann mit der Davidsternkette presst betroffen die Lippen zusammen. «Es gibt viele verrückte Leute in unser beider Gruppen», sagt er. Die Männer hinter ihm an der Geflügeltheke nicken einander zu.

Yafo scheint in diesen Tagen wie traumatisiert. Auch Monate nach dem Krieg bleibt das Nachbardach leer. Die Tauben sind nicht zurückgekehrt. Eine schmerzende Stille liegt über den Straßen. Begegnungen von Juden und Arabern bei den Wochenendeinkäufen am Freitagmorgen, die vorher geschäftig und wuselig abliefen, fallen in diesen Tagen leise und vorsichtig aus. An Zäunen und in Geschäftsauslagen haben Bewohner und Ladenbesitzer lila Planen aufgehängt. «Juden und Araber weigern sich, Feinde zu sein» steht darauf, auf Arabisch und Hebräisch. Eine Aktivistengruppe hat sie bedruckt und verteilt.

Noch Wochen später schrecke ich auf, wenn in der Nachbarschaft Feuerwerk in die Luft geschossen wird. Wenn Motorräder aufheulen, oder sogar nur ein Kind.

«Baby, we call it post-trauma», sagt Dan und sieht mich mit dem israelischen «Hast du das jetzt erst geschnallt»-Blick an. Aviv und ich sitzen in seinem Wohnzimmer, auf dem Tisch stehen eine Flasche Rotwein und die Reste eines Bananenbrots. Tom hat abgesagt, er feiert dieses Wochenende auf einem Musikfestival im Norden Israels.

Es ist das erste Mal seit längerer Zeit, dass wir drei Freunde uns begegnen. Während des Kriegs und der Unruhen in Yafo habe ich meine Nachbarschaft nur zum Einkaufen verlassen. Dan hat sich in dieser Zeit nach dem Vogel-Strauß-Prinzip isoliert, keine Nachrichten geguckt und sich abseits seiner Arbeit vom Internet ferngehalten. Als wir einmal telefonierten und ich ihm aufgebracht von den Geschehnissen in unserem Haus und auf den Straßen Yafos berichtete, würgte er mich ab: «Ich weiß nicht, ob ich das hören möchte. Ich kann das gerade nicht aufnehmen.» Meinen guten Freund deprimiert die aktuelle Lage so sehr, er wählt in diesen Zeiten sorgsam aus, welchen Inhalten er sich aussetzt. Ich respektiere das, jeder hat eine andere Art, mit äußerem und innerem Chaos umzugehen.

Aviv ist die vergangenen Monate durch Südamerika gereist. Sie ist durch Mexiko und Peru gebackpackt, hat sich dreimal die psychedelische Droge Ayahuasca gegeben und seitdem einen veränderten Blick auf ihr Leben an diesem komplizierten Flecken Erde namens Israel. «Ich werde meinen Job bald kündigen und weiterreisen», verkündet sie. «Ich nehme mir nur ein Zimmer zur Untermiete. Ich will so viel mehr reisen und erleben. Ich habe keine Lust auf dieses angekommene Leben, das meine Freunde hier leben.» Dan und ich schauen uns an. In gewisser Weise meint Aviv uns beide, wenn auch auf sehr unterschiedliche Art und Weise.

Auch Dan hat Aufbruchspläne. Nachdem er fast sein ganzes Leben in der Großstadt verbracht hat, will er ab kommendem Monat aufs Land ziehen, in die Nähe der Beerenfarm eines Freundes, 45 Minuten außerhalb von Tel Aviv. «Dann habe ich endlich Ruhe und Natur um mich», sagt er. Aviv und ich schauen ihn skeptisch an. «Ich will einfach nur Ruhe im Kopf haben», verteidigt er sich. «Hier in Tel Aviv kann ich das nicht.»

Ich betrachte meine Freunde, die den Anfang meiner Reise hierher miterlebt haben. Viele neue Menschen habe ich nicht kennengelernt, in diesen eineinhalb Jahren in Israel, denke ich. Erst bin ich in die Beziehung mit Itay getaucht, dann kamen die Corona-Pandemie, der Krieg und die Gewalt auf Yafos Straßen. Die vergangenen 18 Monate waren nicht unbedingt reich an Gelegenheiten für neue Bekanntschaften. Gut, ich besuche jetzt zweimal die Woche ein Sportstudio in Yafo. Doch wenn ich da mit jüdischen und arabischen Senioren durch Yoga- und Pilates-Übungen turne, leiste ich vielleicht einen Beitrag für die Koexistenz – aber nicht für eine Erweiterung meines Freundeskreises. Wenn ich an die großen Runden an meinem Hamburger Küchentisch denke, so ist mein Freundeskreis in Israel deutlich kleiner als mein deutscher. Doch der Gedanke stört mich nicht, und dass ich ihn erst eineinhalb Jahre nach meiner Einwanderung denke, werte ich als gutes Zeichen.

Meine Freundschaften hier haben sich vertieft. Und ich habe eine zweite Familie dazugewonnen und einen besten Freund als Partner. Ich fühle mich reich beschenkt – mit Erfahrungen, Geschichten, Gefühlen, von mir und von den Menschen, die mich umgeben. Ich muss an die Box mit den Briefen meiner deutschen Freunde denken. Sie liegt ungeöffnet in dem Schränkchen meines Nachttischs und wartet auf den Moment, an dem ich Sehnsucht nach Deutschland habe. Vielleicht öffne ich sie irgendwann, einfach so. Wer weiß, was die Zukunft bringt, wer weiß, wo meine Freunde und ich in den nächsten Monaten und Jahren sein werden?

Als hätte Dan meine Gedanken gelesen, sagt er: «Schau uns an! Drei Freunde in so unterschiedlichen Phasen des Lebens.» Aviv, Dan und ich gucken uns an. Jeder mit eigenen Erwartungen, Erfahrungen und Hoffnungen im Kopf.

«Ich denke, es ist ein Verbrechen, in Yafo zu leben», sagt Tom, nimmt sich eine geviertelte Zwiebel von einem Teller mit Oliven und Salzgurken, schält eine Schicht ab und taucht sie wie einen Löffel in den Berg warmen Hummus auf seinem Teller. Dann steckt er sich die Zwiebel in den Mund. Ich gucke skeptisch. Zum einen habe ich nie verstanden, wie man Hummus mit einer rohen Zwiebel essen kann. Ich liebe *Messabacha*, die Mischung aus cremig-pürierten und ganzen Kichererbsen – aber die rohe Zwiebel: nein, danke. Zum anderen bin ich über Toms drastische Worte überrascht. Gut, überrascht ist vielleicht übertrieben. Tom war immer schon der politisch am weitesten links Stehende meiner Freunde, dazu der zynischste und direkteste. Als wir jetzt in meinem Lieblings-Hummus-Imbiss an der Pinsker Straße sitzen, bin ich amüsiert darüber, dass Tom sich in all den Jahren noch so treu geblieben ist. Auch wenn ich weiß: Was er zu sagen hat, wird hart für mich.

«Erklär mir warum», sage ich trotzdem, greife mir eine ofenwarme Pita, reiße ein Stück ab und tauche es in das warme Messabacha mit gegrillten Pilzen auf meinem Teller. «Es ist ganz einfach», sagt Tom, greift noch kauend nach der Pita, die angerissen im Brotkorb liegt. «Yafo ist eine arabische Stadt. Es ist ihre Stadt», er wedelt mit der Pita Richtung Süden, wo Yafo liegt. «Sie wollen nicht mit Juden zusammenleben. Sie sind dazu gezwungen.» Er schiebt sich die Pita mit einem Berg ganzer Kichererbsen in den Mund. Ich schweige. Gerade habe ich

Tom von den klatschenden Nachbarn erzählt, die wir vom Hausflur aus gehört haben.

«Ich könnte da nie leben», spricht Tom weiter. Er sieht mich ernst an: «*Du-Kijum* is dead», sagt er auf Englisch. *Du-Kijum* – Koexistenz. «Es wird einen Krieg geben. Menschen werden sterben. Deshalb würde ich lieber nicht dort sein.»

Ich mag die Gespräche mit Tom, auch wenn seine Prognosen über die Jahre, die ich ihn kenne, düsterer geworden sind. Dass er jetzt quasi impliziert, ich solle Yafo verlassen, weil ich dort nicht sicher sei, ist vielleicht gar nicht seine Absicht. Doch so kommt es bei mir an. Und ich widerspreche ihm nicht. Nicht, weil ich vorhabe, den Stadtteil Hals über Kopf zu verlassen. Sondern weil ich ein wenig Wahrheit spüre, die in seinen Worten steckt. Auch ich habe mich in diesen Tagen des Konflikts in Yafo nicht willkommen gefühlt. Und dieses Gefühl ist noch nicht komplett verschwunden, auch wenn es im Stadtteil wieder ruhiger geworden ist.

Ich denke an meine Freunde, die Israel hinter sich gelassen haben. Viele haben genug, genug von der israelischen Mentalität, dem finanziellen Druck, dem emotionalen Stress. Meine Freundin Anni ist vergangenes Jahr zurück in die Schweiz gegangen. Sie war am Ende nur noch genervt von dem israelischen Sozialsystem, das so viele Menschen durchs Raster fallen lässt und ihnen einen sicheren Platz im Land verwehrt, bloß weil sie nicht die richtigen Voraussetzungen erfüllen – sei es, weil sie zwar jüdisch, aber nicht weiß sind oder weil sie nicht der richtigen Gruppe angehören. Wie der ehemalige israelische Soldat, der derzeit wieder überall in den Nachrichten ist. Er war traumatisiert von seiner Zeit in der Armee und hat vom Staat nicht genügend psychologische und finanzielle Unterstützung bekommen, um seine Leiden zu lindern. Aus Protest zündete er sich auf offener Straße an, direkt vor der Abteilung für Rehabilitation invalider Soldaten des Verteidigungsministeriums. Jetzt liegt er schwer verletzt im künstlichen Koma im Krankenhaus. Die Medien berichten von den Besuchen israelischer Musiker, die ihm am Krankenbett Lieder vorspielen, in der Hoffnung, dass er bald aufwacht. Kleine, traumatisierte Nation.

Ich denke an meine israelischen Freunde in Hamburg. «Post-Trauma im Kleinen ist ein untrennbarer Teil davon, Israeli zu sein», hat mir mein israelischer Freund Yuval geschrieben, der noch immer in Hamburg lebt und da auch bleiben will. Er und andere Israelis in Hamburg haben mich gewarnt. Vor dem «Post-Trauma», den hohen Preisen, vor einem Land, das mehr in Armee und Verteidigung investiert als in jene, die durch die ständigen militärischen Auseinandersetzungen traumatisiert wurden.

Ich denke an Itay, der nach dem ersten Raketenangriff zu mir sagte: «Wenn wir Kinder haben, ziehen wir nach Deutschland.» Und der dann, als der Krieg endete, zurückruderte: «Das habe ich nur so gesagt. Israel ist meine Heimat.»

Werde ich ewig hier bleiben? Ich weiß es nicht. Aber vor nicht mal fünf Jahren hätte ich mir auch nicht träumen lassen, hier zu sein.

Es wird sicher nie möglich sein, dieses Land, seine Menschen, seine Entscheidungen ohne seine Fehler zu sehen, ohne seine Probleme und Herausforderungen. Doch ab wann sollte ich meine Zukunft hier in Frage stellen?

Vielleicht wird es durch die Bevölkerungsentwicklung irgendwann schwierig für mich, als jüdische, säkulare Person hier zu leben. Die orthodoxen Bürger dieses Landes bekommen schneller und mehr Kinder als Menschen wie ich. Die Demografie hier wird sich in den kommenden Jahrzehnten sehr verändern und mit ihr die Gesellschaft und ihre Politik. Wenn das eintrifft, wird sich die Kluft zwischen Religiösen und Arabern, zwischen Säkularen und Orthodoxen, zwischen jenen, die Geld verdienen und Steuern zahlen, und jenen, die Geld vom Staat kriegen, unüberbrückbar vergrößern. Vielleicht wird es nicht Yafo sein, wo ich meine eigene Familie aufbauen werde. Das Gute – vielleicht auch das Schlechte – an Israel ist: Man weiß nie, was kommt. Innerhalb weniger Wochen, bei der nächsten Wahl, bei der nächsten Bedrohung von außen oder innen kann sich alles ändern.

Hoffnung

Dan tanzt auf dem Rabin-Platz, wenige Meter von der Schaumkanone entfernt. Vor seine Brustwarzen hält er sich zwei monströse rote Zwiebeln, die ihm sein Vater mit auf den Weg gegeben hat. Lola steht neben ihm und lacht sich kaputt. Um uns herum tanzen Hunderte Menschen ausgelassen zur Rockmusik der Band auf der Bühne. Die Kanone schießt weißen Schaum in die Menge. Viele tragen Banner und T-Shirts mit dem Slogan «*Lech*» – Geh!, der Abgesang auf Benjamin Netanyahu.

Israel hat seit wenigen Stunden eine neue Regierung. Acht Parteien haben sich zusammengeschlossen, um Benjamin Netanyahu aus dem Amt zu werfen. Eine Regierung ist geformt, deren politische Richtung komplett unbekannt ist – die Koalition besteht sowohl aus Parteien, die radikale Siedler im Westjordanland unterstützen, als auch erstmals aus einer radikalen arabischen Partei. Das Einzige, was die acht Parteien vereint, ist der Wunsch, Netanyahu aus dem Amt zu werfen. Sie haben es geschafft.

Wie die komplett widersprüchliche Koalition regieren will, weiß kein Mensch – doch das ist heute Abend nicht wichtig. Auf dem Rabin-Platz tanzen die Menschen, die seit mehr als einem Jahr gegen Netanyahu protestieren. Menschen, die sich für Vielfalt, für die Rechte von Homosexuellen, die Rechte von Minderheiten eingesetzt und zum ersten Mal seit mehr als zehn Jahren Grund zum Feiern haben. Hoffnung liegt an diesem Abend in der milden Abendluft Tel Avivs, auch weil zum ersten Mal in der Geschichte Israels eine arabische Partei ins Parlament gewählt und in die Regierung eingebunden wurde. Als könnte es doch eine Lösung für die vielen Probleme hier geben. Irgendwann, irgendwie.

Ich bin mit Lola zum Rabin-Platz gefahren, zufällig haben wir Aviv getroffen, die mit Freunden vor der Bühne tanzte. Dann lief uns Dan über den Weg, mit seinen roten Zwiebeln, er kam gerade von einem Abendessen mit seinem Vater. Dann stand plötzlich ein Deutscher aus meinem Ulpan vor mir. Auch eine meiner Hebräisch-Lehrerinnen irrt auf dem Platz herum und sucht uns per WhatsApp-Standort.

Wir tanzen zu israelischer Rock- und Elektromusik, baden in den strahlenden Gesichtern, die die gleiche Erleichterung zu spüren scheinen wie wir. Für einen kurzen Moment erlauben wir uns die Vorstellung von einer friedlicheren, besseren Zukunft.

Wahnsinn, denke ich, als ich die Ausgelassenheit um mich beobachte. Viele Menschen sind in blau-weiße Israelflaggen gehüllt, andere in pink-weiße Fahnen. Das bin ich gar nicht gewöhnt. Gerade als Deutsche ist man ja, was Flagge zeigen angeht, außerhalb von Fußballmeisterschaften eher vorsichtig. Aber auch in Israel habe ich mich bisher noch nie mit einer Flagge gezeigt. Hier waren diese für mich bisher in erster Linie Symbol der extremeren Zionisten, die mit der Fahne über der Schulter durch Jerusalems Altstadt marschierten. Symbol einer Regierung, mit deren Werten ich mich nicht identifiziert habe. Ich muss an die jungen Orthodoxen denken, die in Blau und Weiß vor der Klagemauer tanzten, am Abend bevor der Krieg ausbrach.

Heute Abend scheint es, als hätten meine Freunde und ich, Teil der säkularen Vielfalt, mit ihren unterschiedlichen Identitäten, Traditionen, sexuellen Ausrichtungen, Wurzeln und Geschichten, das Land zurückerobert. Es fühlt sich schön an.

Wir wissen nicht, wie lange sich diese Regierung der Widersprüche halten wird. Doch in einer Welt, die den Widerspruch kaum noch aushält, ist es ein Hoffnungsschimmer, dass es noch Politiker gibt, die sich über Ideologien hinwegsetzen wollen und miteinander reden. Ob das klappt, wird sich zeigen. Heute Abend wird getanzt.

Tschuptschik

Die Klimaanlage macht leise Klick, das beständige Rauschen endet, plötzlich ist es still. Ich sehe nach oben an die Decke. Das blaue Licht der Anzeige leuchtet nicht. Der Ventilator, den ich hinter mich gestellt habe, bewegt sich nicht mehr. Auf meinem Laptop sehe ich das WLAN-Symbol suchend wandern. Ich laufe in die Küche, die Anzeige auf dem Herd leuchtet nicht. «Dieses Scheiß-Entwicklungsland!», rufe ich verärgert in den leeren Raum.

Es ist furchtbar heiß. 34 Grad, schwül und drückend. Ich muss arbeiten, aber ohne Strom, Internet und Kühlung kann ich das nicht. Ich schlüpfe in meine Flip-Flops, laufe einmal quer über den Flur und klopfe bei Zippi. Keine Antwort. Dann klopfe ich bei Alon. «Alon?» Keine Antwort. Seufzend gehe ich zurück zu unserer Wohnungstür. *«Ein chaschmal»*, sagt eine Stimme von oben. Es gibt keinen Strom. Ich schaue die Treppe hoch. Da steht eine der Nachbarinnen vom Dach. Eine ältere Frau mit hellem Kopftuch. An der Hand hat sie ein kleines Kind, das sich aus ihrem Griff windet und neugierig über das Treppengeländer lugt. Die Nachbarin lächelt mich von oben an.

Ist das eine von denen, denke ich, die Zippi in der Nacht des Kriegs als «radikal» bezeichnet hat? Eine, die geklatscht hat, als eine Rakete direkt über uns abgeschossen wurde?

«Wir haben auch keinen, ich glaube, das ganze Haus hat keinen Strom», sage ich zu ihr.

«Gut, dass du das sagst», sagt die Nachbarin, «ich wollte schon gucken, ob ich einen *Tschuptschik* umlegen muss.» Ich muss lächeln. Das Wort *Tschuptschik* haben vermutlich die russischen Einwanderer nach Israel gebracht. Es bedeutet Knüppelchen, Schalterchen, Häkchen oder einfach «hervorstehendes kleines Teil eines Geräts». Meiner Meinung nach ist es das großartigste Wort im hebräischen Alltag. Die Nachbarin meint das «Schalterchen» im Stromkasten. Ich frage mich, wer von uns das Wort Tschuptschik mit stärkerem Akzent ausspricht: ich mit meinem deutschen oder die Nachbarin mit ihrem arabischen?

Die Luft im Flur steht. Das bloße Rumstehen verursacht Schweißausbrüche. Die Nachbarin reibt sich mit der Hand über die Stirn. Ich auch.

«Sprich mit mir, wenn du etwas hörst», sagt sie matt, lächelt mich noch mal an und dreht sich um. «Mache ich», rufe ich ihr zu, «einen schönen Tag!» Doch die Nachbarin ist schon die Treppe hoch verschwunden.

Schüsse

Bäng! Bäng! Bäng! Bäng!
Itay und ich sitzen aufrecht im Bett. Draußen knallt es. Es ist wieder so heiß, dass wir die Schlafzimmerfenster nachts nicht mehr schließen, sondern nur die Holzläden zuziehen. Das Knallen hört sich nah an, als käme es direkt aus dem Garten unterm Haus.

«*Tillim?*», fragt mich Itay verschlafen – Raketen? Wenn er aus dem Schlaf gerissen wird, spricht er reflexartig Hebräisch mit mir, auch wenn wir beide noch immer meist Englisch miteinander reden. Ich lausche in die Dunkelheit, höre aber keine Sirenen. «Nein, ich glaube, das sind Feuerwerkskörper», sage ich.

BÄNG! BÄNG! «Es klingt, als hätte sie jemand in den Mülleimer geworfen», ich drücke mit der Hand gegen einen Fensterladen, der sich schwerfällig öffnet. Draußen ist es jetzt ruhig. Das orange-dumpfe Licht der Straßenlaterne erleuchtet das Nachbardach, sonst ist auf dieser Seite des Hauses nichts zu sehen. Itay dreht verschlafen eine Runde durch die Wohnung, von Fenster zu Fenster, doch er sieht nichts Ungewöhnliches. «Blöde Teenager, das nervt so», sage ich, als er wieder ins Bett kriecht.

«Lass uns schlafen», sagt Itay. Wenige Minuten später höre ich sein leises Schnarchen.

«Zippi! *Mah nischmah? Eifo ha'it kol hasman?*», rufe ich in mein Handy. Wie geht es? Wo warst du die ganze Zeit? Es ist spät abends. Itay und ich sind vor dem Fernseher versackt, beide schon bettfertig, da ruft Zippi plötzlich an. Ich habe sie länger nicht gesehen, sie ist manchmal tagelang nicht zu Hause. Ich weiß, dass sie noch weitere Wohnungen besitzt, unter anderem eine, in der ihr Ehemann wohnt, von dem sie oft genug hat. Dann wohnt sie bei uns im Haus, in der Wohnung, die schon ihrer Mutter gehört hat. Gerade war sie wieder weg, für länger als eine Woche. Ich nehme an, sie war bei ihrer Familie auf dem Land und will uns wieder mit Obst überschütten. Doch das ist es diesmal nicht.

«Wo seid ihr? Habt ihr von dem *Balagan* im Haus gehört?», ruft Zippi aufgeregt in den Hörer. *Balagan* heißt Chaos. Ich überlege. «Meinst du Amals Tochter nebenan? Die im Frühling geheiratet hat? Sie ist letztens zurückgekommen, mit Koffern. Und sie haben nebenan gestritten.» Ich habe durch die Wand gehört, dass sich unsere Nachbarn auf Arabisch angeschrien haben.

«Nein! Auf das Haus wurde geschossen!», ruft Zippi aufgebracht ins Telefon. Ich starre Itay an. Zippi spricht weiter aufgeregt ins Handy, ich verstehe nicht alles. «Auf unser Haus wurde geschossen!», sage ich zu meinem Freund. Dann werfe ich ihm das Handy zu. Ich will nicht, dass wir ein Detail dieser Geschichte verpassen, weil ich nicht genug Hebräisch kann. Itay guckt mich an, als hätte ich den Verstand verloren. Dann setzt er sich auf und sagt skeptisch ins Handy: «Ja, Zippi?» Ich beobachte, wie er eine Zeit lang zuhört und schweigt. Dann sagt er: «Wir kommen.» Im Schlafanzug laufen wir zu Zippi nach nebenan. Als sie uns die Tür öffnet, fällt unser Blick auf das Fenster gegenüber der Wohnungstür. «*Ima-leh!*», ruft Itay aus. Das heißt übersetzt «Mütterchen», und wird so benutzt wie «Grundgütiger!» oder «Heiliges Kanonenrohr!». Ein walnussgroßes Loch ist in der Mitte des Fensters zu sehen, das

Glas um das Loch gesplittert. Risse ziehen sich wie Tentakel durch die Scheibe.

Die Geschichte, die Zippi uns erzählt, ist so abenteuerlich, dass ich sie erst nicht glauben kann. Angeblich hat sich die Tochter unserer Nachbarin Amal nebenan entschieden, ihren Ehemann zu verlassen. Nach der Hochzeit, deren lautstarke Feierlichkeiten wir vor wenigen Monaten in unserem Hausflur mitbekommen haben, habe der Ehemann Dinge von ihr gefordert, die sie nicht tun wollte. Darauf habe sie ihn verlassen und sei mit ihren Koffern zu ihrer Mutter zurückgekehrt. Als ihr Bruder das erfahren habe, sei der zum verlassenen Ehemann gefahren, habe ihn vermöbelt, um die Ehre der Familie wiederherzustellen, und mit seinem Handy Fotos des demolierten Ex gemacht. Der habe daraufhin Kriminelle aus Tayibeh bezahlt, einer arabischen Stadt an der Grenze zum Westjordanland, die der Braut-Familie aus Rache ein bisschen Angst einjagen sollten. Die Kriminellen hätten nachts auf unser Haus geschossen, offensichtlich aber nicht genau gewusst, wo die Fenster von Amals Familie liegen, und Zippis Fenster getroffen.

«Ich war zum Glück nicht zu Hause, mein Sohn hat es mir nur erzählt, nachdem er hier war, um die Katze zu füttern.» Sie zeigt an die Decke. In der Holzvertäfelung ist ein Einschussloch. «Die Kugel ist durch das Fenster, hier an der Steinmauer abgeprallt und schräg in die Decke.»

Ich schaue Itay an, dessen braunes Gesicht jetzt reichlich blass aussieht. «Wir haben es vor ein paar Nächten knallen gehört», sage ich zu Zippi. «Wir dachten, es sind Feuerwerksraketen in einem Mülleimer.» Zippi schnaubt auf. «Was ihr gehört habt, war eine *rimon helem*! Aloni hat die Einzelteile unten vor dem Hauseingang gefunden.» Sie zeigt uns ein Foto auf ihrem Handy. *Rimon helem* bedeutet Schockgranate, google ich auf meinem Handy, es handelt sich um eine Art Handgranate, die auch von der Polizei eingesetzt wird, um bei Tumulten Leute auseinanderzutreiben. Sie sind extrem laut, splittern aber bei Explosion nicht.

«Woher weißt du das alles?», frage ich ungläubig.

«Ich habe mit Amal gesprochen!», antwortet Zippi. Sie spricht jetzt leiser, als ob uns die Nachbarin durch die Wand hören könnte. «Die Arme weiß nicht, wie ihr geschieht. Das ist eigentlich eine ordentliche Familie. So was gab es hier in vierzig Jahren nicht, das kann ich euch sagen!»

Ich gucke zu Itay. Er sitzt auf Zippis gepolstertem Stuhl und sieht aus, als würde er sich auf ein unsichtbares Objekt vor sich konzentrieren. Ich fasse ihn am Arm.

«Das war es», sagt mein Freund mit fester Stimme und sieht mich an. «Wir sprechen morgen früh mit Galli, lassen uns die Kaution wiedergeben und können morgen Abend hier weg sein.» Ich schaue ihn ungläubig an. «Oder willst du *hier* Kinder großziehen?!», stößt Itay hervor. Er klingt aufgebracht.

Ich sage nichts. Ich weiß noch nicht so recht, was ich fühlen und denken soll. Zippi schon. «Ach waaaaas, hast du Angst? Das ist hier noch nie vorgekommen. Das ist ein Streit um Ehre und um Geld. Der Ehemann soll jetzt an die Braut das Trennungsgeld zahlen, aber das wäre wie ein Schuldeingeständnis. Die streiten sich jetzt, aber die werden sich schon einigen. Und dann sorgen sie dafür, dass es nicht noch mal vorkommen wird.»

«Holt denn keiner die Polizei?», frage ich.

«Bist du verrückt? Wenn da einer aus Taybeh festgenommen wird, kann das böse enden. Die Familie hat Angst vor Rache. Das behalten wir schön für uns.»

Dann erzählt Zippi, dass sie selbst die Schwester des geschmähten Ehemanns angerufen hat. Sie wollte von ihr wissen: «Wer bezahlt mein Fenster?» Jetzt starre ich Zippi an. «Sie hat gesagt, dass ich sie nie wieder kontaktieren soll, sonst zeigt sie mich an. Die ist Anwältin, da muss man aufpassen.» Ich schüttle den Kopf. Mehr über Zippis Chuzpe als über die Drohung der Schwester.

Als wir gegen Mitternacht zurück in unsere Wohnung gehen, sage ich zu Itay: «Ganz gut, dass unser Schlafzimmer nach hinten rausgeht.» Mein Freund sieht mich ernst an. «Sollten wir wirklich hier bleiben», sagt er, «dann können wir niemandem aus der Familie davon erzählen.» Ich runzle die Stirn. Die Geschichte ist so abgefahren, ich will meiner Familie sofort davon erzählen. «Meinst du, weil wir dann eingestehen müssten, dass deine Eltern recht hatten, mit der Gewalt in Yafo?», frage ich.

«Meine Mutter wird uns morgen eine neue Wohnung anmieten und die Sachen persönlich hier raustragen», sagt mein Freund. Bei der Vorstellung muss ich lachen, dann sehe ich aber, dass Itay nicht lacht. Er meint das ernst.

Leben in Israel heißt auch, mit Vorurteilen konfrontiert zu werden, bis es schmerzt. Menschen haben Abgründe, sie sind Teil eines Systems aus Kultur, Bräuchen, Werten, ihrer Umgebung. Solange wir Menschen sind, werden wir hassen, fremdeln, wir werden Mauern aufbauen, aus Stereotypen und verzerrten Vorstellungen. Manchmal werden wir sie wieder einreißen. Am Ende bleibt uns nur, uns unsere Vorurteile einzugestehen und stetig zu hinterfragen. Vor allem aber darüber zu sprechen, nicht so zu tun, als wäre nichts, als wäre alles Dunkle nicht vorhanden, ein Einzelfall.

«Wenn es noch einmal vorkommt, reden wir ernsthaft darüber, ob wir hier wegziehen, in Ordnung?», sage ich mit sanfter Stimme, um meinen Freund zu beruhigen. Doch auch mich beschäftigt die Sache länger, als ich im ersten Moment denke.

«Vielleicht stellen wir die Chanukkia ins Bücherregal?», frage ich, als wir am nächsten Abend auf dem Balkon sitzen. «So, dass man sie durchs Balkonfenster sehen kann?»

Itay grinst. «Auf einmal?» Und wir müssen beide lachen. Noch vor wenigen Wochen wollten wir alle jüdischen Symbole verstecken, die man von der Straße aus sehen kann. So ändern sich die Zeiten.

Zippi behält letztlich unrecht. Zwei Wochen später knallt es nachts wieder.

BÄNG!

Itay schreckt auf, aber ich drücke ihn sofort wieder auf die Matratze. Diesmal sagt er verschlafen: «*Sikukim?*» Feuerwerksraketen?

«Nein, Bubi, *rimon helem*», sage ich und finde es fast unterhaltsam, dass ich jetzt der Experte für Kampfmittel bin. Itay will aufspringen. Ich halte ihn fest: «Du bleibst liegen und bewegst dich nicht von der Stelle. Wer weiß, ob die wieder schießen.» Draußen ist es wieder ruhig. Ich schreibe eine Nachricht an Zippi: «Bist du okay?»

Sie antwortet prompt: «Das hörte sich an, als sei der Eingang explodiert.»

«Haben sie wieder geschossen?»

«Nein, ich glaube nicht. Aber der Knall. Ich hoffe, da unten ist alles okay.»

«Bleib bloß liegen», tippe ich. «Nicht runtergehen. Wir schauen uns das morgen an.»

Itay ist schon wieder eingeschlafen. Ich werfe die Decke zur Seite und steige aus dem Bett. Auf den gemusterten Wohnzimmerfliesen schimmert das orange-gelbe Licht der Straßenlaterne, das durch das Glas der Balkontür fällt. Es ist ruhig. Ich laufe die Fenster nacheinander ab und blicke nach draußen in die Nacht. Doch da ist nichts zu sehen. Aber ich höre etwas. Es kommt aus der Nebenwohnung. Es klingt, als würde Amals Familie nebenan Möbel verrücken.

Als ich am Morgen darauf mit Zippi im Eingangsbereich stehe, läuft die Schwiegertochter unserer Nachbarin Amal auf uns zu. Ich zeige ihr die Überreste der Schockgranate, die ich mit Zippi aufgesammelt habe: ein glänzend schwarzer Ring, ein ebenso glänzend schwarzer Hebel, beides aus Metall.

«Oh, wir dachten, da hat jemand Feuerwerk in die Mülltonne geworfen», murmelt die Schwiegertochter. Ich starre sie an. Ist das jetzt ein Witz? Meint sie allen Ernstes, wir haben nicht mitbekommen, was hier los ist? Oder ist es ihr unangenehm, darüber zu sprechen? «Das muss aufhören», keift Zippi sie an. «Die können nicht weiter Granaten aufs Haus werfen.»

«Ich spreche mit meinem Mann», sagt die Schwiegertochter leise und läuft dann an uns vorbei.

Ich sehe die Nachbarsfamilie in den kommenden Wochen gar nicht. Entweder ist niemand zu Hause, oder sie verlassen die Wohnung nicht. Als wir uns nach Wochen zum ersten Mal im Flur begegnen, um der Putzfrau einen Eimer mit Wasser und Reinigungsmittel hinzustellen, grüßt mich Amal kurz und eilt sofort wieder in ihre Wohnung zurück, ohne mich anzusehen. Auch ich sage nur: «Schalom.»

Schabbat

«Hier kommt der Bakhlava-Lieferdienst», sagt Itay und schiebt sich und die Einwegbackform aus Aluminium in Zippis kleine Wohnung. Wir sind zum Schabbat-Essen eingeladen, doch wie es aussieht, sind wir nicht die Einzigen. Um eine lange Tafel mit weißen Tischdecken sitzt ein Dutzend Menschen im kleinen Wohnzimmer. Ich kenne nur Alon und seinen Freund Rami, die ich angezogen fast nicht erkannt habe. Mittendrin wuselt Zippi hin und her, zaubert Töpfe, Bleche, Pfannen und Tupperdosen aus allen Ecken der kleinen Wohnung hervor. Sie wirft einen kritischen Blick in die Backform in Itays behandschuhten Händen. «Die müssen brauner sein, steck sie noch mal in euren Ofen», ordert sie meinen Freund wieder aus der Wohnung.

Zippi stellt mir alle Leute um den Tisch vor: Da sitzt die kolumbianische Familie von einem ihrer Söhne, der selbst gerade in Lateinamerika ist. Daneben sitzt Zippis anderer Sohn, der in den USA lebt und zum ersten Mal seit fünf Jahren zu Besuch gekommen ist. Da sitzen Enkel und Enkelin in weißen Blusen und dunklen Hosen. Da ist Zippis Cousine, die in dem Grenzgebiet zu Gaza wohnt. Da ist die Freundin mit dem Mamad, die Zippi während des Krieges besucht hat.

Während Itay dem Bakhlava weiter einheizt, stelle ich mich zu der Cousine von Zippi. Ich habe noch niemanden getroffen, der in direkter Nähe von Gaza wohnt. Warum machen Leute so was? Für mich komplett unbegreiflich. Ich taste mich vorsichtig an das Thema ran: «Wie war der Krieg für euch da in *Oteff Aza*?» *Oteff Aza*, auf Deutsch etwa der «Umschlag» um Gaza, nennt man die Gebiete Israels, die im Umkreis von wenigen Kilometern von der Grenze zum Gazastreifen liegen. In direkter Schusslinie haben sie besonders häufig Raketenalarm, sogar wenn es im restlichen Land ruhig bleibt.

Die Cousine zuckt mit den Schultern. «Normaler Alltag bei uns im Kibbuz», sagt sie. Sie erzählt, dass sie in der Gegend aufgewachsen ist. «Die Natur dort ist unvergleichlich. Eine hohe Lebensqualität.»

«Wenn man nicht gerade im Bunker sitzt», ergänze ich trocken. Sie sieht mich an. «Ich habe auch mal hier gelebt, in Tel Aviv, viele Jahre. Aber es hat mich immer zurückgezogen.»

Ich will mehr wissen und gerate in den Interviewmodus.

Wie ist das Leben dort? «Meist gut. Sagen wir 85 Prozent der Zeit. Viele Felder, üppige Früchte. Ich gebe Zippi mal welche mit für euch. Hast du schon mal von den Pfirsichen probiert?»

Wie viele Sekunden habt ihr, um in den Schutzraum zu gehen? «15 Sekunden. Wir haben einen im Haus. Das muss sein.»

Und wenn man gerade auf der Straße ist beim Einkaufen? «An jeder Straßenecke gibt es Schutzräume bei uns.»

Und wie wirkt sich das auf die Menschen dort aus? Jetzt sieht sie mich an und lächelt gequält: «Wenn in Oteff Aza ein Buch runterfällt, springen alle erschrocken auf. Unsere Kinder im Kibbuz nehmen alle Cipralex oder Ritalin.» Jetzt schweige ich.

Ich erinnere mich an die Worte von Yuval, meinem israelischen Freund aus Hamburg: «Wenn du in Deutschland bist, verstehst du nicht, wie man in Israel leben kann», hat er mal gesagt. «Wenn du in Israel bist, kannst du nicht verstehen, wie man in der Gegend um Gaza leben kann. Und wenn du in der Gegend um Gaza lebst, kannst du nicht verstehen, wie es ist, in Gaza zu leben.» Alles ist relativ.

Itay kommt wieder rein, in den Händen trägt er wieder die Backschale aus Aluminium. «Jetzt aber?», er zeigt Zippi den Inhalt und sieht sie fragend an. «Noch ein bisschen», zwinkert sie ihm zu, und Itay macht mit dem Blech kehrt. Ich muss lächeln. Ich bin mir ziemlich sicher, dass er es gar nicht so schlecht findet, der Gesellschaft noch ein bisschen zu entkommen. Ich stattdessen tauche ein.

Alon erzählt, dass er in einer Organisation für die Gleichstellung von Arabern und Juden arbeitet. Er berichtet von Verhandlungen mit den Beduinen in der Negev-Wüste, vom Aufbau eines Zentrums für die Versorgung von jugendlichen Beduinen, mit Bildung und medizinischen Leistungen. «Interessant», sage ich, «koordiniert ihr euch auch mit der neuen Regierung?»

«Mit Bennet habe ich bisher nur ein paar E-Mails ausgetauscht», erzählt Alon ein bisschen angeberisch über den neuen Ministerpräsidenten. Ich bin beeindruckt.

Sein Freund Rami arbeitet in einer Schule für Kinder aus benachteiligten Familien. Er hat mit sudanesischen Familien zu tun, die als Flüchtlinge keinen anerkannten Status im Land haben, mit Äthiopiern, die noch immer zu den ärmsten Bevölkerungsschichten gehören. Mir fällt auf, dass ich bisher weder äthiopische Juden noch sudanesische Flüchtlinge kennengelernt habe.

Itay kommt wieder. Die Bakhlava werden für ausreichend gebräunt befunden, er darf sich setzen.

«Meiner Meinung nach sollten wir den Menschen in Gaza ein eigenes Land geben», höre ich Zippis Cousine sagen. «*Mah pit'om?*», ruft ihr Zippi entgegen. Das heißt übersetzt «Was plötzlich?» und ist einem entrüsteten «Wie bitte?» gleichzusetzen. «Und dann bomben sie uns von Gaza aus in den Boden?», schleudert ihr Zippi entgegen. «Das willst du?»

«Es kann nicht so weitergehen, wer wüsste das besser als wir in Oteff Aza», sagt die Cousine. «Denken bei euch viele Leute so?», frage ich. Ich kann es mir schwer vorstellen.

«In den Kibbuzim schon. Da haben die Leute nicht Bibi Netanyahu gewählt, sondern Benny Gantz oder Yair Lapid. In Sderot sieht das anders aus.» Sderot ist eine der größeren Städte in der Grenzregion, die in jeder Kriegsrunde am meisten Raketenalarm abbekommt.

«Was macht den Unterschied?», will ich wissen.

«Die Netanyahu-Regierung hat vor einigen Jahren Millionen in Sderot gesteckt. Steuerermäßigungen, Zuschüsse für die Kindergärten, Programme für traumatisierte Kinder. Den Leuten dort geht es heute gut, alle haben große Häuser, einen Pool im Garten. So was vergisst man nicht.»

Zippi würgt das Gespräch über Politik jetzt ab, es gibt Essen. Sie häuft große Stücke weißen Fischs auf unsere Teller in einer scharfen Soße mit Oliven. Sie streitet mit ihrer Cousine kurz darum, wer den schärferen marokkanischen Fisch zubereitet hat. Dann stellt sie eine riesige Schale hellgelben Couscous mit Karotten, Zucchini und Kichererbsen in die Mitte der Tafel. Es schmeckt köstlich.

«Ich lerne gerade noch Hebräisch. Schritt für Schritt», sagt die Frau mit dem schüchternen Lächeln am Ende des Tisches, die sich als Zippis ehemalige Schwiegertochter vorstellt. Während des Essens erzählt die südamerikanische Familie ein bisschen davon, wie es ist, als Kolumbianer in Israel zu leben. «Die Kinder können inzwischen besser sprechen als ich.» Ihr neuer kolumbianischer Ehemann spricht gar kein Hebräisch, er sitzt einfach schweigend unter der Klimaanlage, isst und tippt auf seinem Handy rum. Als er sich nach dem Essen verabschiedet, drückt er trotzdem allen rechts und links einen dicken Schmatzer auf die Wange.

Bei Bakhlava und Honigmelone erzählt Zippis dritter Sohn

von seinem Leben in Amerika. «Ich habe nicht vor zurückzukommen. Das Leben in den USA ist leichter, weniger Kopfschmerz. Aber wer weiß, was die Zukunft bringt.» Er wirft seiner Mutter einen Blick zu.

Ich sehe mich im Raum um. Mein Blick fällt auf das Fenster zur Straße. Der Einschuss ist noch immer zu sehen, Zippi hat die Scheibe noch nicht reparieren lassen. Eine weitere Geschichte, denke ich. So viele Geschichten an einem Tisch. So viele Schicksale und Menschen, die ihr eigenes geformt haben. Mit den Entscheidungen, die sie trafen. Den Orten, an denen sie wählten zu leben. Ich fühle sie wieder, diese Fülle und Wärme im Bauch, von gutem Essen und inspirierenden Begegnungen. Nur in Israel, denke ich. Nur hier.

Ende und Anfang

Lange dachte ich, ich hätte mich bloß verliebt. Verliebt in ein Land, in die Wärme, das Meer, den salzigen Wind, der mir Locken ins Haar wuschelt. In Menschen, die mich innerhalb kürzester Zeit in ihr Herz schlossen und ihre tiefsten Wünsche, Sehnsüchte und Unzulänglichkeiten mit mir teilten. Die mit mir anstießen, mit mir auf Tresen tanzten, an ihrem Tisch ihre Mahlzeiten mit mir teilten. In deren Lebenslust und Lebensfreude, in ihre Direktheit und Herzlichkeit, Schönheit und Fehlbarkeit.

Doch die Liebe, die ich fand, geht tiefer als das.

Ich bin losgezogen, um etwas zu finden, von dem ich meinte, es in Deutschland nicht finden zu können. Und tatsächlich fand ich hier Menschen und Geschichten, die mich stimulierten, mich lebendig fühlen ließen. Geschichten, die mir etwas über mich erzählten. Darüber, warum das Geschichtensammeln, -festhalten, -erzählen nicht zufällig zu meinem Beruf geworden ist. Diese Begegnungen berühren etwas, das ich seit meiner Geburt tief in mir trage und von dem ich lange nicht wusste, welchen Platz es in meinem Leben einnimmt: meine Identität, als Deutsche, als Jüdin. Als Tochter und Enkelin. Als Journalistin, als Geschichtensammlerin; als Zweiflerin, als Suchende. Als Teil einer Gemeinschaft, die mir in Deutschland so fern war, und in Israel so nah, so verbunden.

Auf meiner Reise habe ich noch etwas anderes verstanden.

Genauso wie Deutschland nicht der ätzend langweilige Ort ist, zu dem ich meine Heimat in den vergangenen Jahren oft erklärt habe, so ist Israel – Überraschung – nicht der paradiesische Ort, zu dem ich ihn vor meiner Aliyah verklärt habe. Er ist es auch. Genauso aber ist Israel auch ein bisschen Hölle.

Israel hat mich herausgefordert, es hat mich aus meiner Komfortzone gelockt und mir gezeigt, wie mutig ich sein kann. Auf dem Weg fand ich nicht nur meine große Liebe, sondern vor allem die Liebe zu mir selbst, zu den Teilen, die mich ausmachen, mich geprägt haben, die ich versucht habe abzulehnen, bis sie sich in Israel plötzlich zusammenfügten, zu einem Bild von mir selbst, mit dem ich besser leben konnte, als mir dies in Deutschland möglich war.

Dieses Land ist letztlich wie seine Menschen: reich an Facetten wie an Kontrasten, warm, herzlich, manchmal nervig, abgründig, gruselig und gefährlich, doch stets voller Geschichten, die mich bereichert haben und die mich haben wachsen lassen. Vielleicht braucht es das Fremde im Bekannten, um uns tief im Innern zu berühren. Uns zu verändern und unsere Entscheidungen zu formen. Uns mutiger zu machen, unerschrockener auf der langen Reise zu uns selbst.

Ich bin nicht mehr der Mensch, der ich vorher war. Ich habe gelernt, was wirkliche Überwindung bedeutet. An den Rand meiner Kräfte zu kommen, meiner geistigen, meiner emotionalen, meiner körperlichen. Zu weinen, wütend zu werden vor Frustration, mit mir selbst, mit diesem neuen Land, seiner Sprache, mit seinen Menschen, ihrer Mentalität, mit dem, was hier so anstrengend anders ist. Ich habe gelernt, zu scheitern, aufzustehen, weiterzumachen.

Es ist eine andere Form von Mut, Dinge zu wagen, die ich vorher nie gemacht habe. Für mich der größte Schritt. Ich musste es hier oft tun.

Und auch Angst auszuhalten. Die Angst, hilflos zu sein. Davor, die Kontrolle zu verlieren, sei es an einem steilen Abgrund oder in Gesprächen auf Hebräisch. Ich bin vielleicht mutiger geworden, sicherer in mir selbst und glücklicher.

Doch Israel hat mich auch Ängste spüren lassen, die ich vorher nie hatte. Es hat mir gezeigt, dass nichts selbstverständlich ist. Ich habe hier Unsicherheit gespürt, Bedrohung, Misstrauen, Feindschaft. Vor allem aber hat Israel mich spüren lassen, dass das Glück brüchig ist und niemals wirklich sicher. Dass ein Zuhause ein Ort sein kann, an dem ich mich nicht immer geborgen fühle. Das ist auch ein bisschen traurig. Aber vielleicht ist es Teil dessen, was es heißt, Israeli zu sein.

In meinem Leben in Yafo bin ich auf gewisse Weise wieder eine Fremde, die versucht, sich in dem Wirrwarr aus Nahostkonflikt, Nachbarschaftsklüften und Identitäten zurechtzufinden. Noch bin ich dabei zu beobachten, zu lernen, ich versuche zu verstehen, was ich erst vor Ort begonnen habe zu begreifen.

Ich bin hier noch lange nicht fertig. Noch nicht fertig mit den Geschichten, die hier auf mich warten. In Yafo. In Tel Aviv. In Israel.

Ich versuche, die Antwort auf neue Fragen zu finden: Was ist meine Rolle hier, jenseits der *Olah chadascha*, der Neueinwanderin, die aus Deutschland kam? Wie passe ich hier rein, und tue ich das überhaupt? Wer bin ich in diesem Land?

Ich fange gerade erst an, das herauszufinden.

Ich, die Israelin.